# 运动训练学实用教程

石磊　余银　韩炜　著

人民体育出版社

图书在版编目（CIP）数据

运动训练学实用教程 / 石磊, 余银, 韩炜著. -- 北京 : 人民体育出版社, 2023
ISBN 978-7-5009-6394-3

Ⅰ.①运… Ⅱ.①石…②余…③韩… Ⅲ.①运动训练—高等学校—教材 Ⅳ.①G808.1

中国国家版本馆CIP数据核字(2023)第225124号

\*

人民体育出版社出版发行
北京建宏印刷有限公司印刷
新 华 书 店 经 销

\*

710×1000　16开本　16.25印张　297千字
2023年12月第1版　2023年12月第1次印刷

\*

ISBN 978-7-5009-6394-3
定价：72.00元

社址：北京市东城区体育馆路8号（天坛公园东门）
电话：67151482（发行部）　　邮编：100061
传真：67151483　　　　　　 邮购：67118491
网址：www.psphpress.com

（购买本社图书，如遇有缺损页可与邮购部联系）

# 目 录

**绪论** …………………………………………………………………………（1）

 第一节 竞技运动与运动训练 ……………………………………（2）

  一、竞技运动概述 …………………………………………………（2）

  二、运动训练概述 …………………………………………………（5）

 第二节 项目分类与项群训练 ……………………………………（6）

  一、项目分类概述 …………………………………………………（6）

  二、项群训练概述 …………………………………………………（7）

 第三节 运动训练学理论体系 ……………………………………（8）

  一、运动训练学概述 ………………………………………………（8）

  二、运动训练学体系 ………………………………………………（11）

**第一章 运动训练基本原则** …………………………………………（15）

 第一节 运动训练原则概述 ………………………………………（16）

  一、运动训练原则释义 ……………………………………………（16）

  二、运动训练原则的指导意义 ……………………………………（16）

 第二节 训练动机激励原则 ………………………………………（17）

  一、训练动机激励原则释义 ………………………………………（17）

  二、训练动机激励原则的科学基础 ………………………………（17）

  三、训练动机激励原则的实施要点 ………………………………（18）

 第三节 专项训练深化原则 ………………………………………（19）

  一、专项训练深化原则释义 ………………………………………（19）

二、专项训练深化原则的科学基础 …………………………………（20）
　　三、专项训练深化原则的实施要点 ………………………………（21）
第四节　系统不间断性原则 ……………………………………………（22）
　　一、系统不间断性原则释义 ………………………………………（22）
　　二、系统不间断性原则的科学基础 ………………………………（22）
　　三、系统不间断性原则的实施要点 ………………………………（22）
第五节　周期安排训练原则 ……………………………………………（23）
　　一、周期安排训练原则释义 ………………………………………（23）
　　二、周期安排训练原则的科学基础 ………………………………（23）
　　三、周期安排训练原则的实施要点 ………………………………（24）
第六节　适宜负荷训练原则 ……………………………………………（25）
　　一、适宜负荷训练原则释义 ………………………………………（25）
　　二、适宜负荷训练原则的科学基础 ………………………………（25）
　　三、适宜负荷训练原则的实施要点 ………………………………（26）
第七节　适时恢复训练原则 ……………………………………………（27）
　　一、适时恢复训练原则释义 ………………………………………（27）
　　二、适时恢复训练原则的科学基础 ………………………………（27）
　　三、适时恢复训练原则的实施要点 ………………………………（28）
第八节　区别对待训练原则 ……………………………………………（29）
　　一、区别对待训练原则释义 ………………………………………（29）
　　二、区别对待训练原则的科学基础 ………………………………（29）
　　三、区别对待训练原则的实施要点 ………………………………（30）

## 第二章　运动素质及其训练 ……………………………………（35）

第一节　竞技体能训练概述 ……………………………………………（36）
　　一、竞技体能训练意义 ……………………………………………（36）
　　二、体能词源及其简历 ……………………………………………（36）
　　三、我国体能训练简史 ……………………………………………（37）

四、体能训练基本分类……………………………………………（37）
第二节　力量素质及其训练………………………………………………（38）
　　一、力量素质概述……………………………………………………（38）
　　二、力量素质训练方法………………………………………………（39）
　　三、力量素质训练特点………………………………………………（41）
　　四、力量训练基本要求………………………………………………（44）
第三节　速度素质及其训练………………………………………………（45）
　　一、速度素质概述……………………………………………………（45）
　　二、速度素质训练方法………………………………………………（46）
　　三、速度素质训练特点………………………………………………（48）
　　四、速度训练基本要求………………………………………………（50）
第四节　耐力素质及其训练………………………………………………（51）
　　一、耐力素质概述……………………………………………………（51）
　　二、耐力素质训练方法………………………………………………（53）
　　三、耐力素质训练特点………………………………………………（54）
　　四、耐力训练基本要求………………………………………………（55）
第五节　柔韧素质及其训练………………………………………………（55）
　　一、柔韧素质概述……………………………………………………（55）
　　二、柔韧素质训练方法………………………………………………（56）
　　三、柔韧素质训练特点………………………………………………（57）
　　四、柔韧训练基本要求………………………………………………（58）
第六节　灵敏素质及其训练………………………………………………（58）
　　一、灵敏素质概述……………………………………………………（58）
　　二、灵敏素质训练方法………………………………………………（60）
　　三、灵敏素质训练特点………………………………………………（61）
　　四、灵敏训练基本要求………………………………………………（61）
第七节　运动素质多维转移………………………………………………（61）
　　一、运动素质转移释义………………………………………………（61）

二、素质之间转移关系…………………………………………（62）
三、运动素质转移类型…………………………………………（63）

## 第三章　运动技术及其训练……………………………………（67）

### 第一节　运动技术概述……………………………………………（68）
一、运动技术基本内涵…………………………………………（68）
二、运动技术基本要素…………………………………………（69）
三、运动技术动作结构…………………………………………（71）

### 第二节　形成与迁移的原理………………………………………（72）
一、运动技术形成原理…………………………………………（72）
二、技术动作迁移原理…………………………………………（74）
三、运动技术影响因素…………………………………………（74）

### 第三节　运动技术基本分析………………………………………（76）
一、技术分析基本要素…………………………………………（76）
二、运动技术分析方法…………………………………………（77）

### 第四节　运动技术基本训练………………………………………（77）
一、技术训练注意要点…………………………………………（77）
二、运动技术训练方法…………………………………………（78）
三、运动技能训练方法…………………………………………（79）
四、运动技巧训练方法…………………………………………（80）

## 第四章　运动战术及其训练……………………………………（83）

### 第一节　运动战术训练概述………………………………………（84）
一、运动战术概述………………………………………………（84）
二、战术能力影响因素…………………………………………（84）
三、运动战术基本原则…………………………………………（85）

### 第二节　运动战术分类……………………………………………（87）
一、按战术表现特点分类………………………………………（87）
二、按参与人数分类……………………………………………（87）

三、按战术攻防性质分类…………………………………（88）
　　四、按战术的普适性分类…………………………………（88）
　第三节　战术方案及其制定……………………………………（88）
　　一、战术方案释义…………………………………………（88）
　　二、战术方案主要内容……………………………………（88）
　　三、方案制定基本要求……………………………………（90）
　第四节　战术训练及其要求……………………………………（91）
　　一、战术训练主要任务……………………………………（91）
　　二、战术训练方法特点……………………………………（91）
　　三、战术训练基本要求……………………………………（92）

第五章　运动训练方法手段………………………………………（97）
　第一节　训练方法手段概述……………………………………（98）
　　一、运动训练方法概述……………………………………（98）
　　二、运动训练手段概述……………………………………（98）
　第二节　运动训练基本方法……………………………………（100）
　　一、分解训练法……………………………………………（100）
　　二、完整训练法……………………………………………（101）
　　三、重复训练法……………………………………………（101）
　　四、间歇训练法……………………………………………（102）
　　五、持续训练法……………………………………………（103）
　　六、变换训练法……………………………………………（105）
　　七、循环训练法……………………………………………（106）
　　八、比赛训练法……………………………………………（107）
　第三节　运动训练控制方法……………………………………（108）
　　一、模式训练法……………………………………………（108）
　　二、程序训练法……………………………………………（110）

## 第六章　负荷、恢复与安排 …………………………………………（115）

### 第一节　运动负荷概述 ……………………………………………（116）
　一、运动负荷释义与分类 ………………………………………（116）
　二、运动负荷的基本结构 ………………………………………（117）
　三、训练负荷释义与分类 ………………………………………（117）
　四、训练负荷结构与效应 ………………………………………（117）

### 第二节　运动训练负荷安排 ………………………………………（119）
　一、运动负荷安排依据 …………………………………………（119）
　二、运动负荷等级划分 …………………………………………（121）
　三、训练负荷安排模式 …………………………………………（122）
　四、运动负荷安排要求 …………………………………………（124）

### 第三节　恢复训练及其方法 ………………………………………（126）
　一、恢复训练释义 ………………………………………………（126）
　二、恢复训练基本过程 …………………………………………（126）
　三、恢复过程基本规律 …………………………………………（127）
　四、恢复训练基本方法 …………………………………………（128）

## 第七章　分期、计划与实施 …………………………………………（133）

### 第一节　训练分期理论概述 ………………………………………（134）
　一、训练分期主要意义 …………………………………………（134）
　二、训练分期理论基础 …………………………………………（135）
　三、训练分期多维认识 …………………………………………（136）

### 第二节　训练过程基本构架 ………………………………………（137）
　一、训练过程层级体系 …………………………………………（137）
　二、训练过程基本程序 …………………………………………（138）
　三、训练过程规划要点 …………………………………………（139）

### 第三节　训练计划与实施 …………………………………………（141）
　一、多年训练计划与实施 ………………………………………（142）

二、年度训练计划与实施……………………………………（143）

　　三、周训练计划与实施………………………………………（146）

　　四、训练课的方案与实施……………………………………（149）

　　五、赛前训练计划与实施……………………………………（152）

## 第八章　运动训练过程监控……………………………………（157）

### 第一节　训练监控概述…………………………………………（158）

　　一、训练监控定义……………………………………………（158）

　　二、训练监控意义……………………………………………（159）

　　三、训练监控发展……………………………………………（159）

### 第二节　训练监控理论基础……………………………………（161）

　　一、系统控制理论……………………………………………（161）

　　二、反馈控制理论……………………………………………（162）

　　三、质量控制理论……………………………………………（162）

### 第三节　训练监控评价指标体系………………………………（162）

　　一、人体运动评价指标………………………………………（162）

　　二、运动人体评价指标………………………………………（163）

　　三、两类指标关系……………………………………………（164）

### 第四节　训练监控组织体系……………………………………（165）

　　一、监控主体与对象…………………………………………（165）

　　二、监控目标与内容…………………………………………（166）

　　三、监控类型与方法…………………………………………（166）

## 第九章　重大赛事赛间训练……………………………………（171）

### 第一节　赛间训练概述…………………………………………（172）

　　一、赛间训练涵义……………………………………………（172）

　　二、赛间训练意义……………………………………………（173）

　　三、赛间训练基本原则………………………………………（173）

　　四、赛间训练主要特点………………………………………（174）

## 第二节　竞技状态赛间调控 (175)
　　一、赛间调控涵义 (175)
　　二、赛间调控基本策略 (175)
　　三、赛间调控基本内容 (176)
　　四、赛间调控基本要素 (178)
## 第三节　赛间训练具体实施 (179)
　　一、不同赛制赛间训练 (179)
　　二、不同赛式赛间训练 (182)

# 第十章　少儿训练及其特征 (187)
## 第一节　少儿运动训练概述 (188)
　　一、少儿运动训练释义 (188)
　　二、少儿训练阶段划分 (188)
　　三、少儿运动训练要点 (189)
## 第二节　少儿运动训练规律 (192)
　　一、少儿生长发育规律 (192)
　　二、少儿心理发展规律 (193)
　　三、少儿敏感期训练规律 (194)
## 第三节　少儿运动素质训练 (195)
　　一、少儿速度素质训练 (195)
　　二、少儿协调素质训练 (196)
　　三、少儿灵敏素质训练 (196)
　　四、少儿柔韧素质训练 (197)
　　五、少儿力量素质训练 (198)
　　六、少儿耐力素质训练 (199)
## 第四节　少儿运动技能训练 (199)
　　一、少儿基本动作训练 (199)
　　二、少儿运动技术训练 (200)

  三、少儿运动技能训练 …………………………………………（200）
  四、少儿运动技巧训练 …………………………………………（201）

## 第十一章　教练员的职业素养 ………………………………………（205）

 第一节　教练职业素养概述 ………………………………………（206）
  一、职业素养定义 ………………………………………………（206）
  二、职业素养构成要素 …………………………………………（206）
  三、职业素养现实意义 …………………………………………（206）
  四、职业素养执教作用 …………………………………………（207）
  五、职业性质及其任务 …………………………………………（208）
 第二节　教练员的执教团队 ………………………………………（209）
  一、执教团队内部结构 …………………………………………（209）
  二、执教团队功能管理 …………………………………………（211）
  三、执教团队角色培养 …………………………………………（214）
 第三节　教练员的执教能力 ………………………………………（216）
  一、执教能力概念释义 …………………………………………（216）
  二、执教能力学科基础 …………………………………………（218）
  三、执教能力培养路径 …………………………………………（219）

**参考答案** …………………………………………………………………（223）

# 绪论

**本章导语**：本章是认识竞技运动概念、本质、价值、功能和特点与运动训练概念、内容和特点的理论平台，是学习竞技运动项目分类和项群训练理论的重要途径，是了解运动训练学理论体系的重要窗口。内容主要包括：竞技运动与运动训练、项目分类与项群训练和运动训练学理论体系三个不同板块。

**学习目标**：本章学习的基本目标是促使学生能够掌握竞技运动、运动训练、运动项群基本概念；深刻认识竞技运动本质、功能与特点和运动训练内容与特点；基本了解运动项目的分类体系，基本掌握运动训练学理论框架和各章理论范畴。

**知识重点**：竞技运动价值与功能；运动训练内容与特点。

**知识难点**：运动训练学研究领域；运动训练学学科特征。

**知识框图**：

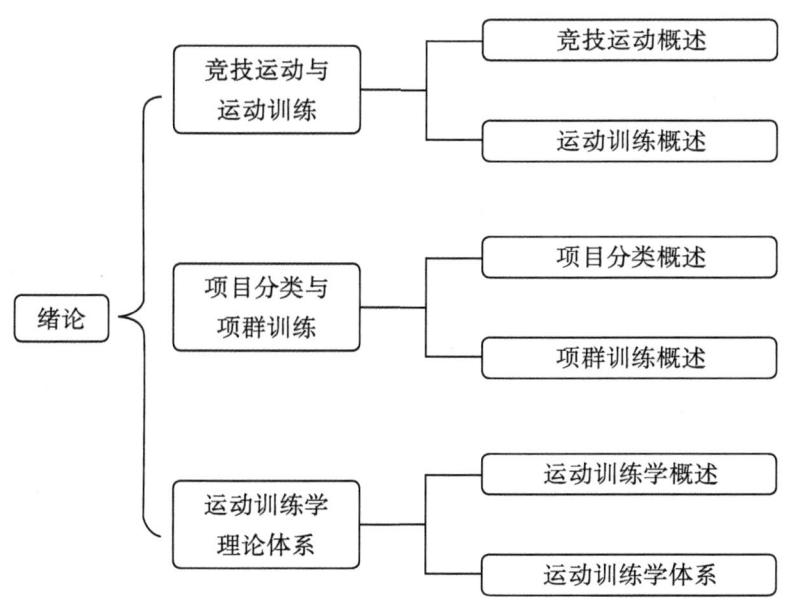

## 第一节　竞技运动与运动训练

### 一、竞技运动概述

#### 1. 竞技运动释义

竞技运动是指具有较为规范和严格的比赛规则并可促使运动员充分发挥身心潜力的竞争性运动项目的统称。

竞技运动是一类由身体竞技行为表现形式的社会文化现象，是以具体的竞技项目为发展平台、以比赛规则为竞技依据、以充分挖掘身心潜力的运动方式为活动形态、以追求优异的运动成绩为竞技目标的体育活动的统称，竞技运动亦称为竞技体育。

《欧洲体育运动宪章》将人类体育运动分为四种主要形态，即竞技运动、表演运动、户外运动和健身运动。

竞技运动可分为职业竞技运动、业余竞技运动和校园竞技运动三个层次。职业竞技运动的发展水平决定着竞技运动的前沿尖端水平；业余竞技运动的发展水平代表着竞技运动的整体进步状况；校园竞技运动的发展水平代表着竞技运动的基础普及程度。

职业竞技运动的代表性项目：北美四大职业联盟的比赛项目〔（职业橄榄球大联盟（NFL）、美国职业棒球大联盟（MLB）、国家冰球联盟（NHL）、美国职业篮球联赛（NBA）〕。

业余竞技运动的代表性项目：国际奥林匹克委员会（IOC）主办的夏季奥运会和冬季奥运会项目、国际世界运动会协会（IWGA）主办的世界运动会所属项目等。

校园竞技运动的代表性项目：国际大学生体育联合会（FIUS）和国际中学生体育联合会（ISF）分管世界大学生运动会、世界中学生运动会所属各个竞技运动的项目等。

竞技运动的三个层次之间相互渗透、相互关联。为了提高竞赛的观赏性和商业性，通过与国际单项运动联合会或国际单项职业运动协会的合作，一些职业运动员可以参加其组织的国际性重大赛事。当然，并不是所有竞技运动项目的职业运动员都可以参加夏季或冬季奥运会比赛，参赛具有严格的限制。

竞技运动作为人类文明发展的一种社会现象，逐渐发展成为三个层次的运动形态，并成为竞技体育、社会体育、学校体育三类管理机构的主要载体，不但共同地体现着竞技运动的核心价值，还联合发挥着竞技运动的社会功能。

竞技运动的本质：促进学生身体发育、掌握运动基本技能和提高校园教育质量的重要手段。

业余竞技运动的本质：促进人际之间交往、增强身体机能水平和提高人类生活质量的重要工具。

职业竞技运动的本质：推动体育文化产业、形成社会文化形态和创造身体文化产品的重要途径。

### 2. 竞技运动本质

竞技运动的本质是指竞技运动本身所固有的根本属性。从竞技运动的定义可见，制定严格的竞赛规则是竞技运动的前置条件；不断挖掘身心潜力是竞技运动的重要特征；充分展示竞技能力是竞技运动的显著特点。

> ▶ **竞技运动的本质属性是：自然性、运动性、竞技性**

①自然性：展示、发展和改善人体运动的机能能力。

自然性是竞技运动本质隐性维度方面的重要特征，是指运动员的机体、机能在竞技运动的活动中所发生的适应性变化。它包括改善人体运动的生物、运动、心智过程。系统地从事专项训练会导致人体细胞、组织、器官和系统发生适应性变化。因此，必须依据运动适应、超量恢复、运动应激等原理进行科学训练，依据训练分期、适度负荷、实时恢复等理论进行系统训练。

②运动性：体现、发展和提高人体运动的运动方式。

运动性是竞技运动本质显性维度方面的重要特征，是指运动员的运动方式，在竞技运动的活动中所发生的适应性变化。竞技运动所表现出来的复杂动作、多样技能、娴熟技术、精湛技艺、灵敏技巧就是竞技运动的运动性特征。竞技运动的运动性属性是以阶梯性的发展方式逐渐显现。其中，专项素质是能力、专项动作是基础、专项技术是工具、专项战术是谋略。

③竞技性：表现、发展和提升人体运动的竞技能力。

竞技性是竞技运动本质本源维度方面的重要特征。竞技性是竞技运动本质的根本特征。竞技运动本质的竞技性属性，不仅表现在运动员之间直接或间接的竞技能力的相互较量，同时还体现在人对自身、对自然的挑战过程之中。竞技运动的竞技性本源属性，就是倡导公平竞争、追求积极进取和力求争冠的终极奋斗目标。我们不能因为赛场中的违例现象或竞技中的不良行为，而漠视竞技运动的根本属性。

### 3. 竞技运动价值

①自然属性：客观上满足和促使人的机体、机能得到多方位发展。
②运动属性：客观上满足和促进人的活动方式得到多元化提升。
③竞技属性：客观上满足和促使人的竞技能力得到多维度提升。

目前竞技运动已成为一种社会现象，竞技运动的价值呈现着诸多功能。由于价值具有一定的主观反映形式，因此竞技运动的价值必然融入强烈的文化元素、国家意志、社会情感和民族精神之中；必然具有鲜明的历史烙印、思想意识、社会痕迹和种族文化的色彩。这是竞技运动价值的独特之处，因而不难理解许多发达国家将其作为促进社会和谐和提高国民素养的主要平台、许多发展中国家将其作为凝聚民族团结和振兴国家声誉的主要手段。

竞技运动的价值是竞技运动本质与功能的总和。竞技运动诞生以来，世界历史的发展进程始终伴有竞技运动的痕迹。许多国家积极将开展竞技运动，作为振邦强国、民族强种、国家复兴的重要途径。

### 4. 竞技运动功能

①基本功能：健身功能、竞技功能、精神功能、教育功能、文化功能。

基本功能是指竞技运动所独有的本质功能和基本作用，是区别于其他社会现象和事物对人和人类社会所产生的功能和作用的根本点，且具有独特性和其他事物不可替代性的基本特征。

②衍生功能：政治功能、社会功能、经济功能、外交功能、法制功能。

衍生功能是指竞技运动的某些功能，并不是竞技运动所独有的，而是与其他的社会现象或活动一样也能产生类似的甚至较大的功能和作用。

### 5. 竞技运动特点

竞技运动基本特点主要包括：项目的多样性、规则的严谨性、执裁的严格性、赛程的规范性、对抗的激烈性、负荷的极限性、技艺的难美性、环境的复杂性、竞争的博弈性和结果的难测性十个特点。

项目的多样性是指竞技运动所涵盖的运动项目多种多样，从而造成了竞技运动的复杂性现象，因此需要分类、分层地深入研究；规则的严谨性是指竞技运动的比赛规则只能是单一涵义且不能出现歧义；执裁的严格性是指所有参赛人员必须严格遵守比赛规则；赛程的规范性是指比赛的赛事、赛程应该是预定且不能随意变动的。项目的多样性、规则的严谨性、执裁的严格性、赛程的规范性特点提示我们：必须深刻理解不同项目运动特征、比赛规则涵义、临场执裁尺度和赛程安排；必须根据项目特征、规则涵义、执裁尺度和赛程安排科学、系统的训练。显然，认识这些特点是竞技运动健康发展的前提。

对抗的激烈性、负荷的极限性、技艺的难美性是竞技运动的重要特点。

环境的复杂性、竞争的博弈性和结果的难测性是竞技运动的突出特点。

## 二、运动训练概述

### 1. 运动训练释义

运动训练是指在教练员科学指导下，运动员通过积极努力、不断挖掘自身潜力并不断提高运动成绩的一种专门组织的过程。这一含义具有两层涵义：一是指运动训练是一个旨在不断挖掘自身潜力、提升竞技能力或保持运动成绩的适应过程；二是指运动训练是一个有组织、有计划、有实施、有监控的专门培养过程。实践中，运动训练实际上是一个"训"与"练"的过程，即教练员"教"和运动员"练"的双边过程。显然，运动训练是一个内容复杂、结构系统、过程较长的过程。

宏观上看，这一系统工程是由运动训练计划、运动训练实施、运动训练监控三个相关系统组成；微观上看，这一系统工程是由起始状态诊断、建立训练目标、制订训练计划、组织训练实施、监督检查评定和实现训练目标六大基本环节组成。因此，从系统工程的角度看，运动训练具有任何完整系统工程的显著特征或特点。

### 2. 运动训练内容

运动训练内容分为广义和狭义两类。广义的运动训练内容是指运动训练过程涉及的各个部分；狭义的运动训练内容就是竞技能力。

竞技能力是指运动员的参赛能力，是由不同表现形式和作用的素质、技术、战术、心理、智力、知识等要素构成，并综合性地表现在专项训练或比赛之中。竞技能力分为显性和隐性要素。显性要素是由运动素质、运动技术和运动战术组成；隐性要素是由运动机能、运动心理、运动智力组成。

运动技术是指在比赛中或在模拟真实对抗的环境下，运动员能合理、有效地充分发挥身体运动能力的动作方法。运动技术的构成要素主要是由身体姿势、动作轨迹、动作时间、动作速度、动作速率、动作力量、动作节奏构成。

运动战术是指根据专项运动竞赛规则，为战胜对手或取得理想成绩而采取的各种谋略和行动的总称。通常，运动战术是由战术观念、战术原则、战术意识、战术知识、战术形式和战术行动等内容组成。

### 3. 运动训练特点

运动训练的基本特点主要包括：要素的关联性、过程的分期性、质量的监控性、任务的专门性、内容的全面性、素质的迁移性、方法的多样性、负荷的极限性和科技的助力性九个特点。

要素的关联性、过程的分期性、质量的监控性是运动训练的显著特点；任务的专门性、内容的全面性、素质的迁移性是运动训练的重要特点；方法的多样性、负荷的极限性和科技的助力性是运动训练的突出特点。

## 第二节　项目分类与项群训练

### 一、项目分类概述

#### 1. 项目分类释义

项目分类是指将竞技运动众多项目，按照具有相似竞技运动外部特征或内在特性的竞技项目，进行分门别类。将一组具有相似竞技特征及训练要求的竞技项目称为一个项群。

竞技项目分类的意义：有利于运动训练理论体系的建立和发展；有利于探索各运动项目之间的异同关系；有利于揭示各运动项目的本质属性特点。

## 2. 运动项群分类

在我国，1983年田麦久教授等人根据竞技运动项目的基本特征，对奥运项目进行类属聚合后，将一组特征相似的项目称为"项群"，并提出了项群分类体系。最有影响的项群分类体系，是田麦久教授提出的按竞技能力主导因素、竞技运动动作结构、运动成绩评定方法这三种项群分类体系。

### （1）按竞技能力主导因素分类

按竞技能力的主导因素将奥运项目分为体能主导类、技能主导类、技心能主导类和技战能主导类四大类。

### （2）按竞技运动项目动作结构分类

按竞技运动项目的动作结构可分为单一动作结构、多元动作结构及多项组合结构三大类。

### （3）按运动成绩评定方法分类

按照各项比赛成绩的评定方法，可将竞技项目分为测量、评分、命中、得分和制胜五大类。

## 二、项群训练概述

### 1. 项群训练释义

项群训练是指教练员和运动员根据不同项群分类体系，探索、揭示和应用某一项群内部的共性规律和个性特征，科学地、辩证地、动态地不断挖掘该项群运动员身心潜力的身体活动过程。

### 2. 项群训练特点

#### （1）项群训练理论特点

项群训练理论的主要特点集中表现在聚类性、延伸性和迁移性三个方面。其中，聚类性特点是指将竞技运动项目进行类属聚合之后，在宏观内容方面，如竞技能力、训练方法、运动选材、知识体系、转项训练等，为丰富竞技运动的训练理论体系，提出的更有价值的理论观点；延伸性特点是指根据项目分类体系和项群训练理论，专门对某一项群进行深入研究之后，提出的更为深刻和具体的理论观点；迁移性特点是指根据项目分类体系和项群训练理论，专门对某一项群内部各个项目深入研究之后，提出的将某一专项成功经验迁移到另一专项领域并获得成功的理论观点。

### （2）项群训练实践特点

项群训练实践的主要特点集中表现在具体性、指导性和操作性三个方面。具体性特点是指所提出的各个项群的竞技特点十分明确、具体，这样有助于教练员认识本项群的具体竞技特点，以便有目的地进行训练；指导性特点是指所提出的各个项群的竞技特点十分明确、具体，有利于教练员提出正确的指导思想；操作性特点是指教练员所提出的正确指导思想和建议，应该得到贯彻和执行。

## 第三节 运动训练学理论体系

### 一、运动训练学概述

#### 1. 运动训练学研究领域

运动训练学是一门主要阐述运动训练的基本理论和方法的应用性理论学科。重要的研究和讨论的领域主要集中在八个方面：一是研究竞技运动的理论框架；二是研究运动训练的基本规律；三是研究运动训练的系统结构；四是研究运动训练的方法手段；五是研究竞技运动的竞技能力；六是研究运动训练的运动负荷；七是研究运动训练的过程安排；八是研究运动训练的过程监控。另外，有关研究运动训练学课程内容体系，也逐渐列入相关研究的视野中。当然，有关运动训练的基本原则、重大赛事赛间训练、教练员的职业素养也是研究的重要领域。

### （1）研究竞技运动的理论框架

研究竞技运动的理论框架是运动训练学的基础领域。竞技运动始终是运动训练理论研究的平台。其中，竞技运动本质、价值、功能和特点研究与运动训练规律、原则、方法和特点研究，始终是运动训练学研究的基础领域。

### （2）研究运动训练的基本规律

研究运动训练的基本规律是运动训练学的支柱领域。这一领域包括研究运动训练的基本原理、基本理论等内容。

### （3）研究运动训练的系统结构

研究运动训练的系统结构是运动训练学的框架领域。这一领域包括研究运动训练工程结构、运动训练信息结构、运动训练双核结构等。其中，运动训练的工程结构特别强调：运动训练是一项系统工程，构建训练计划、实施和监控融为一体的训练工程，是运动训练得以有效开展的关键；运动训练的信息结构特别强调：运动训练是一种信息系统，构建科学采集信息、有机链接数据、共享分析资源为一体的信息系统，是运动训练得以科学开展的条件；运动训练的双核结构特别强调：科学梳理运动训练与竞技参赛两类过程的构建要素，是运动训练得以深入开展的基础。

### （4）研究运动训练的方法手段

研究运动训练方法手段是运动训练学的主要领域。应该说，现代训练方法手段是训练原理与执教艺术高度结合的创新产物。

### （5）研究竞技运动的竞技能力

研究竞技运动的竞技能力是运动训练学的核心领域。一般来说，竞技能力是由运动机能、运动素质、运动技术、运动战术、运动心理、运动智力和运动知识组成，亦称为竞技机能、竞技体能、竞技技术、竞技战术、竞技心理、竞技智力和竞技知识。其中，运动素质、运动技术、运动战术是竞技能力的显性要素；运动机能、运动心理、运动智力等是竞技能力的隐性要素。竞技能力的提升和融合，直接关系竞技状态的形成和发展，进而直接影响运动员重大赛事参赛的水平。

**（6）研究运动训练的运动负荷**

运动负荷研究的主要领域：①构建运动负荷的定义、类别、结构与要素和运动负荷安排的原则、方法、方式与等级的理论研究；②根据人体运动现象特征，探索人体运动过程的外在表现及其负荷指标；③根据运动人体机能变化，探索人体运动的机能反映及其负荷指标。

**（7）研究运动训练的过程安排**

主要包括训练过程分期、训练计划制订、训练内容分配、训练方法应用、训练手段遴选、训练负荷安排等内容。

**（8）研究运动训练的过程监控**

主要包括运动训练的监控过程、监控指标、监控评价和监控组织等内容。目前的研究方向有四个角度：一是从工程角度，统一构建适合过程安排和过程监控的组织过程；二是从信息角度，辩证设置运动人体和人体运动两类的监控指标；三是从控制角度，科学开发数据分析和适时反映的监控设备；四是从组织角度，科学组建包括监控人员在内的教练团队。

**（9）研究运动训练学课程内容体系**

运动训练学课程的建设途径有：传承经典训练理论的同时，也要注重引入新的训练理论和方法；不断梳理现有训练理论的同时，也要注重构建新的教材体例和大纲；逐渐分化或者整合成新型的课程、门类或学科。

**2. 运动训练学学科特征**

运动训练学的主要学科特征着重表现为本源性、综合性和实践性。

**（1）本源性特征**

运动训练学学科直接产生于竞技运动的活动之中、密切相伴于运动训练的实践之中、紧密相连于各个运动项目的研究之中。竞技运动是运动训练学理论体系起源的基础平台，运动训练是运动训练学理论体系发展的主要支柱，参赛取胜是运动训练学理论体系形成的内在动力。运动训练学正是通过不断总结各个运动项目的成功经验才得以发展、正是通过不断探索运动训练的基本规律才得以进步。

### （2）综合性特征

运动训练的终极目的是创造理想的运动成绩，运动训练的主导是创造成绩的教练团队，运动训练的主体是创造成绩的精英选手，优异成绩的体现源于科学训练的漫长过程。一般认为：生物学科的学科群提供了能解释和发展运动员机体水平的学理；心理学科的学科群提供了能解释和发展运动员心理素质的学理；社会学科的学科群提供了能解释和提升运动员哲学认知的学理。显然，运动训练学与之密切相关。运动训练学的学科内容，正是不同程度地引入自然科学、社会科学、人文科学的知识和成果，进而表现出自身独特、鲜明的综合性特点。

### （3）实践性特征

运动训练的直接终极目标就是取得优异的运动成绩。运动训练学理论的主要价值在于提供引导教练员科学执教、运动员科学训练的理论依据。由此可见，运动训练学的学科特征具有鲜明的实践性特征，也有学者将其称为操作性特征。

随着科学技术的不断渗入，现代运动训练更加需要包括运动训练学学科在内的整个运动训练科学学科群的协同参与。研究者必须注意历史地、唯物地传承经典理论；必须注意动态地、辩证地认识最新理论；必须注意积极地、主动地吸收最新成果；必须注意深入地、紧密地联系具体实践。

## 二、运动训练学体系

运动训练学体系是指运动训练学构件的组成系统。整体内容分为绪论，运动训练基本原则，运动素质及其训练，运动技术及其训练，运动战术及其训练，运动训练方法手段，负荷、恢复与安排，分期、设计与实施，运动训练过程监控，重大赛事赛间训练，少儿训练及其特点，教练员的职业素养十二部分。

【知识小结】

本章特别讨论了竞技运动概念、本质、价值、功能、特点和运动训练概念、内容、特点的基本理论问题；概括说明了竞技运动项目分类和项群训练理论的历史缘由和现实状况；详细分析了运动训练学的研究领域和主要研究方向。旨在通过本章的学习，促使学生能够基本掌握本章提供的知识体系和理论框架，基本了解"为啥练、练什么、练多少、怎么练、练咋样"的逻辑关系和内容重点。

【知识检测】

一、判断题

（　　）1. 竞技运动最鲜明的特点是运动项目具有较为规范和严格的比赛规则的要求，且可促使运动员充分发挥身心潜力。

（　　）2. 竞技运动是一类由身体竞技行为表现形式的社会文化现象，该运动并不是以追求最佳运动成绩为目标的竞技活动。

（　　）3. 竞技运动作为人类文明发展的一种社会现象，不仅体现着竞技运动的核心价值，而且发挥着竞技运动的社会功能。

（　　）4. 竞技运动的本质是制定严格的竞赛规则，是竞技运动的前置条件；不断挖掘身心潜力是竞技运动的重要特征；充分展示竞技能力是竞技运动的显著特点。

（　　）5. 竞技运动的本质属性是自然属性、运动属性和竞技属性的综合体现，是人体运动的机能能力、运动方式、竞技能力的表达。

（　　）6. 竞技运动的价值独特，但究其本质必然融入强烈的文化元素、国家意志、社会情感和民族精神之中。

（　　）7. 项目的多样性是指竞技运动所涵盖的运动项目多种多样，从而造成了竞技运动的复杂性现象。

（　　）8. 竞技能力是指运动员的参赛能力，是由相同表现形式和作用的素质、技术、战术、心理、智力、知识等要素构成，并综合性地表现在专项训练或比赛之中。

（　　）9. 项目分类的核心是按照具有相似竞技运动外部特征或内在特性的竞技项目，所进行的分门别类。

（　　）10. 项群训练理论的主要特点集中表现在聚类性、延伸性和迁移性三个方面。

（　　）11. 运动训练学的主要学科特征着重表现为本源性、综合性和实践性三个层面。

（　　）12. 运动训练的主体是创造成绩的精英选手，优异成绩的体现源于科学训练的漫长过程。

（　　）13. 竞技运动是运动训练学理论体系起源的基础平台；运动训练是运动训练学理论体系发展的主要支柱；参赛取胜是运动训练学理论体系形成的内在动力。

（　　）14. 竞技能力的提升和融合，直接关系竞技状态的形成和发展，进而直接影响运动员重大赛事参赛的水平。

（　　）15. 运动训练是一项系统工程，构建训练计划、实施和监控融为一体的训练工程，是运动训练得以有效开展的关键。

## 二、选择题

1. 下列选项中不属于竞技运动分类的是（　　）。
   A. 职业运动　　B. 业余运动　　C. 特殊运动　　D. 校园运动

2. 下列选项中不属于竞技运动本质属性的是（　　）。
   A. 自然属性　　B. 运动属性　　C. 观赏属性　　D. 竞技属性

3. 下列哪项运动决定着竞技运动发展前沿尖端水平？（　　）
   A. 校园竞技运动　　B. 职业竞技运动
   C. 业余竞技运动　　D. 群众体育运动

4. 下列哪项运动代表着竞技运动发展前的整体进步状况？（　　）
   A. 校园竞技运动　　B. 职业竞技运动
   C. 业余竞技运动　　D. 群众体育运动

5. 下列哪项运动代表着竞技运动的基础普及程度？（　　）
   A. 职业竞技运动　　B. 校园竞技运动
   C. 业余竞技运动　　D. 群众体育运动

6. 下列选项中属竞技运动自然属性的是（　　）。
   A. 运动方式　　B. 运动机能　　C. 竞技能力　　D. 心理能力

7. 下列选项中属竞技运动运动属性的是（　　）。
   A. 运动机能　　B. 运动方式　　C. 心理能力　　D. 竞技能力

8. 下列选项中属竞技运动竞技属性的是（　　）。
   A. 心理能力　　B. 竞技能力　　C. 运动方式　　D. 运动机能

9. 下列选项中属于制胜——命中类运动项目的是（　　）。
   A. 网球　　B. 射击　　C. 柔道　　D. 冰球
10. 下列选项中属于得分类运动项目的是（　　）。
    A. 技巧　　B. 棒球　　C. 击剑　　D. 拳击

### 三、填空题

1. 人类体育运动的主要形态是_____、_____、_____和_____。
2. 竞技运动可分为_____、_____和_____三个层次。
3. 竞技运动的本质属性主要包括_____、_____和_____。
4. 按竞技能力的主导因素将奥运项目分为_____、_____、_____和_____四大类。
5. 按运动项目的动作结构可分为_____、_____及_____三大类。
6. 按照各项比赛成绩的评定方法，可将竞技项目分为_____、_____、_____、_____和_____五大类。
7. 运动训练学的主要学科特征着重表现为_____、_____和_____特征。

### 四、名词解释

1. 竞技运动。
2. 运动训练。
3. 项目分类。
4. 项群训练。
5. 竞技能力。

### 五、简答题

1. 简述竞技运动的价值。
2. 简述竞技运动的功能。

### 六、论述题

论述竞技运动的本质属性。

# 第一章 运动训练基本原则

**本章导语**：本章主要包括运动训练原则概述、训练动机激励原则、专项训练深化原则、系统不间断性原则、周期安排训练原则、适宜负荷训练原则、适时恢复训练原则与区别对待训练原则八节内容。

**学习目标**：通过本章学习，学生能够基本掌握运动训练原则的概念、类别及其指导意义，在运动训练实践中，基本理解各项训练原则的科学基础，基本掌握各项训练原则实施的训练学要点；基本建立科学指导训练实践原则的意识与训练理念。

**知识重点**：运动训练原则的科学基础与训练学要点。

**知识难点**：运动训练原则的实践应用。

**知识框图**：

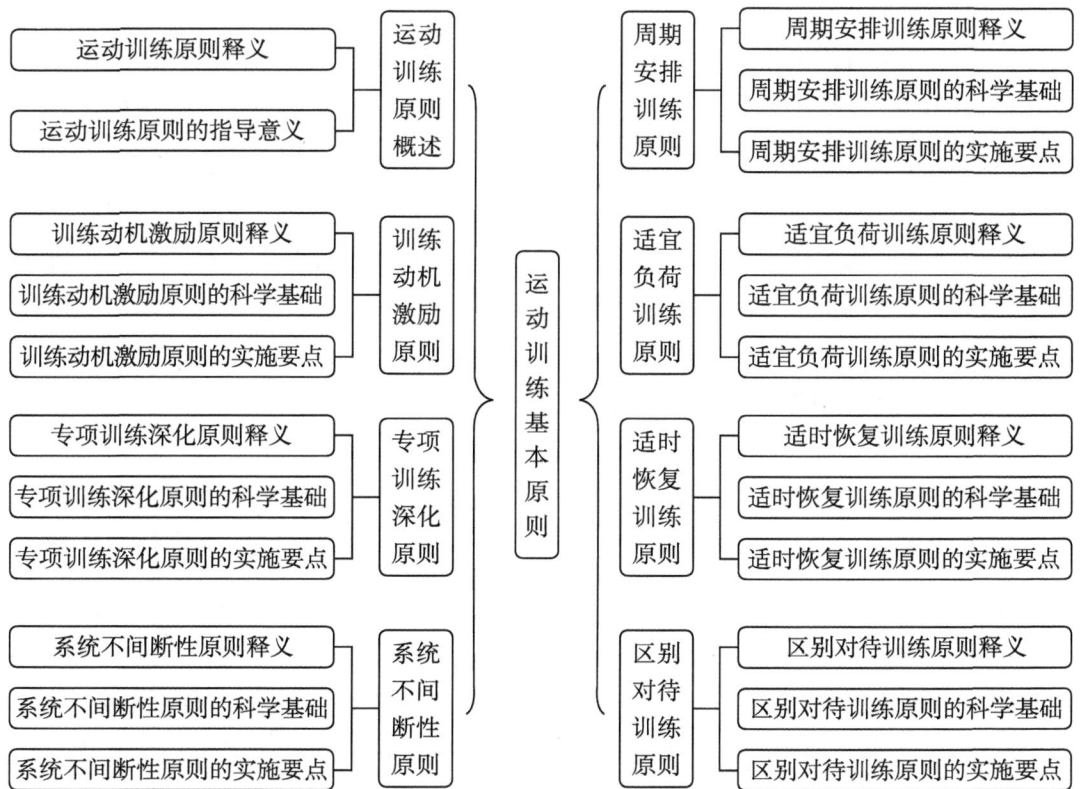

## 第一节　运动训练原则概述

### 一、运动训练原则释义

运动训练是一个复杂的系统工程，是由教练员的指导与运动员的操练所组成的双边过程。运动训练既是一个特殊的教育和教学过程，也是以人体运动实践为表现形式，不断挖掘自身潜力、提升竞技能力或保持运动成绩为目标的生物适应过程。运动训练原则主要包括一般教学论原则和运动训练中所特有的原则。一般教学论原则包括科学性原则、自觉性原则、直观性原则、系统性原则、巩固性原则、循序渐进原则、区别对待原则等。运动训练所反映的原则主要包括专项性原则、适应性原则、系统性原则、周期安排原则、递增负荷原则、适时恢复原则、科学监控原则等。

运动训练原则是指依据运动训练活动的客观规律而确定的组织运动训练过程所必须遵循的基本准则。训练原则是随着训练实践的发展而逐渐建立起来的，并随着人们对运动训练客观规律认识的广度和深度的变化而逐步形成的专门体系。这一体系集中反映了训练过程中的客观规律。内容主要包括：训练动机激励原则、专项训练深化原则、系统不间断性原则、周期安排训练原则、适宜负荷训练原则、适时恢复训练原则、区别对待训练原则。

### 二、运动训练原则的指导意义

理论意义：主要体现于运动训练原则是对训练实践成功经验的高度总结与概括，并以此揭示运动训练实践的客观规律。竞技运动训练理论主要围绕"为啥练、练什么、怎么练、练多少、练咋样"等基本问题构建其理论体系。

实践意义：主要体现于指导人们正确认识运动员竞技能力变化、提升与表现的规律，并指导训练实践的科学化发展。本章所提出的动机激励、专项深化、系统不间断、周期安排、适宜负荷、适时恢复与区别对待七大训练原则，将直接对运动训练工程规划、实施与监控进行指导和规范，并为提升运动员竞技能力、创造优异运动成绩提供保障。

## 第二节 训练动机激励原则

### 一、训练动机激励原则释义

训练动机激励原则是指从激励运动员训练动机的角度组织训练过程的训练原则。该原则指出，在运动训练过程中，通过多种有效途径与办法，促使运动员深刻认识参加训练的目的，并自觉、积极、主动地完成训练任务。自觉是对认识、思想上的要求，积极是对行动、实践上的要求。

训练动机激励主要通过两种途径来实现：自觉激励、社会激励。运动训练是一个艰苦的过程，运动员只有具备顽强的意志和积极的训练动机，才可能获得最终的成功。另外，社会的普遍认同，以及运动员为国争光的荣誉感，会满足运动员更高层次的精神需求；创造竞技成就而获得的物质奖励则会使运动员享有更好的生活质量。

### 二、训练动机激励原则的科学基础

#### 1. 社会认知理论

社会认知理论是社会心理学的重要理论之一，它是一种用来解释社会学习过程的理论，主要关注人的信念、记忆、期望、动机及自我强化等认知因素。该理论认为，人在社会情境中的认知是行为动机产生的决定因素，人所具有的完成某种活动的价值期望、目标设置、能力判断与控制感觉等，对人是否选择、产生和坚持某种行为活动有着重要的影响作用。在我国，因特殊的管理体制和运动员培养机制，运动员参与训练的动机激励显得尤为重要。奥运争光、社会认同、他人影响等社会认知导向时刻影响着运动员的训练动机；自我价值取向、自我心理认知等因素也不断作用于运动员参与训练的积极性。在训练实践中，教练员与管理人员要充分利用竞技运动价值体系引导运动员树立正确的训练动机。

### 2. 学习动机理论

动机是指由特定需要引起的、欲满足各种需要的特殊心理状态和意愿。它是指人们在做某种决定时所产生的念头，是理念实施的组织源头。现代教学论认为，为了有效激发和培养学习者的学习动机，须先了解学习行为是如何受学习动机影响的。研究认为，影响学习动机的原因大致分为三类：一是强调诱因的直接作用，属于行为主义的观点，认为强化能够促进学习动机；二是强调需要的直接作用，属于人本主义的观点；三是强调对于需要、诱因，以及学习活动本身的相关因素的意识和思考作为中介所起的作用，属于认知观点。其中，成就动机、成败归因与自我效能感都是决定学习行为的重要影响因素。

### 3. 教学过程理论

教学过程是教学活动的启动、发展、变化和结束在时间上连续展开的程序结构，它是认识过程、心理过程、社会化过程的复合整体。在教与学的关系中，要充分发挥教师的主导作用，引导学生成为学习的主人和发展的主体。运动训练是由教练员的"教"和"训"、运动员的"学"和"练"所组成的双边过程，也是一种特殊的教学过程。从获得训练效果的角度来讲，教练员的"教"和"训"只是一个条件，是获得训练效果的外因。而运动员的"学"与"练"则是取得成绩的内因，外因通过内因而起作用。因此，在训练实践中，既要激发训练主导者，即教练团队指导训练的积极性，亦须激发训练主体，即运动员主动参与训练的积极性。一方面，教练员的思想理念、言行举止时刻影响着运动员；另一方面，运动员主动参与训练、理解训练、接受训练更是决定最终训练效果的关键因素。总之，运动训练作为特殊的教学过程，必须遵循一般教学过程所具有的间接性、双边性、发展性与教育性规律。

## 三、训练动机激励原则的实施要点

### 1. 科学认识训练的目标与任务

在训练的全过程中，必须使运动员深刻认识参加训练的目的，树立起勇攀技高峰、为国争光的崇高目标，如此才能真正将祖国利益和个人命运紧密相连；才能深刻理解刻苦训练的意义；才能在任何情况下，即无论是获胜的顺境，抑或是失败的逆境，皆矢志不渝地为实现训练目标而努力奋斗。

### 2. 科学发挥主导和主体积极性

教练员是训练过程的组织者、指导者，即训练过程的主导者。新时代对一名教练员的素养提出了新的要求，一名优秀的教练员必须同时具备事业心、责任心与激情。事业心决定了教练员的业务能力；责任心影响着教练员的管理能力；激情则会激发教练员的创新能力。

### 3. 科学安排训练内容方法手段

要善于根据训练的具体目的，以及运动员的实际情况和训练的现实条件，合理确定训练任务、科学设计训练内容、恰当运用训练方法、创新选用训练手段、科学安排运动负荷、有效控制训练过程。

### 4. 科学运用训练评价反馈功能

训练过程监控与评价是运动训练过程中的重要一环，现代竞技运动尤其重视训练过程的全方位监控与评价。其中，对运动员训练效果的测评与反馈对引导其形成正确的训练动机极为重要。

## 第三节 专项训练深化原则

### 一、专项训练深化原则释义

专项训练深化原则是指通过逐步深化并合理安排专项训练内容、方法、手段及负荷等因素来组织训练过程的训练原则。

## 二、专项训练深化原则的科学基础

### 1. 竞技能力发展规律

竞技能力是指运动员的参赛能力,是由不同表现形式和作用的素质、技术、战术、心理、智力、知识等要素构成,并综合性地表现在专项训练或比赛之中。运动员竞技能力的发展受基因遗传、运动训练和生活环境三方面因素的影响。研究表明,随着生长发育的进程变化,人的竞技潜力逐渐展现。同时,在不同的年龄阶段,运动能力的各项子能力发展的时期与程度各不相同。通过系统训练对人体施加适宜的负荷刺激,能够使机体产生积极性适应,并不断在这种"刺激—适应"过程中,使运动员竞技能力表现出"适应—提高""再适应—再提高"的发展规律。

### 2. 人体生物适应原理

适应性是指生物体与环境表现相适合的现象。生物的适应是指生物的形态结构和生理机能与其赖以生存的一定环境条件相适合的现象。运动适应是生物适应的表现形式之一,是指运动员通过长期不间断训练,机体各项竞技能力不断发生与创造优异运动成绩相匹配的生物适应过程。显然,适应或运动适应是运动训练的重要生理基础。从根本上说,运动训练过程就是生物改造的过程。针对专项训练深化原则来讲,运动适应的具体体现是随着运动员年龄与运动年限的增长,其身体能力、专项技能、专项心智能力、专业基础知识不断积累与发展,以不断适应新的、更高层次或水平训练环境的需求,人体的运动能力始终在潜能范围内遵循"改造—适应""再改造—再适应"的机制,不断提升与发展。

### 3. 运动技能形成规律

运动技能的形成原理是神经传导联接机制。动作技能是在中枢神经系统的统一支配下,建立的一种暂时性神经系统联系。通过一般训练,使运动员运动中枢建立起各类适合专项需要的暂时性神经联系,从而为形成有效而灵敏的专项性神经联系奠定基础；通过不断深化专项训练，调整神经系统的运动性神经联系，使非专项动作技能的暂时性神经联系转向专项化，使泛化的神经联系转向精确化，从而在高级神经中枢内形成最佳的暂时性神经联系结构。

## 三、专项训练深化原则的实施要点

### 1. 科学认识基础训练与专项训练的关系

基础训练的目的是为运动员储备专项训练所需的基本能力，包括基础体能、基本技术、基本战术、基本心理能力和运动智力。在基础训练阶段，要高度重视运动员运动能力多元化发展，使其获得全面的技术动作与运动技能储备，这是专项运动成绩得以提高的基础。随着运动员竞技水平的不断发展，专项训练比例逐渐增大，但需要注意的是即使在高级训练阶段，同样要安排一些基础训练内容。

### 2. 科学安排不同训练阶段专项训练比例

运动员全程性多年训练过程通常包括基础训练、专项提高、最佳竞技及高水平保持四个阶段。各个阶段有着不同的训练目标与任务，同时对训练内容和运动负荷也有不同的要求。基础训练阶段主要以一般训练为主，而专项提高阶段、最佳竞技阶段及高水平保持阶段的专项训练内容比例应逐渐加大，训练方法与手段也应逐渐体现专项性与针对性，所安排的运动负荷也应更加符合专项比赛负荷的特点。

### 3. 科学遵循专项训练与竞赛的基本规律

专项训练的基本规律体现于专项训练的任务、内容、方法、手段与负荷等方面，根据运动训练的过程结构，科学组织训练的工程规划、工程实施与工程监控，明确专项竞技能力结构特征，正确处理专项训练整体与局部的关系，科学安排专项运动的一般、辅助和专项训练的内容，遵循一般训练向专项训练、一般专项训练向专项深化训练的循序渐进的规律，使训练过程不断向纵深发展。

## 第四节 系统不间断性原则

### 一、系统不间断性原则释义

系统不间断性原则是指系统地、持续地、循序渐进地组织训练过程的训练原则。该原则强调：从训练初期，到出现优异运动成绩，再到运动寿命的终结，都应根据训练结构中各因素间的内在联系，以及人体运动能力发展规律，有序且持续地进行训练。

### 二、系统不间断性原则的科学基础

#### 1. 系统工程理论

运动训练是一项复杂的系统工程。由训练工程设计、训练工程施工和训练工程监控三个主体部分所构成。

#### 2. 生物适应原理

生物适应是运动训练的重要生理基础。针对系统不间断性训练原则而言，在系统训练的作用下，人体分子、细胞、器官、系统，以及外在形态、机能、素质、技能、心智等都会产生适应性变化。经过长期系统的训练，人体运动能力表现出能量代谢、肌肉收缩、神经支配等机能"节省化"，以及运动素质普遍增强、技术动作合理规范、动作流畅节奏明快、技术应用得心应手、战术预判合理准确、战术配合娴熟巧妙、情绪管理善于自控、比赛关注能力特强、善于解读比赛进程、比赛思维能力较好。

### 三、系统不间断性原则的实施要点

#### 1. 科学执行工程控制的基本程序

运动训练工程控制是指训练团队为实现训练目标而对影响训练过程的变量所进

行的操控。运动训练工程结构的主体框架由训练工程规划、训练工程实施和训练工程监控构成。

**2. 科学遵循用进废退的基本规律**

从运动员竞技能力的发展规律来看,系统不间断的训练是保证机体取得显著的运动适应能力、不断提高竞技水平并创造优异运动成绩的关键。

**3. 科学贯彻系统训练的管理体制**

训练全过程的系统不间断性原则还须体现在系统的训练管理体制上。运动员接受多年的系统训练,必须以健全的训练体制作为保证。

## 第五节 周期安排训练原则

### 一、周期安排训练原则释义

周期安排训练原则是指根据运动训练周期性结构特点、重大赛事安排规律和运动员竞技状态呈现规律组织训练过程的训练原则。这一原则主要强调训练过程的周期性、赛事安排的计划性和竞技状态发展的规律性。

### 二、周期安排训练原则的科学基础

**1. 竞技状态形成规律**

竞技状态是运动员参加训练和比赛的准备与现实状态。竞技状态形成和发展具有周期性规律。竞技状态的形成一般包括三个阶段:竞技状态发展与提高阶段、竞技状态优化与保持阶段、竞技状态减退与下降阶段。

**2. 生物适应周期理论**

人体生物适应是一个长期的过程,在训练过程当中,由于运动员竞技状态的发展规律与运动员个体生物节律性差异,人体对运动负荷的适应过程表现出了显著的周期性特点。在运动负荷的刺激下，人体的能量储备会下降。在此过程中，机能状态表现出"疲劳—恢复—超量恢复—稳定"的适应过程。在新的负荷刺激下，人体机能状态会循环产生新的更高层次的适应。

### 3. 训练过程分期理论

训练过程分期是在运动训练过程开始之前，对训练活动预先做出的时间维度上的理论设计，是指根据优秀运动员竞技能力发展规律和不同时期训练目标的需要，将整个运动训练过程合理地分解成不同训练时期的操作过程。

## 三、周期安排训练原则的实施要点

### 1. 科学安排符合竞赛特点的周期类型

一般根据重大比赛的任务和运动项目的特点来考虑全年训练周期的划分。通常有如下三种典型的周期安排：一年安排一个大周期（称单周期结构）；一年安排两个周期（称双周期结构）；一年安排多个周期（称多周期结构）。

### 2. 科学统筹不同训练周期之间的联系

不同类别的训练周期，其划分的理论依据并不相同。一般而言，超大周期的确定是根据奥运战略和工程规划而定；大周期则是依据赛事安排、竞技能力发展、竞技状态形成规律而定；中周期则是根据阶段任务和目标而定；小周期则是根据负荷性质而定。

### 3. 科学衔接不同训练阶段的周期性任务

任何训练周期的准备、竞赛、过渡时期的长短，都是要根据具体情况进行规划。实践证明，不适宜地缩短准备期的训练，或不恰当地参加一些赛事，都会导致竞技状态形成不良后果，甚至会影响运动员重大比赛的竞技状态。

# 第六节 适宜负荷训练原则

## 一、适宜负荷训练原则释义

适宜负荷训练原则是指根据运动员现实可能和人体机能适应性规律，以及提升运动员竞技能力需要，在训练中给予适宜量度的负荷，以取得理想训练效果的训练原则。训练中遵循"加大—适应—再加大—再适应"的规律，逐步且有节奏地加大运动负荷，以促进运动员竞技能力发展。

## 二、适宜负荷训练原则的科学基础

### 1. 能量代谢原理

一般将生物体内物质代谢过程中所伴随的能量储存、释放、转移和利用，称为能量代谢。人体能量代谢系统包括：ATP-CP系统、糖酵解系统和有氧氧化系统。ATP-CP系统又称为磷酸原系统。糖原在缺氧状态下发生无氧酵解产生能量的过程称为糖酵解。有氧氧化系统是指糖原、脂肪、蛋白质等能源在氧供应充足情况下发生有氧氧化产生ATP的能量代谢系统。

### 2. 超量恢复原理

人体在运动负荷刺激下，能量储备、物质代谢及神经调节机能会出现不同水平下降，负荷刺激结束后，下降的机能不但可以恢复到负荷前的初始水平，而且能够超过初始水平的现象，我们称为"超量恢复"。科学安排训练负荷，就要处理好负荷刺激的量度与时机，一般来讲，在机体疲劳恢复至产生超量恢复效应期间安排下一次适宜负荷刺激，可以使"负荷—疲劳—恢复—超量恢复"的过程持续不断地在人体潜能范围内延续，使机体产生更高层次的运动适应，表现出的运动能力不断提升。

### 3. 生物适应原理

生物适应是指当环境发生变化时，为避免环境的改变所引起的损伤，机体细胞、组织或器官发生的代谢、功能和结构的相应改变过程。在体育运动领域，适应的直接目的是通过科学训练，提高或降低各个系统、组织、器官和细胞对刺激的感应阈，同时增强机体代偿能力。当机体适应这一负荷后，会出现"机能节省化"现象。

### 4. 生物应激原理

应激是指机体在受到一定强度的应激源（躯体或心理刺激）作用时所出现的全身性非特异性适应反应。适度应激有利于机体在变化的环境中维持自身稳态，提升机体应对不利环境的能力。但是，过度应激则会发生机能、行为和心理不良反应。

## 三、适宜负荷训练原则的实施要点

### 1. 科学界定负荷刺激的生理临界

运动负荷的大小是相对的，对于绝对值同等的运动负荷，其对不同人体的刺激反应是不同的，这是人体存在着个体差异特点所决定的。因此，科学安排运动负荷的前提条件是，必须科学分析与掌握每位运动员所能承受负荷的生理临界及其变化阈值。

### 2. 科学认识负荷刺激的训练效应

运动负荷的训练效应决定于负荷刺激的程度与性质，其中，负荷程度是指负荷量与强度、负荷性质是指不同形式、结构组成的运动负荷的实施，二者都具有促使不同运动机能发展的特点。

### 3. 科学安排训练负荷的量与强度

运动负荷由负荷量、负荷强度两类因素构成，处理好负荷量、负荷强度的关系是合理安排运动负荷的又一关键条件。运动负荷的表现形式多种多样，组合方式千变万化，因此，这里仅从宏观角度阐述实践中解决运动负荷中的强度与量度关系的基本方式。

# 第七节 适时恢复训练原则

## 一、适时恢复训练原则释义

适时恢复训练原则是指根据运动负荷的性质，以及疲劳产生的机制及时消除疲劳，并采用积极的恢复手段提升机体能力的训练原则。

## 二、适时恢复训练原则的科学基础

### 1. 超量恢复原理

在理论上，超量恢复理论突出了运动训练的能量代谢基础，认为能量代谢水平及其在训练中的变化既是运动训练的目标也是运动训练的依据，使运动训练过程的控制和效果的评价成为可能。在实践中，人们通过"超量恢复"进一步认识到训练负荷和机体恢复是两个对运动训练效果具有同样重要作用的因素，它们之间存在某种关系，且在很大程度上决定了运动训练的质量和效率，在高度重视训练负荷投入的同时，加强了对训练后各器官和系统恢复的关注。在一定范围内，运动负荷越大，消耗越剧烈，恢复过程就越长，超量恢复程度也就越明显。

### 2. 疲劳消除规律

在运动过程中，当机体生理过程不能继续保持在特定水平上进行或不能维持预定的运动强度时即为运动性疲劳。运动性疲劳是由运动负荷引起的一种正常的生理现象，主要表现为机体工作能力暂时性下降。

### 3. 营养调控理论

营养是保障健康、维持和提升运动训练效果和运动能力的主要因素。对于运动员而言，合理营养是指进行大强度训练与运动时需要的液体、营养素及能量；也是指不同环境、不同状态下进行运动时适当补充食物、液体和营养品。

## 三、适时恢复训练原则的实施要点

### 1. 科学树立负荷与恢复统一观念

必须深刻认识训练过程中负荷训练和恢复训练并存的客观规律，这不仅表现于负荷训练与恢复训练过程相继和同步进行的特征。并且，在训练实践中，应认真将负荷的强度、时间、方式等与恢复的措施、方法、效果等，放在同等地位上进行考虑。

### 2. 科学认识不同性质的疲劳特征

研究表明，在不同训练内容的大负荷训练后，均在这一训练内容中占主导地位的竞技能力达到超量恢复的时间为最长，但相比之下，有氧能力的恢复时间最长（72小时），无氧能力次之（48~72小时），速度力量能力最短（48小时）。不同训练内容、手段、不同的负荷及其消耗的能量物质不同，所产生的超量恢复的时间也不同。

### 3. 科学识别不同程度的疲劳特征

除了识别不同性质的负荷刺激导致的不同性质的疲劳以外，还须掌握不同负荷刺激程度引发的疲劳特征。依负荷刺激的强度不同，产生疲劳的特征通常为：强度中小，持续时间长的负荷刺激下，易出现轻度疲劳，其症状是疲倦、心率加快；一次极限强度负荷刺激下，易出现急性疲劳，其症状是面色苍白、心率过速、白血球总量增多、出现尿蛋白；出现急性疲劳后凭意志继续进行负荷训练或连续进行高强度负荷训练，易出现过度疲劳，其症状是情绪低落、厌烦训练、食欲不佳、体重下降、动作不协调、运动水平下降。

### 4. 科学运用疲劳恢复的方法手段

掌握负荷性质与恢复方法之间存在的紧密对应关系，掌握不同类型疲劳消除的时间范围。实践中应根据机能恢复的规律，安排适宜的恢复时间和方法手段。目前，实践中常用的恢复方法包括训练学、医学、生物学、物理学、心理学、营养学恢复方法；常用的恢复手段包括低强度有氧慢跑、拉伸、按摩、针灸、拔火罐、紫外线照射、红外线照射、水浴、蒸气浴、盐浴、含氧浴等，以及心理咨询、催眠、营养品补充等。

## 第八节　区别对待训练原则

### 一、区别对待训练原则释义

区别对待训练原则是指在运动训练中要根据不同专项、不同运动员，以及不同训练任务、训练阶段、训练环境，针对性地选择训练内容、确定方法手段，安排运动负荷的训练原则。

### 二、区别对待训练原则的科学基础

**1. 生理遗传规律**

区别对待训练原则是根据运动项目特点及其对运动员的遗传特点提出的。一般认为：速度性项群的能量代谢特点主要以磷酸盐代谢形式为主，糖的无氧代谢形式为辅，要求神经过程灵活性高、转换速度快，白肌纤维比例大；力量性项群的能量代谢特点主要以磷酸盐代谢形式为主，要求神经过程强度高，白肌纤维比例占据优势；耐力性项群的能量代谢特点要求变化形式多，神经过程稳定，心肺功能良好，红肌纤维比例较大；准确性项群的要求是身体动作的稳定性、灵活性高，具有坚毅、冷静的心理品质；表现性项群的身体形态和心理素质的要求更高；隔网性项群突出灵敏性素质，能量代谢特点有氧与无氧混合供能，情绪稳定、注意力集中，具有思维力强、位感灵敏的心理品质；同场性项群要求体型粗壮高大，骨骼肌结实有力，速度和灵敏素质好，具有性情勇猛、球感敏锐的心理品质；格斗性项群要求骨胳强壮，爆发力、速度和灵敏素质好，具有敢打敢拼、斗志顽强、反应迅速的心理品质。

### 2. 因材施教理论

因材施教属于一般教学论原则，是指根据教学对象的个性心理特点及知识、能力现状，从实际出发，采取不同的途径、措施和方法进行教育和教学的原则。该原则指出不同的教学对象，受遗传、环境和教育等因素的影响，其个性也互不相同，知识、能力、情感、意志、性格等方面都表现出不同的特点和发展倾向。因此，在教学实践中，要注意在统一要求的基础上，结合每个教学对象的特点和发展倾向做到因材施教。

## 三、区别对待训练原则的实施要点

### 1. 科学认识个体差异的基本特点

在训练过程中，教练员应深入了解运动员的个体特点，尤其是运动员的生理和心理特点，因人而异地采取区别对待措施。一般来说，青少年运动员有更好的抗疲劳能力，能够更好地应对高强度训练；而对于年长的运动员来讲，他们对增加负荷强度的动机下降，受伤的几率和社会压力增大，导致大龄运动员承受高强度训练的能力下降。早期训练进行的是多元化训练的运动员，因其具有扎实的基础，其专项化发展的潜力更大。性别差异也是影响训练安排的主要因素，在青春期以后，男性和女性身体形态、运动素质的差异开始显现。女性往往有较高的体脂，瘦体重和总体重较轻。从运动能力来讲，男性和女性在肌肉质量、力量，以及最大摄氧量、无氧和有氧能力都明显不同。

### 2. 科学认识不同项目的基本特点

每个运动项目专项竞技的不同特点，决定了其竞技能力构成因素的差异性。只有对所从事的运动项目的竞技特点做出正确的分析，才能制定合理的训练目标、清晰的训练任务、适宜的训练内容与科学的训练方法。训练负荷的强度和数量的安排都要考虑专项比赛的特点和需要。

### 3. 科学处理不同水平队员的关系

正确处理重点、非重点队员的关系，此点对于加强全队的团结尤为重要。

在处理这种关系时，教练员既不能偏袒重点队员，也不能忽视非重点队员。在思想认识上，工作作风上要注意一视同仁、正向引导，否则将对队伍管理与训练不利。

【知识小结】

本章着重从理论原理与实践应用双重角度，重点讨论训练动机激励原则、专项训练深化原则、系统不间断性原则、周期安排训练原则、适宜负荷训练原则、适时恢复训练原则与区别对待训练原则的基本含义、科学基础与训练学实施要点。本章十分强调，运动训练的基本原则来源于对运动训练实践客观规律的高度总结与概括，是组织运动训练过程所必须遵循的基本准则。

【知识检测】

一、判断题

（　）1. 运动训练既是一个特殊的教育和教学过程，也是一个以不断挖掘自身潜力、提升竞技能力或保持运动成绩为目标的生物适应过程。

（　）2. 运动训练的目的是通过负荷施加不断改造人体功能的过程，负荷的施加与运动员的教育过程无关。

（　）3. 运动训练的过程中必须依据人体生长发育规律、竞技能力形成规律、运动参赛竞技状态变化规律进行训练与调控。

（　）4. 训练原则是随着训练实践的发展而逐渐建立起来的，并随着人们对运动训练客观规律认识的广度和深度的变化而变化。

（　）5. 运动训练原则的实践意义在于指导人们正确认识运动员竞技能力变化、提升与表现的规律，并指导训练实践的科学化发展。

（　）6. 动机激励主要通过自觉激励和社会激励两种手段激发运动员主动从事艰辛的训练。

（　）7. 社会认知论是一种用来解释社会学习过程的理论，主要关注人的信念、记忆、期望、动机及自我强化等认知因素。

（　）8. 运动员主动参与训练、理解训练、接受训练更是决定最终训练效果的关键因素。

（　）9. 训练过程监控与评价是运动训练过程中的重要一环，现代竞技运动尤其重视训练过程的全方位监控与评价。

（　）10. 经过长期系统的训练，人体运动能力表现出能量代谢、肌肉收缩、神经支配等机能"节省化"，但并未影响竞技能力。

（　）11. 竞技状态形成和发展具有周期性规律，而运动员的竞技能力表现有其固有规律，并不受竞技状态周期性规律的影响。

（　）12. 在训练过程中，由于运动员竞技状态的发展规律与运动员个体生物节律性差异，人体对运动负荷的适应过程表现出显著的周期性特点。

（　）13. 训练中遵循"加大—适应—再加大—再适应"的规律，逐步且有节奏地加大运动负荷，促进运动员竞技能力发展。

（　）14. 在运动过程中，当机体生理过程不能继续保持在特定水平上进行，或不能维持预定的运动强度时称为运动性疲劳。

（　）15. 在训练过程中，教练员应深入了解运动员的个体特点，尤其是运动员的生理和心理特点，因人而异地采取区别对待措施。

## 二、选择题

1. 运动训练是一个复杂的系统工程，主要由（　　）组成的双边过程。

　　A. 运动员　　B. 教练员　　C. 运动员与教练员　　D. 科研人员

2. 运动训练原则是依据（　　）活动的客观规律而确定的组织运动训练过程所必须遵循的基本准则。

　　A. 竞技能力　　B. 运动成绩　　C. 运动训练　　D. 运动选材

3. 在运动训练过程中，通过多种有效途径与办法，促使运动员自觉、积极、主动参与训练的原则是（　　）。

　　A. 动机激励原则　　　　B. 系统训练原则

　　C. 适宜负荷原则　　　　D. 周期安排原则

4. 下列选项中不属于专项训练深化原则科学基础的是（　　）。

　　A. 竞技能力发展规律　　B. 人体生物适应原理

　　C. 人体技能形成规律　　D. 运动心理发展原理

5. 下列选项不属于训练系统工程主体构成要素的是（　　）。

　　A. 训练工程设计　　　　B. 训练工程评估

　　C. 训练工程施工　　　　D. 训练工程监控

6. 下列选项不属于周期安排训练原则科学基础的是（　　）。
   A. 竞技状态形成规律　　B. 生物适应周期原理
   C. 运动成绩表现规律　　D. 训练过程分期原理
7. 实施适宜负荷训练原则的核心基础是（　　）。
   A. 竞技状态　　B. 训练负荷　　C. 适应规律　　D. 训练伤病
8. 运动训练提升运动员运动成绩的核心因素是（　　）。
   A. 竞技状态　　B. 竞技能力　　C. 训练负荷　　D. 技术水平
9. 训练中实施区别对待原则的科学基础的依据是（　　）。
   A. 竞技能力　　B. 遗传规律　　C. 竞技水平　　D. 技术表现
10. 下列选项不属于适时恢复训练原则科学基础的是（　　）。
    A. 超量恢复原理　　B. 疲劳消除规律
    C. 营养调控理论　　D. 疲劳恢复技巧

### 三、填空题

1. 运动训练原则的指导意义包括_____与_____两大方面。
2. 训练动机激励主要通过_____和_____两种途径来实现。
3. 基础训练主要包括_____、_____、_____、_____和_____。
4. 训练过程主要包括_____、_____和_____三部分。
5. 竞技状态的形成一般包括三个阶段，即_____、_____和_____。
6. 运动训练周期类型一般可分为_____、_____、_____、_____、_____、_____。

### 四、名词解释

1. 运动训练原则。
2. 训练动机激励原则。
3. 专项训练深化原则。
4. 系统不间断性原则。
5. 周期安排训练原则。
6. 适宜负荷训练原则。
7. 适时恢复训练原则。
8. 区别对待训练原则。

## 五、简答题

1. 简述训练动机激励原则的实施要点。
2. 简述专项训练深化原则科学基础。
3. 简述系统不间断性原则实施要点。
4. 简述周期安排训练原则实施要点。
5. 简述适时恢复训练原则实施要点。
6. 简述区别对待训练原则实施要点。

## 六、论述题

论述适宜负荷训练原则在训练实践中的具体应用。

# 第二章　运动素质及其训练

**本章导语**：本章主要由竞技体能基本概述、各项运动素质分类及其训练、运动素质多维转移三大部分内容组成。通过学习基本掌握竞技体能训练发展历史与变迁，力量、速度、耐力、柔韧、灵敏等各项运动素质的内涵及分类，各运动素质的训练方法、特点与要求等。

**学习目标**：通过本章学习，学生能够掌握本章所涉及的有关术语的基本概念，基本掌握各项运动素质的分类、意义与影响因素；不同运动素质的各种训练方法与特点；各种运动素质训练的负荷组织安排与基本要求；运动素质转移关系与类型。

**知识重点**：运动素质的训练方法、特点与要求。

**知识难点**：运动素质转移的机理、关系与类型。

**知识框图**：

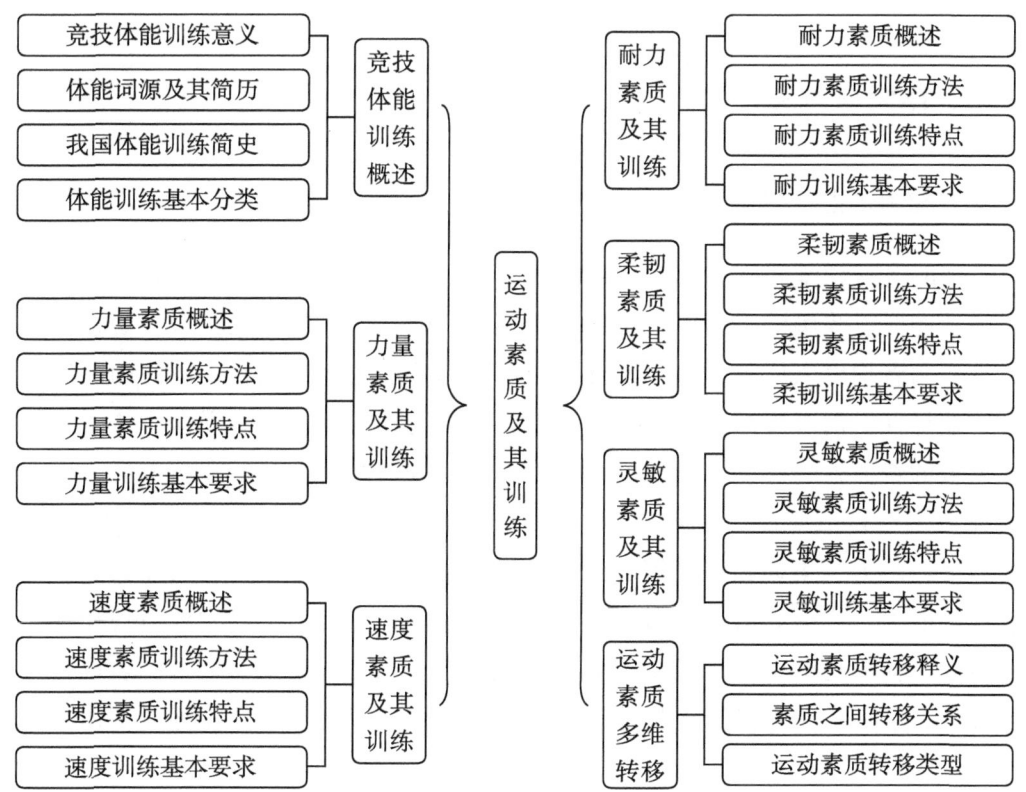

## 第一节　竞技体能训练概述

### 一、竞技体能训练意义

竞技体能的高超性和极限性发展是保证竞技运动激烈竞争的身体要求；良好的竞技体能训练是掌握及运用运动技术的基础，是提高技术质量、增加技术难度、增强技术效果的基本条件；优异的竞技体能是保证战术方案的多样性、战术行动的有效性、战术"制敌"的有力性等的重要保障；竞技体能的不断提升也是获得、提高、稳定良好心理能力及状态的基本途径；严格的竞技体能训练是适应现代运动训练高密度、高负荷、高难度的训练及比赛刺激的基本保证；系统的竞技体能训练是促进身体健康、有效预防伤病、延长运动寿命的必要条件。

### 二、体能词源及其简历

#### 1. 体能术语主要的词源

"体能"一词是我国竞技运动训练理论的独创词汇。与这一词汇较为相近的是"体适能"。我国的"体能"涵义与美国的"体适能"的涵义具有一定程度的同异性。两者均以人体科学基本原理作为研究和发展的理论基础。不同的是运动主体的差异性，前者受众主体是竞技运动领域的运动选手，后者受众主体是各行各业领域的普通人群；能力表现的差异性，前者表现能力主要是竞技能力，后者表现能力主要是适应能力；要素构成的差异，前者主要是由竞技运动所需的力量、速度、耐力、柔韧和灵敏等要素组成，后者主要是由日常工作所需的身体成分、肌肉能力、有氧能力等要素组成；表现功效的差异性，前者主要体现在机体承载运动负荷的功效上，后者主要体现在机体承受工作强度的功能上；表现平台的差异性，前者主要是通过专项运动训练和赛事体现，后者主要是通过工作岗位训练和工作体现。

### 2. 体能术语内涵的变迁

体能一词内涵的演变大致分为三个阶段。

第一阶段的体能内涵指的就是运动素质或运动能力，即力量、耐力、速度、灵敏和柔韧素质。体能训练的内容主要包括五种素质的定义、影响因素、基本类型、训练方法和基本要求等。第二阶段的体能内涵指的是身体形态、身体机能、身体素质。体能训练的内容主要包括五种素质的定义、影响因素、基本类型、训练方法和基本要求等。第三阶段的体能内涵指的就是运动素质，但是运动素质的类型转为六个因素，即力量、耐力、速度、协调、灵敏和柔韧素质。

## 三、我国体能训练简史

我国竞技运动高度重视体能训练的研究，主要起源于20世纪60年代。我国政府的职能部门根据当时运动训练过程普遍存在的"娇骄二气"现象，提出了"三从一大"的训练方针，即从难、从严、从实战出发、大运动量训练。随着国家改革开放，我国开始积极引入前东欧集团的先进训练理念和训练方法，最具有代表性的是引入了控制理论和系统思想的训练理念、模式训练和乳酸测试的控制手段，以及各种超等长收缩力量训练的方式。我国原创思想，即"三从一大"方针，开始被赋予了全新的内涵、依据与标准。进入21世纪后，我国竞技运动领域吸纳了许多先进的训练理念、训练设备和科技人才。

## 四、体能训练基本分类

有关竞技体能训练的分类主要集中在三个方面。

一是按专项特征分类，分为一般性训练、专项性训练和辅助性训练等三种体能训练；二是按体能要素分类，分为力量素质、耐力素质、速度素质、灵敏素质和柔韧素质等五种体能要素训练；三是按负荷等级分类，分为极限强度训练、次极限强度训练、大强度训练、次大强度训练、中强度训练和小强度训练等六种体能训练。竞技运动的体能训练十分强调体能训练的专项性、针对性和负荷性。

## 第二节 力量素质及其训练

### 一、力量素质概述

#### 1. 力量素质释义

力量素质是指人体肌肉工作时克服内、外部阻力的能力，是竞技体能的重要运动能力之一。人体运动的外部阻力主要指身体运动时其自身（或肢体）重力、空气、水、重物、器械、设备、竞技对手等所产生的与运动方向相反的力；人体运动的内部阻力主要是指由肌肉的内部黏滞性、对抗肌的过度紧张性、不同肌群工作的非协同性等所产生的影响力量效果的阻力。

#### 2. 力量素质训练意义

首先，力量是人体一切肢体运动的动力基础，无论是局部关节还是身体整体性运动，都必须通过肌肉张力做功才能实现。其次，肌纤维收缩时所产生张力的不同特性，又直接影响其收缩的强度、频率、持久性、幅度等，故力量素质的高低对速度、耐力、柔韧、灵敏等其他运动素质的发展均产生着重要的作用。再次，力量素质又是运动员掌握运动技术、实施运动战术、提高运动成绩的重要基础。系统的力量训练对于预防运动中的身体损伤、意外事故的发生都有着积极作用。最后，对于提高心理素质、增强拼搏精神等也同样具有促进效应。

#### 3. 力量素质分类

力量素质根据专项特征的不同，分为一般力量和专项力量；根据收缩形式，分为向心收缩力量、离心收缩力量、等长收缩力量、等动收缩力量、超等长收缩力量等；根据肌肉工作方式，分为克制性力量、退让性力量、支撑性力量、混合性力量等；根据运动状态，分为动力性力量和静力性力量等。实践中，最常用的是将力量素质分为最大力量、速度力量、力量耐力。

### 4. 力量素质影响因素

力量素质受机体多种因素的影响：在神经支配上，神经过程的强度和频率直接决定同步收缩运动单位的数量，因此是影响力量素质的关键因素；在肌纤维类型上，白肌纤维比例越大，肌肉的力量水平也越明显；在能量供应方面，三磷酸腺苷、磷酸肌酸、肌糖原的储备量及供能水平越高，越利于力量素质的发挥；在肌肉结构方面，蛋白质的含量越高，肌肉的充实度越明显，运动时各肌群之间的协调性越好，也越利于力量素质的展现；此外，骨杠杆机械效率、肌肉牵张反射效应、年龄、性别等，也都是影响力量素质的重要因素。

## 二、力量素质训练方法

代表性的分类是根据肌肉收缩方式将力量训练分为：向心收缩、离心收缩、等动收缩、超等长收缩、等长收缩等训练方法。

### 1. 向心收缩训练方法

向心收缩是指肌肉收缩时长度缩短、起止点相互靠近的收缩。该方法最大特点是动作速度快、功率大。此外，由于骨杠杆的机械作用，在移动恒定重量的物体时，随着关节角度的变化，肌肉做功力矩也会发生改变，进而造成各关节角度下杠杆效率的变化，最终导致肌肉实际用力程度发生改变，这也是该方法作用与局限的主要原因。

该方法的主要作用及特点为：单位时间内，练习的刺激频率高、强度大，可以明显提高最大力量和速度力量；有助于提高动作起始阶段的肌肉张力水平，对于提高动作速度，尤其是爆发力具有直接的训练价值；通过适当训练，不仅可以提高肌纤维收缩的同步化效率，而且有助于提高全身各部位动作的协调性；力量训练目标部位的针对性较强。

该方法的相对局限是：由于不能使肌肉在各关节角度上呈现出最大用力，容易造成某些关节角度下负荷刺激不足，难以解决全关节范围训练不足的问题等。

### 2. 离心收缩训练方法

离心收缩是指肌肉收缩产生张力时被拉长的收缩，也被称为退让收缩。体育活动中减速制动、落地缓冲、慢放重物等动作主要是由该收缩方式完成。离心收缩时，由于肌肉的牵张反射效应，且弹性成分被拉长而产生阻力，加上可收缩成分产生的收缩力，导致肌肉的最大张力明显加大。同一块肌肉，在收缩速度相同的情况下，离心收缩可产生最大的张力。因此，该方法最大特点是能显著增加最大力量。

该方法主要作用及特点为：训练中可以利用离心收缩时张力明显的这一特性，有效发展肌肉的最大力量；训练时肌肉被动拉长，可以明显提升肌肉的抗拉能力，并对缓冲、制动等动作的力量发展有利；可以承受较大负荷强度刺激，对肌纤维结构和收缩蛋白代谢的变化有明显促进作用，并利于促使机体产生超量恢复；在同等训练负荷刺激情况下，肌肉离心收缩所消耗的能量低于向心收缩，疲劳程度也低于向心收缩，恢复过程相对容易。

该方法的相对局限是：对于很多运动项目及技术动作而言，该收缩并不是主要的肌肉收缩方式，如使用过多，则可能对专项力量与技术发展带来一定不利。

### 3. 等动收缩训练方法

等动收缩是指在整个关节活动范围内，肌肉以恒定速度进行收缩，且肌肉收缩时产生的张力始终与阻力相等，因此也称为等速收缩。等动收缩与向心收缩具有本质的区别。肌肉进行等动收缩时在整个关节运动范围内都能产生最大的张力，这恰恰是向心收缩无法实现的。

该方法的主要作用及特点为：训练时肌肉的最大用力可以始终贯穿于动作的始末过程，肌肉张力时值的总和可以显现出最大值，肌肉所受到的刺激量也最大，对提高肌肉绝对力量（最大力量）的训练价值就越高；对于外阻力系数较大的运动项目，如游泳、潜水、划船等运动项目，更加符合其专项技术特征；对于全关节范围内的肌力有良好的锻炼效果，并可以控制阻力和速度，对于肌肉拉伤后的功能恢复具有明显的康复训练价值。

该方法的相对局限是：在动作方式上很大程度限制了加速度及速度变化能力，对于动作速度及动作加速度要求较高的速度力量性技术及项目训练，存在一定的局限性。

### 4. 超等长收缩训练方法

超等长收缩也简称为超长收缩，是指肌肉先进行离心收缩，再迅速转为向心收缩的肌肉收缩方式。该方法训练时，由于肌肉的弹性、收缩性、"牵张反射"效应、"初长度"效应等多重作用，使肌肉产生更加明显的张力。跳深、挥击、投掷、扣杀等练习就是超等长收缩训练的典型手段。

该方法的主要作用及特点为：训练伴随着同一方向上的减速与加速（反向运动）过程，对肌肉可以产生更强烈地外部阻力效应，使肌肉的张力达到更高的峰值，有助于提高肌肉的抗拉力水平；该训练要求肌肉拉长收缩与缩短收缩过程迅速且连贯完成，因此可以起到肌肉收缩力量和收缩速度的双重作用功效，对于提高爆发力水平的训练价值明显。

该方法的相对局限为：由于该训练对肌肉刺激较大，若动作不当或负荷过高，则易导致肌肉损伤；不能对少年、儿童及肌力较弱者频繁使用，否则容易引发运动损伤等。

**5. 等长收缩训练方法**

等长收缩是指肌肉收缩时长度不变的收缩，因此也称为静力性收缩。等长收缩在体育运动中有各种表现形式，对于保持身体姿势、固定关节角度、维持动作状态等具有重要作用。该方法的最大特点是物理上做功为零，但生物体却存在能量消耗。

该方法的主要作用及特点为：训练时肌肉持续紧张的负荷刺激积累较深，对于提高静力性最大力量、力量耐力具有独特的训练效果；可以控制关节在任意角度，便于克服肌肉某些关节角度张力不足的问题，对于发展小肌群、弱肌群肌力也具有特定锻炼效果；对处于损伤恢复期的肌组织而言，有积极的康复训练功能。

该方法的相对局限是：对多数项目所需的动力性力量而言，作用有限；过度运用，不利于肌肉弹性、伸缩性及灵活性的发展；对肌组织内毛细血管的密度增生作用不够明显，影响代谢物质的交换。

## 三、力量素质训练特点

**1. 最大力量训练特点**

**（1）最大力量发展途径**

最大力量是指肌肉在随意收缩时所能产生最大张力的能力，也称为绝对力量。此外，每公斤体重所具有的最大力量称为相对力量（相对力量=最大力量/体重）。

最大力量受先天、后天等多种因素影响，但从可训练性因素来看，肌肉体积、神经支配能力、肌肉内部和肌肉之间的协调能力是影响最大力量的关键因素。因此发展最大力量的重点途径为：一定范围内发展肌肉体积，特别是增加肌纤维的横断面积；提高神经冲动强度，也称为提高神经意志力；提高肌肉内部与肌肉之间的协调性等。

### （2）训练负荷组织安排

训练时必须保证负荷强度和负荷量达到足够刺激。在负荷强度的控制上，对于动力性力量训练而言，极限强度和次极限强度是最大力量训练的主要负荷强度区域，大强度和中等偏大强度也是重要补充；对于静力性力量训练而言，主要集中于大负荷强度及以上的训练。在负荷量的控制上，训练的单次负荷量和总负荷量不易过多。以动力性训练为例，次极限负荷强度以上的训练主要是通过提高神经意志力来发展最大力量的主要强度范围，一般每组完成6次以内的动作；大负荷和中等偏大负荷强度的动力性训练主要是通过增加肌肉维度及神经意志力来发展最大力量的主要强度范围，一般每组完成8～12次动作。训练组数一般控制在3～8组，但具体组、次数的安排，以引起局部肌肉疲劳为宜。间歇时间的控制主要以保证机体充分休息及每组动作质量为原则，一般以3分钟左右为宜。

最大力量训练的负荷组织方式主要有重复式、阶梯式、循环式三种。其中，重复式训练是以恒定的负荷强度和量的搭配来安排多组重复训练，是力量训练最为常用的一种组织方式。阶梯式训练是以负荷强度和负荷量的梯变式动态搭配进行训练的安排方式，训练时负重强度逐步增高，负荷量相应降低；当负重强度达到峰值时，有时也可再逐步降低，负荷量相应增加。循环式训练往往是以身体不同部位力量素质交替练习为目的的训练安排方式。

发展最大力量为目的的训练课次之间的间隔时间，一般至少为48～72小时。全年训练的不同阶段，最大力量素质的训练频率也有明显区别，一般而言，在准备期，尤其是一般准备期，最大力量的训练频率往往较高，每周可达3次左右；在专项准备期、竞赛期或赛季期，最大力量的训练频率有所下降，一般每周保持1～2次训练；多数项目在重大赛事的赛前1～2周，专门性的最大力量训练一般不做安排。

### 2. 速度力量训练特点

速度力量是指肌肉以较快的收缩速度克服一定阻力的能力。运动实践中，速度力量的表现形式有爆发力、起动力和快速反应力三种。

#### （1）速度力量发展途径

速度力量的发展途径主要为：提高肌肉收缩速度和收缩力量。同时，肌肉收缩时速度大小又与所克服的阻力大小（收缩张力）直接相关，阻力负荷越小，肌肉收缩速度越快；阻力负荷越大，肌肉收缩速度则越慢。

#### （2）训练负荷组织安排

速度力量训练负荷强度的安排要综合考虑阻力大小和动作速度的综合效应。速度强度的安排往往要达到最高值，无论何种速度力量的训练，都不能在损失速度的前提下，通过单纯追求最大力量的发展，来力求速度力量的提高。负荷量的安排也要以不降低动作速度为原则，因而总体相对不高，训练的组数和次数安排均有严格控制。负荷组织方式也以重复式、阶梯式、循环式等为主要方式。

### 3. 力量耐力训练特点

力量耐力是指肌肉保持较高收缩张力持久性的能力。力量耐力可分为动力性和静力性两类。动力性力量耐力可细分为最大力量耐力、快速力量耐力和长时力量耐力；静力性力量耐力又可细分为最大力量耐力和长时力量耐力。

#### （1）力量耐力发展途径

发展力量耐力的主要途径为提高肌肉收缩的力量水平和提升肌肉收缩的抗疲劳能力。通常来讲，肌肉的力量水平越高，则克服同等大小阻力的工作持久能力则越长，因此，在一定范围内发展力量水平是提高力量耐力的重要途径。此外，肌肉收缩能力的维持也取决于肌肉克服疲劳能力的高低，因而通过训练提高能量物质的含量（主要为三磷酸腺苷、磷酸肌酸、糖）、提升神经冲动的持续能力、加强神经与肌肉对疲劳及酸性物质的耐受能力等对力量耐力的发展都有重要的训练价值。

#### （2）训练负荷组织安排

力量耐力的负荷安排主要体现在完成特定负荷的重复次数或持续时间，即对肌肉张力刺激的持久性。最大力量耐力训练负荷等级多以力量训练的中高负荷及以上等级为主，总体体现为负荷强度相对高、重复次数或持续时间相对小的特点；快速力量耐力训练负荷等级多以力量训练的中低等级为主,总体体现为负荷强度中等偏低、重复次数或持续时间较大、动作速度相对较快的特点;长时力量耐力训练以中低及以下负荷等级为主,重复次数或持续时间相对较长。

力量耐力训练的负荷组织方式除了可采用重复式、阶梯式、循环式以外,还采用持续式(多次重复或维持同一动作)和间歇式(多组训练间不充分休息)等形式。训练中间歇时间的控制可以按充分休息和不充分休息两种方式来安排。充分休息的间歇方式目的是保证每组训练的强度和动作质量,如最大力量耐力的训练往往选择此种方式,此时间歇时间一般可以达到3~4分钟;不充分休息间歇方式的目的是使肌肉产生疲劳的累积效应,提升神经肌肉的连续耐受疲劳的能力,此时间歇时间可安排在1~2分钟。

## 四、力量训练基本要求

### 1. 高度结合专项特征及要求

力量训练必须结合专项特征与要求,认真思考影响力量发展中的各种因素,综合且有针对性地运用不同力量训练方法,结合技术动作特征合理设计力量训练的负荷安排、动作方式及训练手段等。

### 2. 合理运用"超负荷训练"

力量素质的提高是建立在"超负荷训练"基础之上。所谓"超负荷训练",是指当运动员已适应力量训练的特定负荷后,只有提高负荷刺激,即超过原有负荷水平,才能给予肌肉足够强度和足够量的刺激,以达到提高力量素质的目的。

### 3. 各种力量训练的合理搭配

在力量训练中,不同性质的力量训练应该进行合理搭配。首先,专项力量训练要以一般力量的发展为基础;其次,最大力量水平是速度力量、力量耐力的基础;最后,小周期训练中,要结合专项特征及训练的分期任务特点,使不同性质的力量训练交替进行,既能保证综合发展,又能突出重点。

### 4. 区分力量训练的方法作用

各种力量训练方法的作用不尽相同，力量训练必须深刻认识各种方法的作用特性，进行针对性地选择使用。对于发展最大力量，可主要采用等张、等动、等长、退让力量训练方法；对于发展速度力量，可主要采用等张、超等长力量训练方法；对于力量耐力，可主要采用等张、等动、等长力量训练方法。

## 第三节 速度素质及其训练

### 一、速度素质概述

#### 1. 速度素质释义

速度素质是指人体或肢体某部分快速运动的能力。人体运动受神经支配，运动速度水平的高低，根本上反映的是神经过程的快速性及神经系统支配下肌肉快速收缩的能力。运动员速度能力的高低往往由单位时间内移动的距离、动作重复次数或完成动作的最短时间三种方式来判断。

#### 2. 速度素质训练意义

速度素质在不同的项群中都有特定作用和表现特征；由于内在的相互关系，发展速度素质对于短时耐力、速度力量、灵敏素质等复合素质有重大促进作用；速度素质直接影响动作快慢、动作数量、动作效率等，因此对运动技术的质量和效果产生了关键影响；具备速度能力优势可以丰富比赛策略和战术内容、提高战术效果，速度素质优势明显的运动员，可以形成以小打大、以快制高、灵活多变的战术风格。

#### 3. 速度素质分类

人体运动时速度素质的表现形式较常见的是反应速度、动作速度、移动速度和速度耐力。

反应速度主要体现在对外界信号的应答能力，根据反应信号类型，又可分为简单反应速度和复杂反应速度。动作速度主要体现了动作完成速度的快慢，包括单个动作速度、成套动作速度、动作频率等不同方式。位移速度主要体现在特定空间移动能力的快慢，表现为瞬时速度、平均速度、加速度、减速度等不同方式。速度耐力反映速度的保持能力，又可以分为动作速度耐力和位移速度耐力。

### 4. 速度素质影响因素

速度素质受机体多种因素的影响：在神经支配上，神经传导及神经兴奋与抑制过程转换的快速性，是人体快速运动的先决条件；在肌纤维类型上，白肌纤维具有反应快、收缩快等特点，肌肉中白肌纤维比例越高，收缩的快速性越明显；在能量供应上，三磷酸腺苷、磷酸肌酸肌糖原（无氧代谢下）是速度素质的主要能量物质基础；在肌肉的物理特性上，肌纤维的弹性、伸展性、黏性和松弛性都对速度的发挥有着不同的影响；此外，肌肉力量的发展水平、人体对速度的心理感知能力等，也都是影响速度素质的重要因素。

## 二、速度素质训练方法

### 1. 信号刺激法

信号刺激法是对外界信号刺激迅速做出反应动作的方法。根据信号的不同，又可分为固定性信号刺激训练和变化性信号刺激训练。固定信号刺激训练的信号方式较为单一，主要发展运动员简单反应速度能力，即既定动作的反应速度能力；变化性信号刺激训练的信号方式较为多变，主要发展复杂反应速度能力，即运动员进行选择性动作的反应速度能力。

主要特点为：由于该训练强调外界信号出现的突然性或随机性，要求运动员必须高度集中注意力；该训练通过信号反复刺激和多次练习，以强化信号与应答动作方式间的固定化和自动化，因此有助于提高动作的自动化水平和建立熟练的动力定型，以及减少动作准备和判断时间；训练往往结合专项动作进行，因此对反应动作的启动速度、加速度、速度力量等也有较好辅助作用。

该方法的相对局限是：不以动作的快速重复能力、持续能力为主要目的。

## 2. 助力训练法

助力训练法是指在速度素质训练中，通过借助外力的辅助作用，提高运动速度或频率的练习方法。训练中所借助的外界助力有多种方式，如教练或同伴的助力、自身重力、机械牵引力、顺风力、顺流力等。依此进行的助力训练手段有同伴牵引作用下的跑动练习；教练助力作用下的翻滚练习、踢腿练习；短跑项目利用重力加速度作用下的下坡跑练习、利用风力的顺风跑练习；机械牵引作用下的游泳、划船练习；皮划艇项目利用水流推力下的"借浪"划练习。

主要特点是：训练借助外力作用，减小了阻力负担，有利于肌肉收缩速度的提高；外力作用下，有利于提高动作幅度和频率，并易使神经肌肉系统形成更快速运动的动力定型；促使肌肉更快速地收缩，有利于心理上建立快速运动的速度感知，并强化速度训练中快速运动的动作意识；通过肌肉收缩速度的提高，打破原有的速度平衡，有助于克服速度障碍，便于帮助运动员度过速度训练中的高原期状态；有利于获得快速运动中肌肉收缩与放松交替进行的感受，使神经系统更加精细地支配有关肌群。

该方法的相对局限是：运用过多，容易造成运动员主动性快速收缩用力意识的弱化。

## 3. 比赛训练法

比赛训练法是指通过模拟比赛或参加正式比赛，以成绩较量的方式进行速度训练的方法。该方法的主要功能是通过竞争机制和气氛，激发运动员的求胜欲望，比赛训练法的方式多种多样，如：运动员同等条件（距离、时间等）下的比赛；对出发时间加以区别控制的追逐赛；对移动距离加以区别控制的让步赛；对比赛结果加以奖励和惩罚的奖惩赛；以集体方式进行的接力赛；以训练为目的而参加的较为正式性的比赛等。

该方法的主要特点是：在比赛条件的刺激作用下，可以最大限度地动员人体生理、心理能量，加深机体刺激，有利于提高速度训练的训练效应；促使神经系统处于适宜兴奋状态，促进神经兴奋与抑制过程的转换，有利于提升肌肉紧张与放松交替能力的灵活性；促使神经肌肉活动趋向比赛条件下的协调化提升，产生与比赛相适应的机能反应；模拟和制造比赛的特殊条件，便于运动员熟悉和适应比赛环境和氛围。

该方法的相对局限是：初级运动员容易形成紧张心理，导致动作紧张、发挥失常；频繁使用会降低刺激的新异性，较难充分调动运动员兴奋状态，进而存在引发速度障碍的潜在风险。

## 三、速度素质训练特点

### 1. 反应速度训练特点

反应速度是指人体对各种外界信号刺激快速应答能力，分为简单反应速度和复杂反应速度。简单反应速度是指人体对外界信号刺激迅速做出预定或规定动作的应答反应；复杂反应速度指人体对外界信号刺激迅速做出有选择的应答反应。反应速度的快慢取决于运动员对信号的感知觉能力、对信号的选择性分析能力、信号沿反射弧传递速度，以及肌肉应答性收缩的速度和能力这四个方面。

**（1）简单反应速度训练**

简单反应速度训练可分为两个阶段。第一阶段是体验阶段，此阶段主要是对突然出现的信号迅速做出反应动作，强化信号刺激感受、提高反应速度。训练时的信号刺激较为固定或单一，动作反应也较为固定。第二阶段是感知阶段，此阶段最大特点是提升"运动感觉"能力，常用方式有及时获得成绩反馈，形成时间记忆和感觉；自我成绩判断，加强差异对比感受；强化动作注意力练习，缩短肌肉收缩过程。训练负荷安排的总体特点为：信号突然、动作速度快、反应迅速；练习次数少、密度低；间歇时间充分。

**（2）复杂反应速度训练**

复杂反应速度训练的主要方式是给予多变、不可预知的各种信号刺激，以让运动员判断式地快速做出可变式反应动作。复杂反应速度训练的核心是缩短思维判断、决策时间，因此特别强化"预判"能力的培养，如对抗性项目可以通过对手身体姿势、习惯动作等来提前预判攻防时机、动作信息等；训练的目的既在于提高反应速度，也在于提高动作应对的熟练性，增加技能储备；并与灵敏素质、技术、战术训练结合极为紧密。

### 2. 动作速度训练特点

动作速度是指人体完成单个动作或动作组合的快速能力。动作速度一方面表现在身体整体或某部位完成特定动作时间的长短，运动员动作速度的快慢主要取决于神经过程的快慢、神经兴奋与抑制转换的灵活性及肌肉力量的大小。

动作速度训练常用的方式有：助力训练、减阻训练、预先加难训练、速度力量训练、动作转换速度练习。

动作速度训练的负荷控制特点为：负荷强度多在极限和次极限等级，必须保证动作完成的快速性或高频率性，练习的持续时间不超过20秒，一般情况下在15秒内即可；练习的总组数、次数的安排以保持最大动作速度为前提；训练间歇时间以充分休息为原则，以保证神经及肌肉疲劳的充分恢复与高能磷酸物的重新合成补充，同时也要避免间歇时间过长而引起的兴奋程度下降；专门性动作速度练习应与专项比赛动作结构相似，并接近比赛动作施力特点；重视训练前的准备活动，调动神经及肌肉尽快进入适宜的兴奋状态，并避免运动损伤的发生；要避免疲劳状态下速度训练的不良效应。

### 3. 位移速度训练特点

位移速度是指运动中身体整体在空间上的快速移动能力。位移速度能力的高低一方面是从单位时间内位移的最大距离来判断；另一方面是从完成单位距离的最短时间来判断。位移速度可以分为两种：线性位移速度和非线性位移速度。线性位移速度主要是直线和弧线位移的速度；非线性位移的速度主要是指往返性、多向性的移动速度。

线性位移速度主要取决于动作频率和动作幅度。动作频率的改善途径主要是提高神经兴奋与抑制转换的灵活性；动作幅度的改善途径主要为提高肌肉力量、提高技术合理性和适度增加相关部位的柔韧性。非线性位移速度的决定因素除了动作频率、动作幅度外，还需要动作速度与方向的变化能力，即反复起动、加速、制动及变向等能力，因此对神经兴奋与抑制的灵活性、肌间协调性、肌肉不同收缩力（向心收缩力、离心收缩力、超等长收缩力等）也都有较高的要求。

位移速度训练负荷特点为：负荷强度等级多以极限负荷和次极限负荷等级为

主，高强度负荷等级也是专项位移速度的等级范围；移动速度更加突出动作频率，因此更加强调动作重复与变换的快速性，即突出神经过程的灵活性练习；位移速度训练非常注重力量训练，尤其是速度力量对位移速度素质更为关键，因此训练中同样要注意肌肉力量及速度力量的发展；位移速度训练往往和反应速度训练结合进行，且所采用的信号类型有所区别，如：短跑训练多为固定式的听觉信号，球类训练主要为多变式的视觉信号等。

### 4. 速度耐力训练特点

速度耐力是指人体维持最高速度运动状态的持久能力，反映了运动速度强度的保持能力。速度耐力的决定因素主要为肌肉收缩的快速能力和机体对疲劳的耐受能力，并与力量耐力、短时耐力等有很大的相关性。因此速度耐力训练的主要途径是提升快速运动能力及发展速度的维持能力。

速度耐力训练负荷特点为：训练中高度强调高速状态的保持能力，一方面尽快进入最高速状态的持续能力；另一方面适当延长高速状态的运动时间，但该运动时间以不出现明显减速状态为宜，要适当突出速度耐力中的速度能力成分。

## 四、速度训练基本要求

### 1. 应充分利用速度素质敏感期

不同速度素质的敏感期有不同区别，但总体而言，速度素质敏感期相对较早，7~13岁是少儿速度素质发展的最佳时期，尤其是动作频率、动作速度和反应速度增长较为明显。依靠力量增长来发展速度素质应重点安排在13岁以后进行，并以速度力量为主。

### 2. 应与专项运动特征高度结合

速度素质在不同运动专项中的表现各异，必须结合专项特征和要求发展运动员的速度素质。对于反应速度而言，短距离跑、游泳、划船等项目均需要听觉信号的简单反应速度，网球、羽毛球、足球等项目则更多需要视觉信号的复杂反应速度；对于动作速度而言，举重等重点需要单个动作的动作速度、速度力量，而跑步、游泳、自行车等周期性项目在此基础上，还需要动作的重复速率；对于位移速度而言，跑步、游泳、自行车等的速度方向基本呈直线或弧线方式，而足球、篮球项目的速度方向频繁变化。

### 3. 应保证神经与肌肉良性状态

速度训练需要神经系统的高度兴奋性、灵活转换性，肌肉的快速收缩性及紧张与放松的快速交替性等。首先，速度素质训练应在运动员训练情绪饱满、运动欲望强烈的情况下进行，以便于调动训练兴奋性、兴趣性及集中注意力，利于形成快速运动的动力定型；其次，速度训练通常应安排在课堂的前半部分，以保证充沛的体力；最后，应避免疲劳状态下速度训练的不良效应。

### 4. 应防止速度障碍的过早产生

很多运动员在速度素质发展中会经历"速度障碍"现象，即在速度素质提高到一定程度时出现停滞的现象。造成该现象的原因较为复杂，如：绝对速度的过早发展、基础训练不够、技术动作不合理、训练手段单调片面、负荷过度且恢复不好等都会导致这一现象的产生。在训练上应注意：优先发展神经灵活性、一般耐力等能力，奠定专项速度能力的发展基础；综合运用多种快速练习手段，提高训练的新异性、兴奋性等；结合技术动作培养运动员速度力量水平；合理利用外助力手段，突破速度障碍。

## 第四节 耐力素质及其训练

### 一、耐力素质概述

#### 1. 耐力素质释义

耐力素质是人体长时间运动时抵抗疲劳的能力。耐力素质在运动项目中的表现多种多样。例如，中距离跑、长距离跑、游泳等项目运动员较长时间重复固定动作完成比赛；篮球、足球等项目运动员克服疲劳完成各种专项技术、战术。耐力素质也反映了人体维持特定运动强度和效率的能力。运动时内环境的紊乱、疲劳因素的不断累积及意志力下降等都是影响耐力素质的因素。耐力素质训练的核心是延缓机体疲劳的产生及提升机体对疲劳的抵抗能力等。

### 2. 耐力素质意义

耐力素质是人体基本运动能力之一。对于竞技运动项目而言，耐力素质是保持运动强度、持续激烈对抗、维持兴奋状态、完成全程比赛等的重要保障，对比赛发挥有着重要影响；对于耐力性项目而言，耐力素质对运动成绩起着决定性的作用；良好的耐力素质是承受高负荷训练及比赛的重要保障，是比赛中保证技术、战术质量的重要保证；耐力训练对于心血管系统、内脏器官、运动系统的功能提高有明显的促进作用；对于运动员形成良好的意志品质和坚韧毅力有很好的帮助作用。

### 3. 耐力素质分类

人们对耐力素质的分类有多种方式，应用较为广泛的是按运动中能量代谢特征和以运动时间及强度对应关系的分类。其中，根据能量代谢特征，可将耐力素质分为有氧耐力、无氧耐力和有氧-无氧混合耐力。有氧耐力指氧气供应充足条件下持续工作及克服疲劳的能力；无氧耐力指在缺氧或氧气供应不足状况下持续工作或克服疲劳的能力；有氧-无氧混合耐力指有氧和无氧混合代谢状况下持续运动或克服疲劳的能力。有学者又将无氧耐力分为乳酸无氧耐力（糖酵解供能为主）和非乳酸无氧耐力（磷酸盐供能为主）两种。

根据运动强度与时间的关系，可将耐力素质分为短时耐力、中时耐力和长时耐力。短时耐力指人体在1分钟内以高强度负荷持续工作的能力；中时耐力是指人体在1~8分钟以较高强度负荷持续工作的能力；长时耐力是指人体在8分钟以上以中等或较低强度持续工作的能力。其中，长时耐力又可分三个等级，即负荷持续时间8~15分钟为长时Ⅰ级耐力；持续时间15~30分钟为长时Ⅱ级耐力；持续时间达30分钟以上为长时Ⅲ级耐力。

### 4. 耐力影响因素

耐力素质受机体多种因素影响：在神经支配上，神经过程的稳定性；在能量供应方面，糖和脂肪及其代谢水平是无氧耐力与有氧耐力的主要能量基础；在肌纤维类型方面，红肌纤维适合有氧耐力工作，白肌纤维适合无氧耐力工作；运动员的心肺功能、氧的运输能力、氧的利用能力等对有氧耐力意义重大；机体抗氧债能力、酸性环境及疲劳的耐受能力等是无氧耐力发展的重要基础；运动员坚韧、顽强等意志品质，也是耐力素质赖以发展的重要因素。

## 二、耐力素质训练方法

### 1. 持续训练方法

是以中等或较低的强度不间断地进行长时间练习的方法。该方法训练时，训练的负荷强度相对不高，而负荷量相对较大，主要发展以有氧代谢为主的有氧耐力、长时耐力水平。实践中，该方法通常有匀速持续和变速持续训练两种组织方式。匀速持续训练主要指训练过程中的速度水平相对稳定的持续训练；变速持续训练主要指按一定的要求控制速度水平变化的持续训练。

### 2. 间歇训练方法

间歇训练法是指训练中严格规定间歇时间，使机体处于不完全恢复状态下反复进行练习的训练方法。该方法又分为高强性、强化性和发展性间歇训练；间歇的方式也有休息式间歇和运动式间歇两种。该方法对于提高中时耐力及Ⅰ、Ⅱ级长时耐力水平效果较为显著，是有氧-无氧混合耐力、有氧耐力训练的常用训练方法；同时，该方法能明显改善心血管系统机能，不仅有助于提高心肌收缩力，增加心脏每分输出量，提升心脏输送血液的能力，也有助于最大摄氧量的提高。

### 3. 重复训练方法

是指以较为固定的方式（动作结构和强度）反复进行练习，并安排相对充分休息的练习方法。该方法的主要功能体现在：对于提高无氧耐力及无氧代谢为主的有氧-无氧混合耐力作用明显；由于训练中无氧代谢较为明显，因此对肌组织的耐酸能力、血液对酸性物质的缓冲能力、脑细胞对血液酸性变化的耐受能力、机体保持高强度持续负荷能力等能起到较好的训练价值；同时，训练中练习动作的结构相对固定，经过多次性的重复练习，对于提高耐力训练中的动作熟练性和技术水平有积极的训练价值。

### 4. 缺氧训练方法

是指利用自然或人工环境,造成体内缺氧刺激,以提高耐力水平的训练方法。目前国际上的缺氧训练可以分为两大类,即传统的高原训练及人工条件下的低氧训练。

## 三、耐力素质训练特点

### 1. 短时耐力训练特点

短时耐力与无氧耐力的关系密切,训练时应以体现明显的无氧代谢供能为主要特点,负荷刺激应引起强烈的无氧代谢反应,以提高糖的无氧酵解释能水平、机体耐酸能力水平、抗氧债能力水平等为目的。因此,训练中机能上应体现出心率快、氧债高、乳酸量大的特点。训练负荷强度的安排多以高强度和次高强度等级为主。该强度下,训练的心率强度多在90%以上,一般在180~200次/分范围;血乳酸浓度可达到10~20nmol/L,甚至更高;竞速性运动项目的训练可达最高速度强度的90%完成练习。

### 2. 中时耐力训练特点

中时耐力与有氧-无氧混合性耐力的关系较为密切,训练中应以体现明显的有氧-无氧混合代谢为主要特点。中时耐力项目的比赛距离或成绩时间不同,其有氧-无氧代谢供能比例呈明显的动态变化。中时耐力项目比赛的负荷强度越大、持续时间越短,其训练负荷越接近短时耐力训练的性质,训练中无氧代谢特征就越明显;中时耐力项目比赛的负荷强度越小、持续时间越长,其训练负荷越接近长时耐力训练的性质,训练中有氧代谢特征就越明显。

### 3. 长时耐力训练特点

长时耐力与有氧耐力的关系极为密切,训练中应以体现明显的有氧代谢供能为主要特点,负荷刺激以提高糖的有氧分解能力、游离脂肪酸的氧化能力及有氧代谢水平等为主要目的。因此,训练中应体现出持续时间长、强度相对低,吸氧总量高、有氧代谢明显的特征。

### 四、耐力训练基本要求

#### 1. 耐力训练应与专项特征高度结合

不同项目运动员的耐力训练应该高度结合专项运动特征与要求。首先，要考虑专项耐力素质的发展类型；其次，要考虑专项技术动作特征；最后，要考虑比赛特征。

#### 2. 耐力训练应高度遵循能量代谢规律

不同的耐力素质是以不同的能量代谢方式为基础，耐力素质水平的提高很大程度上是机体不同能量代谢方式水平的提高。

#### 3. 耐力训练应以发展有氧耐力为基础

无论是专项耐力素质还是无氧耐力素质的发展，都是建立在有氧耐力提高的基础之上。系统的有氧耐力训练，可使运动员的心腔增大，每搏输出量提高，从而为无氧耐力、专项耐力的发展打下坚实的基础。

## 第五节　柔韧素质及其训练

### 一、柔韧素质概述

#### 1. 柔韧素质释义

柔韧素质是指人体各关节活动幅度和跨关节的肌肉、肌腱、韧带等软组织的伸展能力。人体柔韧素质主要由两方面因素组成：一是关节活动幅度和范围的大小；二是跨过关节的肌肉、韧带、肌腱、筋膜等软组织的伸展能力。前者其主要受到人体关节自身结构特性影响，可训练性程度较小；后者的可训练程度相对较高，可以通过适当的训练获得和提高。

### 2. 柔韧素质训练意义

首先，柔韧素质是掌握运动技术的基础，适宜的柔韧性是达到各动作幅度和活动范围的基本保证；其次，柔韧素质的适当提高，可以增大动作范围和做功距离，有利于技术效果改善；最后，对于表现难美性项目而言，柔韧素质对动作难度、优美度和协调性的展现尤为重要。

### 3. 柔韧素质分类

根据不同分类标准，柔韧素质可以有多种分类方式。根据运动状态可分为动力性柔韧和静力性柔韧：动力性柔韧指肢体和关节运动状态下的柔韧水平；静力性柔韧指肢体和关节在静止状态下的柔韧水平。根据达到最大柔韧状态的工作方式可分为主动柔韧和被动柔韧：主动柔韧指靠自主用力达到的柔韧水平；被动柔韧指在外力作用下达到的柔韧水平。根据柔韧素质的项目特征可分为一般柔韧和专项柔韧：一般柔韧指人体各关节所具备的基本柔韧水平；专项柔韧指运动项目所需要的专门性的柔韧水平。

### 4. 柔韧影响因素

柔韧素质受机体多种因素影响：人体关节结构的固有特征是决定关节活动范围和幅度的决定性因素，且可训练性很低；跨关节肌肉、肌腱、韧带、筋膜等组织的伸展能力同样对动作范围和幅度的发展有着重要影响，是柔韧素质得以提高的关键因素；神经过程的灵活性越高，其对肌肉收缩与放松的调节更加自如、协调，不仅可以减少对抗肌的紧张程度，也利于肢体伸展后的快速回收；适宜的环境温度能减少肌肉内部黏滞性，便于柔韧水平的展现；年龄、性别等因素，也是影响柔韧素质发展的重要因素。

## 二、柔韧素质训练方法

### 1. 静态拉伸法

静态拉伸法是指当肌肉、韧带等软组织拉长到最大幅度后保持动作相对静止状态，以提升柔韧水平的练习方法。

该方法最大特点是：使肌肉、韧带等软组织持续性处于最大伸展状态。

该方法的主要特点是：练习简单易行，场地、器械要求不高；练习强度相对较小，利于节省体内能源，不易使软组织损伤。

该方法相对局限是：过多使用，易使肌肉失去弹性，也限制了牵张反射效应，对动力性动作的柔韧性产生不良影响。

## 2. 动态拉伸法

动态拉伸法是指以动态的方式反复使肌肉、韧带等软组织拉长到最大幅度，以提升柔韧水平的练习方法。

该方法最大特点是：肌肉拉伸到最大幅度时会产生明显的回缩力。

该方法的主要特点是：可以引起肌肉牵张反射，达到提高伸展性和收缩性的双重效果；促进神经兴奋与抑制的转换，便于肌肉伸展与收缩的协调发展；有利于血液循环和提高局部组织的弹性与质量；练习动力强、幅度大、刺激深，便于冲击柔韧的极限水平。

该方法相对局限是：训练不当，则极易造成肌肉拉伤；对静力性柔韧素质的发展作用有限。

## 3. PNF拉伸法

PNF拉伸法的全称为本体感受神经肌肉促进法。该方法的基本步骤为：首先，静态拉伸靶肌肉（约10秒）；其次，对抗用力下让靶肌肉进行等长收缩（约6秒）；最后，再次进行静态伸展（约10秒），也可同时主动收缩拮抗肌。

该方法最大的特点是：在传统静态拉伸的基础上，增加一个额外的主动对抗外力（等长收缩）发力阶段。其主要机理是利用了神经-肌肉系统的自主抑制效应（目标肌肉强力收缩后所诱发的反射性自我抑制效应）和交互抑制效应（拮抗肌的收缩诱发主动肌的抑制性放松）。

该方法进行柔韧素质训练时要注意：要有充足的热身准备；受伤部位不易采取PNF拉伸；实施PNF拉伸的教练或辅助者需要有熟练的训练知识和操作技能，并要与练习者之间密切配合；练习时，思想高度集中，动作规范，并控制好拉伸的幅度；青少年及初级水平运动员慎用该方法等。

## 三、柔韧素质训练特点

柔韧素质训练负荷强度指标较为特殊，一般以动作幅度指标作为主要强度指标，同时外力大小、动作速度也是柔韧素质训练强度控制的辅助因素。柔韧素质训练的动作幅度指标多以最大幅度为标准，即无论是静力性，还是动力性柔韧素质的发展，均要以达到或接近极限幅度为标准。同时，柔韧素质练习时，幅度强度的控制一般还要结合运动员自我感觉进行，当肌肉感觉胀痛时可稍加用力的程度或保持用力的程度；当肌肉感到酸痛时可减少用力的程度；当肌肉感觉麻木时则应停止练习，以防止肌肉拉伤的危险。

### 四、柔韧训练基本要求

首先，柔韧训练要与力量训练适当结合。这不仅旨在保证两者的同时增长，还在于可以避免或消除两者之间的不良转移；同时，也利于提高肌肉在最大活动幅度下的收缩张力。

其次，柔韧素质训练应以专项要求为准。对多数运动项目而言，柔韧素质水平能够满足专项技术动作的需要即可；若发展过度，则会引起肌肉弹性降低等不良后果。

最后，柔韧训练应该合理搭配拉伸方式。动力性与静力性拉伸应结合进行，一般先进行主动拉伸练习，待软组织伸展幅度达到一定范围时再加以被动拉伸；被动拉伸练习后，通常还应安排主动拉伸；同一关节被动拉伸时的动作幅度应大于主动拉伸等。

## 第六节 灵敏素质及其训练

### 一、灵敏素质概述

#### 1. 灵敏素质释义

灵敏素质是指在各种突然变换的条件下，能够迅速、准确、协调地完成相应动作的能力。灵敏素质是一种复合运动素质，是多种运动素质及技能水平、心理感知能力的综合体现。灵敏素质主要表现于运动中的快速性、准确性、协调性和应变性能力。球类、拳击、跆拳道、摔跤、击剑、冲浪、滑雪等众多项目高度强调灵敏素质，要求运动员在时空条件急剧变化下能够判断迅速、反应敏捷，同时还需要迅速地变换动作、改变方向等，在此基础上还须确保动作的路线、力度、速度、节奏、目标等准确无误。

### 2. 灵敏素质训练意义

灵敏素质建立在一定的力量、速度、耐力、柔韧、本体感觉、反应力、灵活性、协调性等多种运动素质和技能的基础之上，与体能、技能的发展密切相关。良好的灵敏素质是技术发展的基础，是准确把握技术规范、有效发挥技术优势的重要保证；良好的灵敏素质体现了神经与肌肉高度的协调性与灵活性，不仅便于技术动作的完成，还利于能量的经济化、节省化。对多种运动项目，尤其是对抗性项目而言，身体的快速、准确、协调、应变能力是双方攻防对抗能力的关键，是取得优异运动成绩的重要保证。

### 3. 灵敏素质分类

灵敏素质通常分为一般灵敏素质和专项灵敏素质两类。一般灵敏素质是指人体运动活动中，在突然变换的条件下，迅速、准确、协调、应变性地完成各种动作的能力。专项灵敏素质是指专项运动活动中，在突然变换的条件下，迅速、准确、协调、应变性地完成各种专项动作的能力。一般灵敏素质是专项灵敏素质的基础；专项灵敏素质是在一般灵敏素质的基础上经过多年专项化训练的结果。一般灵敏素质训练具有广泛性、普遍性和非技术性特点；专项灵敏素质训练则具有专门性、特殊性和技术性特点。

### 4. 灵敏素质影响因素

灵敏素质受机体多种因素影响：在神经支配方面，神经过程的快速性、灵活性越高，越利于灵敏素质的提高；在思维判断方面，运动员敏捷的思维能力、对时空判断的准确能力等是影响其策略决定、动作选择、动作应对等的关键因素；在与基本素质的关系上，各种运动素质对灵敏素质的发展水平均有不同程度的影响；运动技能储备越多，技术动作动力定型建立的数量就越多，动作的熟练性、协调性越强，越利于准确、应变性地完成动作；此外性别、年龄、气质类型等均对灵敏素质的发展有一定的影响。

## 二、灵敏素质训练方法

### 1. 因素训练方法

因素训练方法是指从影响灵敏素质的各因素入手，针对性地安排相应的训练，通过改善相关因素水平来提高灵敏素质水平的训练方法。训练时主要从灵敏素质的快速性、准确性、协调性和应变性等主因素展开训练。

该方法的主要特点是：训练内容安排具有明确的目的性和强烈的针对性，便于层次性地提高灵敏素质诸要素；便于结合专项灵敏素质的突出因素以及运动员灵敏素质的薄弱因素有目标性地训练；便于确定灵敏素质各因素的模式标准，以利于客观检查、诊断及评价灵敏素质的发展状况。

### 2. 综合训练方法

综合训练方法是指将影响灵敏素质的若干或全部因素组成训练动作组合单元，在突然变化外部条件的情况下，让运动员迅速做出相应动作变化的训练方法。训练时要根据灵敏素质的各因素预先设计多种动作组合（包括固定组合和变异组合），并提升运动员的灵活运用能力和技能熟练性。

该方法的特点为：综合性提高灵敏素质的各影响因素水平，有助于技术动作的熟练掌握和灵活应用；高度体现专项技能特点，便于专项运动技术改善和战术模拟，以及提高灵敏素质的思维意识；高度体现项目的实战特征和比赛规律，将灵敏素质与专项技术、战术能力有效结合。

### 3. 游戏训练方法

游戏训练方法是指以游戏的形式提高训练内容的多样、活泼、轻松和趣味的训练方法。训练时要以灵敏素质训练为主要目的设计游戏方式、制定游戏规则，并可采取一定的奖惩措施，以便于训练的组织开展。

该方法的主要特点为：游戏的轻松、活泼及趣味性较高，容易调动运动员训练的参与性、积极性和主动性；游戏的娱乐性、互动性、争胜性较强，易于提高运动员神经兴奋性，激发高昂训练情绪，提高训练的注意力；游戏对动作的约束性条件较少，既能培养一般灵敏素质，也能促进专项灵敏素质发展。

### 三、灵敏素质训练特点

灵敏素质训练非常强调神经反应、神经转换及动作的快速性，动作变化的灵活性、机动性等，训练中主要体现快（快速）、准（准确）、灵（灵活）、变（多变）的特点。训练中负荷强度大，负荷持续时间较短，一般多在20~30秒。训练总组数、次数的安排应以不产生明显疲劳为宜，以保证机体适宜的兴奋程度。训练内容以熟练或不熟练的动作为训练安排的内容基础，熟练性动作目的是强化动作快速性、稳定性等；不熟练的动作则在于强化协调性和提升应变能力。训练间歇时间的确定应以机体充分恢复为原则。

### 四、灵敏训练基本要求

首先，灵敏素质训练要与专项紧密结合，尤其是要结合专项技术、战术及比赛的特殊需求来针对性发展运动员的灵敏素质；其次，灵敏训练要与基本运动素质紧密结合，各项运动素质对灵敏素质都有不同的影响，尤其是速度力量、反应速度、动作速度、判断速度等对灵敏素质的发展至为关键，必须重视基本运动素质的基础作用；最后，要重视少儿灵敏素质发展敏感期，如儿童6~12岁节奏感较好，7~11岁空间定向能力较好，7~12岁具有良好的反应能力等，这些都为发展灵敏素质提供了良好的条件。

## 第七节 运动素质多维转移

### 一、运动素质转移释义

运动素质多维转移是指某种运动素质的发展对其他运动素质产生影响的过程。例如，肌纤维张力提高的同时，也自然会增加其克服同等阻力的收缩速度，因此表现出力量素质的提高会很大程度上促进速度素质的发展。掌握运动素质转移特征，可以利用转移强化优势、避免干扰，提高训练的整体效益。

## 二、素质之间转移关系

### 1. 力量素质与速度素质之间的关系

力量素质与速度素质之间主要体现为高度的正相关性。由于力量与速度素质发展的生理基础有很多的相似之处，如在神经特性上，都需要神经过程的强度及协调性；在能量代谢方式上，多以无氧代谢为主；在能量物质储备需求上，都对磷酸盐、肌糖原有较高要求；在肌纤维类型上，都是白肌纤维共同具备的收缩特点等，因此力量与速度素质的各自发展通常均会对另一者产生积极影响。同时，肌纤维收缩张力的提升本身也能带来克服同等阻力的收缩速度的提升，因此通过力量训练来发展速度素质更加常见。

### 2. 力量素质与耐力素质之间的关系

力量素质与速度素质之间体现为既相互促进又相互制约的关系。力量素质的最大力量、速度力量、力量耐力的发展，在神经动员、能量代谢方式、运动强度等方面与耐力素质中的短时耐力较为接近，而与长时耐力关系不大。因此，力量素质的发展很大程度上有助于短时耐力的发展，而与长时耐力的关系不大，甚至不利于长时耐力的发展。

### 3. 力量素质与柔韧素质之间的关系

适宜范围内，力量素质与柔韧素质的发展不会产生明显影响。但两者各自的过度发展极易限制对方的提高，尤其是柔韧素质的过度发展会明显限制力量素质（特别是速度力量）的提高。原因主要在于，过度发展柔韧性，会造成肌肉伸展性的大幅提升，也必然会降低肌肉的弹性和收缩性。因此，专项柔韧素质的发展，必须结合专项技术动作对柔韧素质的需求程度而进行，若发展过度，则会对动作力量产生制约，进而影响动作速度。

### 4. 速度素质与耐力素质之间的关系

速度素质与耐力素质之间具有既相互促进又相互制约的关系。由于速度素质较为突出神经强度和灵活性,具有无氧代谢供能水平高、运动激烈程度高等方面的特征,因此与短时耐力之间通常表现为相互促进的关系。同时,其与中时耐力的关系一般,与长时耐力之间则表现为相互制约的关系。

### 5. 复合素质与基本素质之间的关系

复合素质是与其直接相关的基本运动素质特征的综合体现。因此发展相关的基本素质,是提高复合素质水平的关键。如力量与速度素质发展是速度力量提高的基础;力量与耐力素质的发展是力量耐力提高的基础;速度与耐力的发展是速度耐力提高的基础;最大力量、速度力量、反应速度、动作速度等,以及耐力、柔韧素质的发展,是灵敏素质提高的重要基础等。因此,复合素质的提高必须以相关基本素质的提高为主要途径;复合素质各要素的发展对各种基本素质能力的提升也有积极的促进作用。

## 三、运动素质转移类型

根据运动素质转移的不同特征,可以将其分为多种类型。

### 1. 良性转移与不良转移

根据运动素质转移结果的利弊关系,可以分为良性转移和不良转移。良性转移是指一种运动素质的发展会促进另一种素质的提高;不良转移是指一种运动素质的发展会制约另一种素质的发展。

### 2. 同类转移与异类转移

根据运动素质转移的类属关系,可以分为同类转移和异类转移。同类转移是指同一类运动素质向不同项目或不同动作上的转移;异类转移是指不同运动素质之间的相互影响。

### 3. 直接转移与间接转移

根据运动素质转移的过程途径,可以分为直接转移和间接转移。直接转移是指一种运动素质的发展直接对另一种素质产生影响;间接转移是指一种运动素质通过间接的方式影响另一种运动素质的发展。

【知识小结】

本章着重从理论结合应用的角度,重点概括了竞技体能的概念发展与理论变迁;重点讨论了力量、速度、耐力、柔韧、灵敏等各项运动素质的分类、意义与影响因素;系统阐述了各项运动素质的训练方法、负荷组织、训练要求等;具体介绍了运动素质多维转移理论、具体转移关系及类型。特别强调运动素质训练必须与运动专项特征紧密结合。

【知识检测】

一、判断题

(　　)1. 力量素质是指人体肌肉工作时克服内、外部阻力的能力,是竞技体能的重要运动能力之一。

(　　)2. 超等长收缩是指肌肉先进行离心收缩,再迅速转为向心收缩的肌肉收缩方式。

(　　)3. 速度力量的表现形式有爆发力、起动力和快速反应力三种。

(　　)4. 运动员速度能力的高低往往由单位时间内移动的距离、加速度和完成动作的最短时间三种方式来判断。

(　　)5. 速度素质受多种因素的影响,在神经支配上,神经传导及神经兴奋与抑制过程转换的快速性,是人体快速运动的先决条件。

(　　)6. 在肌纤维类型方面,白肌纤维适合有氧耐力工作,红肌纤维适合无氧耐力工作。

(　　)7. 长时耐力训练的负荷强度应以高等强度为主。

(　　)8. 无论是专项耐力素质还是无氧耐力素质的发展,都是建立在有氧耐力提高的基础之上。

(　　)9. 柔韧素质受机体多种因素影响,人体关节结构的固有特征是决定关节活动范围和幅度的决定性因素。

(　　)10. 对于发育期的青少年及能力水平较差者,应以低强度的匀速持续训练为主进行耐力练习。

(　　)11. 适宜的缺氧环境刺激在一定程度上能引起血液中血红蛋白浓度的升高和红细胞数目的增生等适应性变化。

（　　）12. 柔韧素质是掌握运动技术的重要条件，人体所表现出的各种姿态和运动幅度的大小，往往与柔韧素质有直接关系。

（　　）13. 灵敏素质建立在一定的力量、速度、耐力、柔韧、本体感觉、反应力、灵活性、协调性等多种运动素质和技能的基础之上。

（　　）14. 性别、年龄、气质类型等均对灵敏素质的发展没有影响。

（　　）15. 肌纤维张力提高的同时，也会增加其克服同等阻力的收缩速度，因此表现出力量素质的提高会在很大程度上促进速度素质的发展。

## 二、选择题

1. 下列哪项不是离心收缩特点（　　）。

　　A. 显著增加最大力量　　　B. 肌肉长度变长

　　C. 提升肌肉抗拉能力　　　D. 肌肉长度缩短

2. 速度力量是力量与速度有机结合的一种特殊（　　）素质。

　　A. 速度　　B. 耐力　　C. 力量　　D. 灵敏

3. 发展少儿速度素质的最佳时期是（　　）。

　　A. 7岁以下　　　B. 7～13岁　　　C. 13岁以上　　　D. 不宜发展

4. 速度障碍是指（　　）。

　　A. 速度起伏大　　　B. 速度倒退

　　C. 跑步时遇到障碍　　　D. 速度能力停滞不前

5. 耐力素质按器官系统机能可分为肌肉耐力和（　　）。

　　A. 神经耐力　　B. 中和酸性物质耐力　　C. 呼吸耐力　　D. 心血管耐力

6. 耐力素质训练，运动初级水平及能力较低者，应以（　　）为主，训练强度课略微降低，间歇时间控制以充分恢复为主。

　　A. 重复训练法　　B. 间歇训练法　　C. 比赛训练法　　D. 持续训练法

7. 下列不属于影响柔韧素质因素的是（　　）。

　　A. 关节的骨结构　　　B. 关节周围组织的体积和肌肉

　　C. 韧带组织的伸展性　　D. 体温

8. 从灵敏素质的定义来看，最能反应灵敏素质运动能力的是（　　）。

　　A. 弹跳力　　B. 心肺耐力　　C. 快速变向能力　　D. 柔韧性

9. 力量素质与速度素质之间主要体现为（　　）。

　　A. 正相关性　　B. 负相关性　　C. 无相关性　　D. 相互促进又相互制约

10. 下列运动素质中属于相互促进又相互制约关系的是（　　）。

　　A. 力量素质与速度素质　　　B. 力量素质与耐力素质

　　C. 力量素质与柔韧素质　　　D. 速度素质与柔韧素质

### 三、填空题

1. 根据肌肉收缩方式，将力量训练分为_____、_____、_____、_____、_____等训练方法。

2. 耐力素质训练方法是_____、_____、_____、_____四种。

3. 柔韧素质的训练方法是_____、_____、_____三种。

4. 灵敏素质主要表现于运动中的_____、_____、_____和_____四部分。

### 四、名词解释

1. 最大力量。

2. 灵敏素质。

### 五、简答题

1. 简述力量训练基本要求。

2. 简述耐力训练基本要求。

3. 简述运动素质转移类型。

### 六、论述题

论述竞技体能训练按体能要素分为哪几类，以及每类的训练意义是什么。

# 第三章　运动技术及其训练

**本章导语**：本章的主要内容包括运动技术一般概述、形成与迁移的原理、运动技术基本分析和运动技术基本训练四个板块。通过学习基本掌握技术构成要素、组合类型；了解运动技术的形成原理、迁移原理、影响因素，技术分析的基本要素、方法；技术训练注意要点、运动技能训练方法等。

**学习目标**：通过学习基本掌握运动技术的内涵知识和外延范畴，基本了解运动技术的基本结构及其影响因素，基本理解运动技术形成与迁移的原理，基本认识技术训练的注意要点，以便能够准确选择运动技术的训练方法。

**知识重点**：技术训练注意要点、运动技能训练方法。

**知识难点**：技术的形成原理、迁移原理。

**知识框图**：

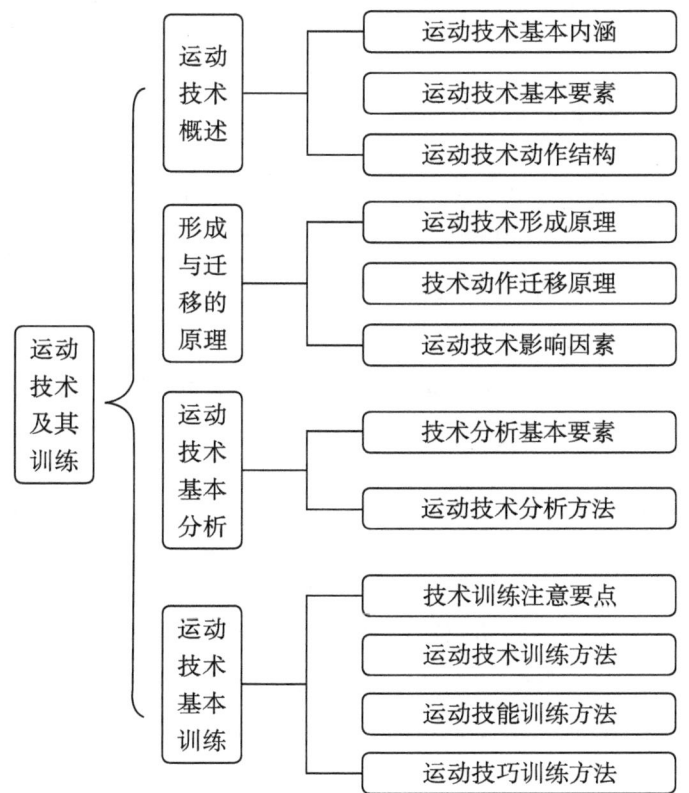

## 第一节 运动技术概述

### 一、运动技术基本内涵

#### 1. 运动技术基本概念

运动技术是指在实战中或在模拟实战的环境下合理、有效地充分发挥运动员身体能力的动作方法。其内涵主要体现在三个方面：表现性、合理性和有效性。表现性强调的是运动技术的表现应该在竞技的环境或在比赛环境中展现出来，并具有一定的欣赏价值；合理性强调的是运动技术的结构应该基本符合人体运动的生物力学原理和充分展示人体潜在的运动能力；有效性强调的是运动技术的展示应该符合专项运动的比赛规则。这就意味着运动技术的训练必须设置具有实战环境或模拟实战环境的条件。

#### 2. 运动技术基本意义

运动技术是竞技能力的重要构成因素；是运动训练的主要训练内容；是竞技比赛中的主要表现行为；是运动能力的主要支撑构架；是运动成绩的重要创新工具。运动技术的发展基础是运动能力；运动技术的发展平台是运动技能；运动技术的主要构架是动作结构；运动技术的高级表现是运动技巧。其中，运动能力决定了运动技术的时空维度；运动技能决定了运动技术的复杂水平；动作结构决定了运动技术的稳固程度；运动技巧决定了运动技术的娴熟水准。

#### 3. 相关概念基本解析

运动技术属于"操作性"技术，是运动员操纵身体或器材的身体运动技术。因此，运动技术与运动能力、运动技能、运动技巧等概念具有重要的关联性，一般认为运动能力分为两类：一类是指人体运动中具有各种"跑、跳、投、滚、翻、旋、转"动作元素特征的基本活动能力；另一类是指运动员的运动素质，即机能在专项力量素质、耐力素质、速度素质、柔韧素质和灵敏素质方面表现出来的能力，有时又称"运动表现"。运动技能是指能够按一定要求和目的合理地运用技术方法的能力，运动技能的高低取决于技术种类数量和人体的协调能力。运动技巧是指实战中运动技能达到应变自如、高度娴熟和精细灵巧的程度。

## 二、运动技术基本要素

运动技术的基本要素是指构成技术动作不可缺少的各个因素。运动技术的基本要素包括：身体姿势、动作轨迹、动作时间、动作速率、动作节奏、动作速度、动作力量。从结构上讲，运动技术是运动学特征和动力学特征的综合结果（图1）。是由四类特征动作要素组成，即空间特征动作要素、时间特征动作要素、时空速度特征动作要素、时空力量特征动作要素。

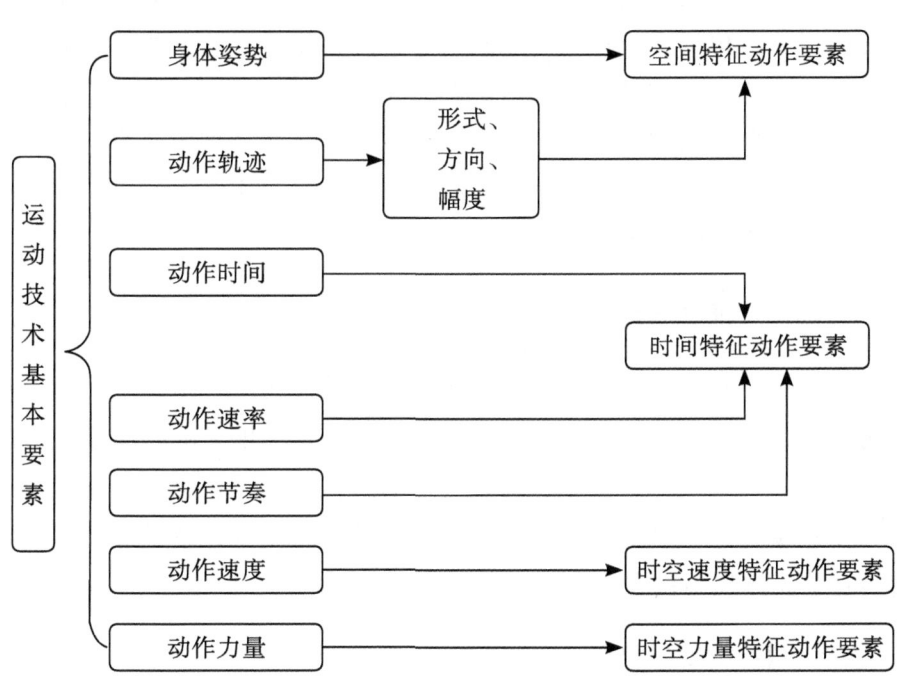

图1　技术动作要素及其关系

（胡亦海，2014）

### 1. 空间特征动作要素

空间特征动作要素包括身体姿势和动作轨迹。身体姿势是指在动作过程中，身体或身体各部分所处的状态及身体各部位在空间所处的位置关系，可分为开始姿势、动作进行过程中的姿势和结束姿势。身体姿势对于保持技术动作的重心、技术结构的稳定和技术应变的灵活至关重要。动作轨迹是指在做动作时，身体或身体某部分所移动的路线，包括轨迹形状（直线、曲线、弧线）、轨迹方向（前、后、左、右、上、下六个基本方向）和轨迹幅度（长度、角度）。动作轨迹直接反映了运动技术的空间轨迹，动作轨迹直接影响着体能类力量性项目或技能表现性项目的技术动作质量。

### 2. 时间特征动作要素

时间特征动作要素包括动作时间、动作速率和动作节奏。动作时间是指完成动作所需要的时间，包括完成动作的总时间（完成动作所需的全部时间）和各个部分的操作时间（完成动作的某一环节所需要的时间）；动作速率是指在单位时间内同一动作重复的次数，认识运动技术的空间特征和时间特征是运动技术科学训练的基础；动作节奏是指完成动作过程中的时间特征，包括动作用力的变化、动作时间的间隔、动作幅度的变化、动作速率的快慢等要素。

### 3. 时空速度特征动作要素

时空速度特征动作要素主要是指动作速度。动作速度是指单位时间内身体或身体某部分移动的距离。动作速度包括动作方向、平均速度、瞬时速度、初速度、末速度、角速度和加速度等；其中，对某些运动项目技术动作影响最关键的速度是瞬时速度或初速度；对于某些项目技术影响最关键的速度也许就是加速度；瞬时速度和初速度往往是爆发力构成要素。

### 4. 时空力量特征动作要素

时空力量特征动作要素是指动作力量。动作力量通常有两种说法：一是从生理学角度解释是指完成动作时身体及身体某部分肌肉用力克服阻力的程度；二是从物理学角度解释是指完成动作时人体对物体的作用，它由力的大小、方向与作用点三个要素组成。

## 三、运动技术动作结构

### 1. 运动技术基本结构

运动技术基本结构主要是指周期性或单一混合性运动技术的动作结构。运动技术基本结构均由三维内容组成，即技术环节、技术细节和技术基础。其中，技术基础是指按一定顺序、路线、节奏等要素所构成的技术成分；技术细节是指在不影响动作结构的情况下，技术动作所表现出来的微调技术；技术环节是指技术动作过程的各个部分，是组成技术动作的基本单位。

运动技术基本结构由技术动作的基本环节和环节之间链接及其顺序构成。也可称为技术的微观结构。每一项技术动作的基本结构都包括若干个基本环节。如跳远技术动作由助跑、踏跳、腾空、落地四个基本环节组成。这些基本环节按特定的、一般不能加以改变的顺序形成动作基本结构。因而，运动技术基本结构可称为"技术链"，而运动技术基本结构的基本环节则可视作"技术链"上的各个点，"顺序"则成为连结各个点的连线。其实，所有身体练习动作都包括类似的动作环节、动作细节和动作基础，只是将其环节链接称为"动力链"。

### 2. 运动技术组合结构

运动技术组合是指由若干独立的技术动作联结组成的集合，又称组合运动技术。运动技术组合结构分为固定组合结构与变异组合结构两种。运动技术固定组合结构主要是指若干独立的技术动作之间的联结动作、方式、顺序是单一选择并且相对固定的；运动技术变异组合结构主要是指若干独立的技术动作之间的联结动作、方式、顺序是多项选择并且随机应变的。

#### （1）运动技术固定组合结构

固定组合结构的技术组合关键主要体现在：组合技术内部联结的编排方式和衔接质量上。通常，固定组合结构的编排方式和衔接质量十分强调难度、准确、协调和稳定。固定组合结构的动作编排是自由体操、艺术体操、武术套路、花样滑冰等项目设计和比赛的重点。

**（2）运动技术变异组合结构**

变异组合结构的技术组合关键主要体现在：组合技术内部联结的应变方式、串联和衔接的质量上。通常，变异组合结构的应变方式、串联质量和衔接质量十分强调快速、准确、灵敏和变化，技能类对抗性项群的动作结构均属此类。串联是指集体性项目由若干队员将两个或两个以上技术，合理地链接成为攻防配合形式；衔接则是个人两种技术之间的链接技术，是指一种技术结束到另一技术开始之间的技术。

# 第二节 形成与迁移的原理

## 一、运动技术形成原理

### 1. 运动技术形成的生物学原理

从生理学角度看，运动技术形成的生理机制主要是两种原理，即经典条件反射原理和操作性条件反射原理。经典条件反射原理是："所有的学习都是联系的形成，而联系的形成就是思想、思维、知识的"，联系指的是暂时神经联系；操作性条件反射原理是由美国心理学家斯金纳发现并提出的。两者都认为任何学习都是大脑皮层的神经元所形成的暂时性联系，但不同的是前者与非自愿行为有关，后者与自愿行为有关。两种条件反射原理一致认为，大脑皮层建立复杂的暂时性神经联系，是需要很长时间才能形成。

从生物力学角度看，运动技术是各个相关要素在时空范畴内适宜匹配的结果。这些相关要素是：身体姿势、关节角度、身体及肢体的位移、运动时间、速度及加速度、用力大小及方向、用力的稳定性及动态力的变化速率、人体各环节的相互配合形式与方式等因素。运动技术是一个稳定状态，技术形成则是一个动态过程。

### 2. 运动技术形成的心理学原理

从心理学角度看，美国心理学家斯金纳发现并提出的操作性条件反射原理，为运动技术的形成奠定了扎实的理论基础。

### 3. 运动技术形成的社会性理论

从社会学角度看，运动技术的形成过程必须符合社会的美学视觉需要，必须体现竞技运动的美学要求。其中，"运动美"不仅反映了竞技运动的本质属性，同时也是竞技运动的现象体现，更是竞技运动的文化特征。动作美、技术美就是运动美的集中显现。竞技运动的运动技术不仅具有物理学意义上的结构，同时具有社会学意义上的属性。因此，任何运动技术的形成与展示必须符合社会要求和社会准则，任何运动技术的形成与创新必须符合竞技运动的规律和专项运动的规则。

### 4. 运动技术形成的技能学原理

从技能学角度看，运动技能的形成需经四个阶段，即泛化阶段、分化阶段、巩固阶段和自动化阶段。泛化阶段特点是初步形成技术概念，初步建立暂时神经联系，肢体相互配合不准确不协调；分化阶段特点是基本形成技术概念，暂时神经联系趋于稳定和完善，肌体配合较为精确协调；巩固阶段特点是清晰理解技术概念，暂时神经联系趋于完善，动力定型较为稳定，动作更加精确协调和省力；自动化阶段特点是动力定型更为稳定，有意注意高度集中，意识支配动作较少，动作表现娴熟艺术。

### 5. 运动技术形成的战术学理论

从战术学角度看，任何运动技术的形成和展现都有其内在的战术意图和技术思想。其中，技能类表现性运动项群、对抗性运动项群的运动技术更是具有鲜明的战术涵义。对于体能类项目而言，运动技术是体现专项体能的骨架；对于表现类项目而言，运动技术是表现身体美意的支架；对于对抗性项目而言，运动技术是实施战术意图的工具。一般来讲，运动技术对于对抗项群而言，既是一种动作方式，更是一种战术基础。

### 6. 运动技术形成的主要条件

运动技术的形成需要一定条件。不同难度系数的运动技术所形成的主客观条件因素不尽相同，难度越高，所依据的条件因素则越多。其中，每一条件因素又由若干因素组成，从而形成技术学习过程中条件因素的网络复杂链接系统。

许多竞技运动发达国家所制造的训练器材和设备，极大地加快了运动技术创新的速度，极快地缩短了运动技术形成的时间。

## 二、技术动作迁移原理

迁移原理是指在训练或教学过程中，运动员学习新技术或新动作时，在新刺激的作用下，使得与新刺激有联系的原有神经暂时联系的痕迹被激活，并参与新刺激联系的建立或对以往的旧有联系的改造，从而使原有的神经系统的暂时性联系得以扩大、漫延、发展，因此对学习新技术和对原有技术或动作具有一定影响。

运动技术的学习过程是复杂的、迁移过程是多维的，因此迁移的类型也是多种多样的，正迁移是指掌握一种运动技能对学习另外一种运动技能产生良好影响；负迁移是指掌握一种运动技能对学习另外一种运动技能产生不良影响；纵迁移是指学习的技能属于同一项目，但所掌握的技能对学习另一种运动技能产生影响；横迁移是指学习的技能不属同一项目，但所掌握或学习的技能彼此互相影响；顺迁移是指掌握一种较易动作可对学习同类较难动作施加影响；逆迁移是指掌握一种较难动作可对学习较易或已掌握的技能施加影响。

一是建立正确技术概念，运动员必须正确理解技术概念，在学习技术时要掌握技术原理，了解动作各个要素的关联，并与类似的已学过的技术动作结构加以比较，使其明确动作结构的差异所在，从而消除负迁移的倾向，并产生正迁移的意识；二是熟练巩固技术动作，运动员掌握动作越多、越巩固，思维痕迹越清晰，那么建立起来的暂时性神经联系也就越多，从而在学习新技术时就越容易引起迁移；三是科学掌握间隔时间，学习两种动作结构差异性大的技术时，间隔时期的要求不严，即一种技术学习完毕后，再学习新技术时，其间隔时间不必苛求。

## 三、运动技术影响因素

### 1. 运动技术主体因素

影响运动技术的主体因素包括技术动作生物力学特征、人体肌肉收缩的动力特征、中枢神经协调控制的能力、身体运动的感知觉能力、各种运动技能的储备数量、运动素质发展程度与潜力、心理过程与个性心理特征（图2）。这些因素是影响和制约运动技术发挥的内在因素。其中，运动技术的表现是以身体动作为表现形式，因此运动技术必须体现出合理的生物力学要求和解剖学结构特点，这是确保人体骨骼和肌肉不因技术动作结构而导致伤害事故发生的前提条件；运动技术的表现是以骨骼为杠杆、肌肉收缩为动力的活动过程，因此运动技术的表现应该符合专项运动需要的肌肉收缩机制，这是确保肌肉收缩动力符合专项运动技术表现的要求。

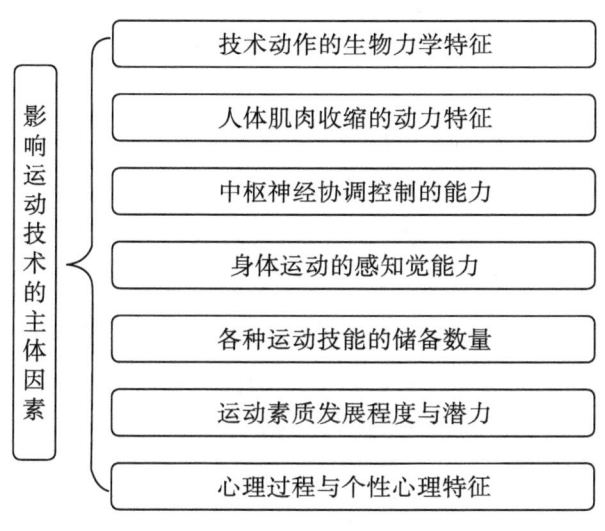

**图2　影响运动技术的主体因素**

中枢神经协调控制能力可使运动素质合理地体现在运动技术的时空要素上，因此运动技术必须体现出肢体动作的协调性、合理性和灵活性，这是确保各项运动素质综合反映在运动技术的神经基础；身体运动的感知觉能力是形成运动技术时空特征的基本条件，敏感的感知觉能力可使机体尽快适应不同环境，以保证运动技术不至于因环境的变化而发生变异；此外，各种运动技能的储备数量对于形成新的技术和巩固创新技术的作用至关重要。

**2. 运动技术客体因素**

影响运动技术的客体因素包括竞赛规则、训练方案、训练环境、器材设备等主要因素。这些因素或是影响创新技术的形成和掌握；或是干扰原有技术的应用和发挥；抑或制约现有技术的使用和发展。

首先，几乎所有项目适逢类似奥运的赛事，都会周期性地修改赛事规则。这些规则的修改有些内容极大地促进了运动技术、运动项目的发展，但也有些内容干扰了运动技术和运动项目的进步。

其次，制定科学的训练教案十分重要。一般来说，制定训练教案的前提是：必须细化构成运动技术的环节、细节和各个基础因素，以及它们之间的关联方式。只有深刻认识运动技术的各个环节，才能细致解剖构成关键环节的各个细节及其要素；只有深刻认识关键环节的细节与要素，才能明确知道技术形成和训练的具体内容；只有深刻认识各个因素的关联方式，才能正确规划运动技术学习的基本大纲和训练进度。

再次，营造舒适的训练环境非常重要。一般来说，训练环境主要是由显性环境和隐性环境组成，显性的训练环境主要是指训练场地；隐性的训练环境主要是指训练氛围。清洁整齐的训练场地会使人心情愉悦地投入训练；心情舒适的训练氛围会让人富有激情地投身训练。清洁整齐的训练场地所具有的特征是：训练器材清洁卫生、场地布局便于训练、区域划分功能明确、辅助设备摆放有序。

最后，配置适宜的训练器材至关重要。如前所述，现代科技所研制的训练器材和设备对于运动技术的形成扮演着越来越重要的角色。一些简单易行的训练器材和自制器材，在运动技术的形成中同样起着十分重要的作用。

## 第三节　运动技术基本分析

### 一、技术分析基本要素

竞技运动的运动技术分析要素主要分为两类，即技术观察分析的要素和技术力学分析的要素。据此分类可以将运动技术的分析方法分为两类，即技术观察分析方法和技术力学分析方法。当然，采用技术观察分析方法或技术力学分析方法的前提，就是必须正确认识和理解运动技术构成要素及其内涵，善于根据实践将运动技术分解成的技术环节、技术细节和相应的基础要素。显然，科学掌握的前提则是必须具备扎实的专项理论知识和实践能力。

运动技术动作的分析是通过分析运动员技术动作的要素体现出来的。其中，身体姿势决定着人体完成运动及用力时的身体状态，也决定着力的相互作用状态。因此，它对运动技术动作的效果产生着重要影响。身体和肢体位移的运动学特征是衡量运动技术动作的质量和运动形态的重要依据；身体和肢体位移的动力学特征更是衡量运动技术动作的质量和动力效果的重要依据。技术动作的速度变化取决于爆发力的大小或力的变化速率，而身体运动方向及路线则取决于用力方向的正确性。技术动作各个要素的结合形式与用力顺序，直接决定着身体各环节能量的传递或集中效果。

## 二、运动技术分析方法

目前，竞技运动广泛采用的技术分析方法主要是技术观察分析方法和技术力学分析方法。其中，前者是教练员普遍采用的方法，后者是科研人员广泛采用的方法。一般来说，采用技术观察分析的方法必须考虑两点，即技术动作的协调性、准确性，此两点主要通过对技术动作进行定性与分析。协调性主要表现在技术动作的连贯、流畅、弹性、缓冲、协调与节奏；准确性主要表现在技术动作的时空、判断、速度、控制、稳定和准确。技术形成泛化阶段，主要观察技术动作各个环节是否规范；技术形成分化阶段，主要观察技术动作各个细节是否规范；技术形成巩固阶段，则必须观察技术协调性和准确性的各个要素。随着现代科技的发展，教练员普遍采用的技术观察分析方法发生了改变。其中，摄像技术的普及和各种视频编辑软件的出现，使教练员采用观察方法有了简单易行的工具。

# 第四节 运动技术基本训练

## 一、技术训练注意要点

### 1. 运动技术学习阶段特点

运动技术的学习、掌握过程，必须遵循运动技能形成规律。因而，可将运动技术学习阶段分为粗略形成技术、改进提高技术、巩固熟练技术三个阶段。第一阶段的特点是：暂时性神经联系处于泛化阶段，兴奋过程扩散，内抑制发展不够，能量消耗较多，动作粗糙失衡，自控能力较低，伴随多余动作。第二阶段的特点是：神经过程的兴奋与抑制处于分化阶段，兴奋过程开始集中，内抑制也逐步发展，动力定型初步形成，多余动作逐渐减少，整个动作连贯协调，能量物质逐渐节省。第三阶段的特点是：大脑皮质兴奋过程高度集中，内抑制加强，牢固形成了基本动作的动力定型，动作表现经济省力、动作准确富有节奏，技术应变能力趋向自动化程度。这是技术训练必须注意的特点。

### 2. 运动项目动作结构特点

运动技术的学习、掌握过程，必须注意项目动作结构特点。运动项目的动作结构共分四类，即周期性、混合性、固定性和变异性的动作结构。其中，周期性、混合性项目动作结构，就是运动技术基本结构。前者从项目分类角度提出项目动作结构，后者从技术结构角色提出技术动作结构。

### 3. 运动项目动作元素特点

运动技术的学习、训练过程，必须注意项目动作元素特点。竞技运动的基本动作元素是由七种动作元素组成，即"跑、跳、投、滚、翻、旋、转"的基本动作形态。其中，"跑、跳、投"是初级阶段的基本内容，"滚、翻、旋、转"则是形成运动技能和技巧的基本条件。竞技运动发达国家高度重视"跑、跳、投、滚、翻、旋、转"基本动作及其变化的训练，将其视为竞技运动基础训练的主要内容。

### 4. 运动技术关键要素特点

技术关键要素是指运动技术基本要素中具有关键意义的要素。如前所述，运动技术基本要素包括：身体姿势、动作轨迹、动作时间、动作速度、动作速率、动作力量、动作节奏。对于不同专项特征的运动技术，这些要素的影响权重是不同的。如背越式跳高技术，在初级阶段，完整结构的各个要素都是关键要素；在高级阶段，起跳的动作速度和力量是关键要素；在中级阶段，过杆的反弓身态、动作轨迹是关键要素。

## 二、运动技术训练方法

在运动技术粗略形成阶段，主要采取分解训练法兼顾应用重复训练法。采用这一方法的前提，就是根据理想的运动技术，把完整的动作过程分解成若干环节。实际上，我们很多运动项目的单个技术学习和训练，都是需要先将完整技术分解成若干环节后，再逐一地实施分解训练。

在运动技术改进提高阶段，主要采取完整训练法兼顾应用分解和重复训练法。随着运动技术的基本框架结构形成，这一阶段应该高度注意的内容是，运动环节的技术细节和技术基础的训练。如前所述，技术细节是技术动作所表现出来的微调技术；技术基础是指动作发生的顺序、路线、节奏、角度、速度、重心等要素。

在运动技术巩固熟练阶段，主要采取完整训练法、重复训练法和比赛训练法。随着运动技术的不断改进与完善，进入这一阶段的运动技术已经完整成型。因此，这一阶段应高度注意的内容是：根据运动员的运动素质水平、专项运动技术特征，确定发展和提高关键因素的技术能力和完整技术的熟练程度。确定影响现有运动技术的关键因素，旨在明确技术训练的重点；提高完整技术的熟练程度，旨在通过实战环境或模拟实战环境，强化运动技术的本质。

### 三、运动技能训练方法

运动技能具有广义和狭义之分，广义的运动技能是指有关的各种运动能力，包括上文所指的"跑、跳、投、滚、翻、旋、转"的动作元素及其能力；狭义的运动技能是指能够按一定要求和目的合理地运用技术方法的能力。显然，广义的运动技能是运动技术发展的基础；狭义的运动技能是运动技术展示的实力。由此可见，运动技术的发展需要依托广义的运动技能，运动技术的展示需要化为狭义的运动技能。狭义的运动技能的高级境界就是运动技巧。

广义的运动技能训练内容很多。各种"跑、跳、投、滚、翻、旋、转"的动作元素和运动方法，某些其他运动项目的技术动作都可视为广义的运动技能训练内容。这些内容对于提高专项运动素质、形成专项运动技术、获得专项运动技能、发展专项运动技巧，均具有十分重要的促进作用。广义的运动技能训练意义实则是实施有具体内容的全面训练。

狭义的运动技能训练内容不少。竞技运动很多项目是相通的，有些项目的动作形态与另外一些项目动作形态基本相同。如篮球运动项目的篮下投篮起跳动作与排球运动项目的网前扣球起跳动作类似；网球正面上手发球动作与标枪正面掷枪动作类似；羽毛球的持拍鞭甩击球动作与排球的近网快攻鞭甩动作类似。

## 四、运动技巧训练方法

运动技巧是运动技术的娴熟程度,是运动技能的最高境界。如果说,运动技术是指在实战中或模拟实战的环境下合理、有效地充分发挥运动员身体能力的动作方法,显然,此时的运动技术主要与解剖学、力学因素和实战环境等因素有关;运动技能是指能够按一定要求和目的合理地运用技术方法的能力,显然,此时的运动技能与专项素质、技能储量和神经控制等因素有关;运动技巧是指实战中运动技能达到随机应变、高度娴熟和精细灵巧的程度,显然,此时的运动技巧主要与心理素质、战术素养和比赛经验等因素有关。

【知识小结】

　　本章从应用角度,详细说明了运动技术的基本内涵,提出了与之高度相关的运动技能、运动技巧的概念,以及运动技术、运动技能、运动技巧三者之间的关系;重点讨论技术结构的构成要素和基本分类;系统阐述了运动技术形成与迁移原理和相关主体与课题的影响因素;具体提出了运动技术学习与训练应注意的要点和运动技术、运动技能、运动技巧训练时应采用的训练方法等。

【知识检测】

一、判断题

（　）1. 运动技术的结构应该基本符合人体运动的生物力学原理和充分展示人体潜在的运动能力。

（　）2. 动作速度是指单位时间内身体或身体某部分移动的距离。动作速度是标量、无快慢、有方向。

（　）3. 运动技术细节掌握的水平,完全取决于运动员对技术动作各个环节作用的认识水平。

（　）4. 变异组合结构的编排方式和衔接质量十分强调难度、准确、协调和稳定。

（　）5. 改善运动技术基本结构可从改善运动技术的基本环节、改善环节间的顺序两个方面进行。

（　　）6. 经典条件反射和操作性条件反射原理两个原理的共同点为任何学习都是大脑皮层的神经元所形成的暂时性联系。

（　　）7. 操作性条件反射原理认为必须提供与目的相关的条件，必须根据行为结果给予相应的奖惩。

（　　）8. 身体条件中的控制协调能力是影响技术形成的重要因素之一。

（　　）9. 负迁移是指掌握一种运动技能对学习另外一种运动技能产生不良影响。

（　　）10. 运动技能的储备数量作为客观因素对于形成新的技术和巩固创新技术的作用至关重要。

（　　）11. 身体姿势决定着人体完成运动及用力时的身体状态，也决定着力的相互作用状态。

（　　）12. 技术动作的速度变化取决于爆发力的大小或力的变化速率，而身体运动方向及路线则取决于用力方向的正确性。

（　　）13. 技术动作各个要素的结合形式与用力顺序，间接决定着身体各环节能量的传递或集中效果。

（　　）14. 跑、跳、投是形成阶段的基本条件。

（　　）15. 运动技能是指能够按一定要求和目的合理地运用技术方法的能力。

## 二、选择题

1. 下列不属于运动技术内涵的是（　　）。
   A. 表现性　　B. 合理性　　C. 有效性　　D. 竞争性
2. 完成动作过程中的时间特征是指（　　）。
   A. 动作时间　　B. 动作速率　　C. 动作节奏　　D. 动作速度
3. 空间特征动作要素中身体姿势不包括的是（　　）。
   A. 准备姿势　　　　　　B. 开始姿势
   C. 动作进行过程中的姿势　　D. 结束姿势
4. 提出操作性条件反射原理的心理学家是（　　）。
   A. 桑代克　　B. 华生　　C. 斯金纳　　D. 班杜拉
5. 下列哪个不是影响运动技术形成的主体因素（　　）。
   A. 人体结构力学特征　　　B. 感知觉能力
   C. 动作技能的贮存数量　　D. 技术环境

6. 技术分析时教练员普遍采用的方法（　　）。
   A. 观察分析方法　　B. 技术力学分析方法
   C. 自然观察法　　　D. 比较分析法
7. 下列不属于运动技术巩固熟练阶段主要的训练方法（　　）。
   A. 完整训练法　　B. 重复训练法　　C. 比赛训练法　　D. 分解训练法
8. 与专项素质、技能储量和神经控制等因素有关的是（　　）。
   A. 运动技术　　B. 运动技能　　C. 运动技巧　　D. 运动水平
9. 提升运动技术的实战应用效果是（　　）。
   A. 比赛训练法　　B. 模拟训练法　　C. 持续训练法　　D. 重复训练法
10. 下列选项不属于运动技巧影响因素的是（　　）。
    A. 心理素质　　B. 比赛经验　　C. 战术素养　　D. 实战环境

## 三、填空题

1. 运动技术基本结构均由三维内容组成，即_____、_____和_____。
2. 清洁整齐的训练场地所具有的特征是_____、_____、_____和_____。
3. 运动技术学习阶段分为_____、_____和_____三个阶段。

## 四、名词解释

1. 逆迁移。
2. 运动技能。

## 五、简答题

1. 简述运动技能形成的阶段。
2. 简述如何正确利用技术迁移原理。
3. 简述如何将运动技术、运动技能转化为运动技巧。

## 六、论述题

论述运动技术的影响因素。

# 第四章 运动战术及其训练

**本章导语**：本章主要包括运动战术训练概述、运动战术基本分类、战术方案及其制定、战术训练及其要求四部分内容。其中，运动战术的概念、构成及战术能力影响因素，运动战术设计与行动的基本原则，战术方案的内容及制定要求，战术训练的目的、任务、方法及基本要求是本章重点阐述的内容。

**学习目标**：理解和掌握运动战术的概念、构成因素及战术能力的影响因素，战术设计与行动的基本原则，战术方案制定的内容、要求，并能结合运动专项及运动训练实例，理解和掌握运动战术训练的方法与要求等。

**知识重点**：战术训练的方法及基本要求。

**知识难点**：运动战术设计与行动的基本原则。

**知识框图**：

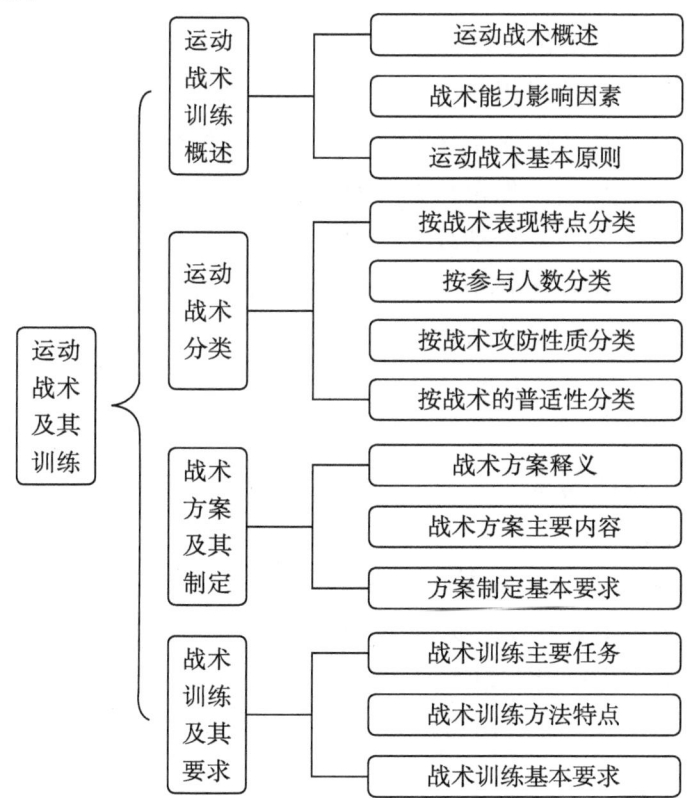

## 第一节 运动战术训练概述

### 一、运动战术概述

**1. 运动战术释义**

运动战术是指在竞技比赛过程中为获取最终胜利或达到预期比赛结果而采取的计谋和行动的总称。运动战术是策略性的计谋与行动的综合体现。

**2. 运动战术构成**

运动战术的构成要素概括为：战术知识、战术原则、战术观念、战术思想、战术意识、战术形式、战术行动。

战术知识是指有关比赛战术理论知识与实践经验的总和；战术原则是指进行战术设计和行动需遵循的思想与行为准则；战术观念指教练员、运动员通过战术训练和比赛实践所形成的对于比赛计谋和行动的综合认识及理念；战术思想是指在战术观念的作用下，根据比赛的具体任务与特点而形成的具有针对性指导战术行动的完整思路，对运动战术的设计、训练和实施起着重要的导向作用；战术意识是指运动员在比赛中的战术性思维活动过程；战术形式是在战术目的和计谋的指导下，战术活动所特有的行动方式；战术行动是指为实现战术计谋而采取的战术行为活动的总称。

### 二、战术能力影响因素

战术能力指运动员（队）设计、掌握和运用运动战术的能力，是运动员（队）整体竞技能力水平的重要组成部分。对于教练员而言，其战术能力还应包括战术训练能力、战术指挥能力和战术创新能力等。运动员的战术设计能力主要体现在战术设计的独特性、针对性和合理性等；战术掌握能力主要体现在战术掌握的丰富性、熟练性与先进性等；战术应用能力主要体现在战术应用的准确性、应变性与有效性等。

### 1. 运动素质因素

运动员在运动素质上的突出特点及发展水平，是很多项目战术设计及实施的重要先决条件。

### 2. 运动技术因素

技术应用是战术行动的核心构成，比赛中合理、灵活、准确地运用各种运动技术是战术决策、战术谋略最主要的实现途径。

### 3. 智力能力因素

运动战术的设计、谋略和灵活应用等，本质上反映了教练员、运动员的智力水平，是智力活动的直接体现。

### 4. 心理能力因素

运动员的心理能力对战术能力有重要影响。客观因素感知能力、注意范围的大小、注意力集中程度、注意力的合理转移程度、情绪稳定程度等有助于临场战术思考和决策的正确性。

## 三、运动战术基本原则

### 1. 战术设计基本原则

**（1）知己知彼、周密部署**

军事学的历史发展证实，不论在何种时代，也不论何种战斗，"知己知彼"是赢得作战胜利的首要条件。

**（2）攻守平衡、进退兼顾**

攻与守是竞争必然存在的基本要素，也是运动竞赛中的一对基本矛盾。比赛中的攻与守，既相互制约，又相互促进。因此攻守平衡的问题是战术设计必须要重点考虑的问题，更是对抗性项目需要解决的问题。

### （3）以我为主、集中优势

运动战术的设计必然要考虑双方的主、客观因素，但从根本上来看，自身条件是影响战术质量的主要矛盾。因此，战术设计必须立足于本方竞技实力水平，根据自身的潜力、特长和不足，争取所设计的战术有利于扬长避短、发挥优势。我国很多项目对运动员战术能力的培养及比赛战术的成功均是立足于发挥运动员自身优势的基础之上。

### （4）充分预判、积极预案

战术设计是对未来比赛的战术方案、战术策略、战术行动等进行预计性的谋划工作，因此，必须对未来比赛的可能因素进行充分的预判，并制定应对各种问题的预备方案。

### 2. 战术行动基本原则

### （1）严格执行、坚定自信

比赛中运动员要对既定的战术方案有严格的执行力，这是保证战术计谋得以实现的根本前提，也是运动员战术行动的基本原则。

### （2）审时度势、机动应对

比赛环境错综复杂、形势千变万化，比赛过程中战术运用必须审时度势、因势利导，并根据比赛实际情况对战术策略和行动进行合理调整。

### （3）灵活多变、形成主动

比赛中若战术内容过于单一，便很容易被对手找到破解之策。因此，尤其是对抗类项目，战术运用必须灵活多变，以形成战术主动，并达到出其不意的战术效果。

### （4）力求实用、比赛制胜

运动战术的最终目的是通过战术的合理运用，以获取比赛胜利或达到既定结果，这也是衡量运动战术成功与否的核心判断标准。

## 第二节 运动战术分类

各个运动项目中，运动战术的内容丰富多样，运动战术的表现形式也是千变万化的。依据不同的分类标准，可以将各种运动战术进行较为系统、条理性的分类。

### 一、按战术表现特点分类

按各项目运动战术的比赛表现特点，可将其分为阵型战术、人员战术、体能战术、技能战术、心理战术和目的战术。

阵型战术指在非个体性比赛项目中，运动员以一定的位置阵型和布局分工，并通过协同配合完成战术行动的运动战术；人员战术也可称为人员配置战术，指在非个体性比赛项目中，通过运动员的合理配置以最大限度发挥本方优势和制约对手的运动战术；体能战术指比赛过程中通过合理分配体力取得理想成绩的运动战术，该战术在耐力性项目中体现较多技能战术也简称为"技战术"，指比赛中通过运动技能的合理运用及变化实现特定战术目的的运动战术；技能战术是多数运动项目运动战术最为主要与核心的战术表现形式；心理战术指通过一定的方式对参赛对手心理上施加影响、干扰和刺激，使其产生消极心理反应，进而达到特定比赛目的的战术；目的战术指特定的参赛目的战术，指为达到特定的比赛结果而采取的富有针对性的战术。由于在不同比赛目的的思想指导下，比赛所采用的战术方式必然出现明显的差异性和针对性，因此参赛目的便自然富有强烈的战术思想的作用。

### 二、按参与人数分类

按运动战术的参与人数多少，可将其分为单人战术、小组战术和多人战术。单人战术指以运动员个体完成的战术。

## 三、按战术攻防性质分类

在对抗类项目中，通常可按其攻防性质将运动战术分为进攻战术、防守战术、攻防结合战术和相持战术等。进攻战术指以进攻为主要途径及目的而采取的战术。

## 四、按战术的普适性分类

按战术的广泛性、普遍性、适用性等，可分为广普战术和独特战术。广普战术指比赛中应用较为常见、普遍，具有广泛使用性的战术。

# 第三节　战术方案及其制定

## 一、战术方案释义

战术方案是针对比赛而专门制订的指导战术实施的总体计划。战术方案的制定既是赛前战术训练、战术布置的基础，也是比赛时教练员战术指挥和运动员战术行动的重要指导。战术方案的核心目的是指导全队如何利用和发挥本方优势，制约对方优势，并最终转化为比赛胜利或达到预期结果。

## 二、战术方案主要内容

战术方案的主要内容包括：确立目标任务、预判比赛形势、明确指导思想、谋划战术策略、准备变化预案、确定适应措施、制订训练计划、规范保密措施等（图3）。

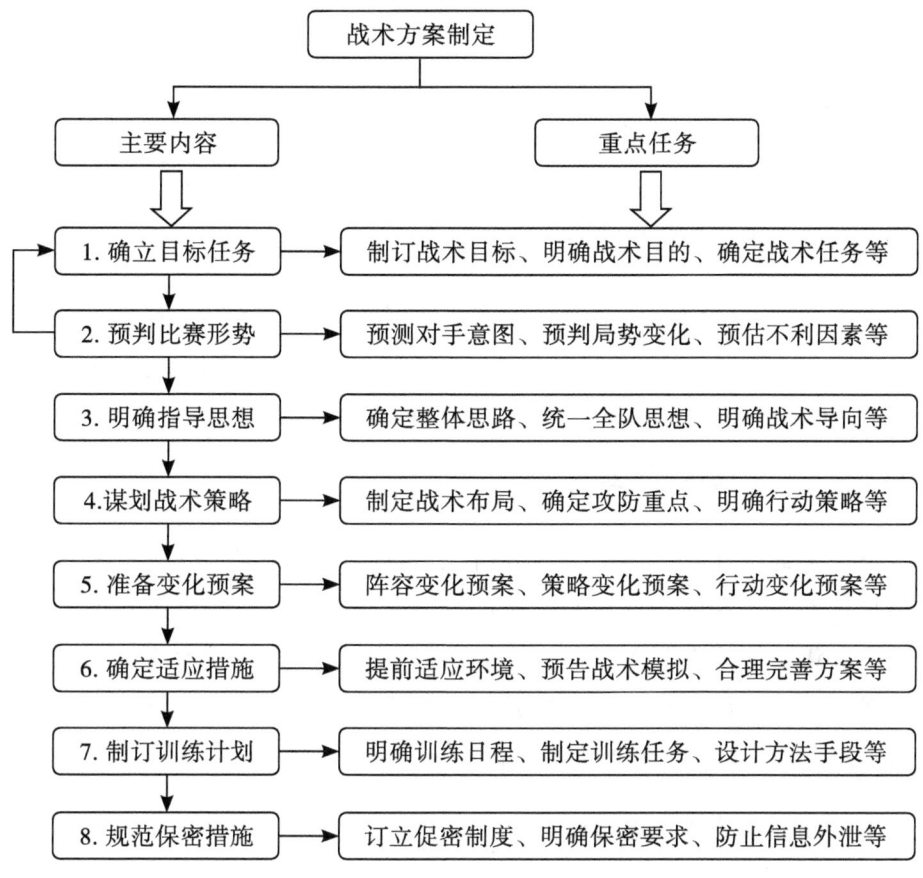

图3 战术方案制定的主要内容

确立目标任务,主要是根据比赛的目标和任务来确立战术行动的最终目标、任务。预判比赛形势,主要是对对手战术意图、比赛局势变化、赛中不利因素等进行预测和判断。明确指导思想,是根据比赛整体战术目标和任务来确定比赛战术的整体思路,战术指导思想是明确比赛具体战术策略和战术行动方向与思路的重要前提。谋划战术策略,包括确定比赛是具体的战术行动策略、行动方式、阵形布局及任务分工(集体性项目)等。准备变化预案,是根据对比赛中可能出现的各种局势和环境等进行提前预测,制定相应的战术应对预案。确定适应措施,是指对如何提前适应比赛的各种环境,提出具体的适应措施,以便于赛前的战术适应。制订训练计划,主要是指制订赛前战术训练的计划安排。规范保密措施,指通过订立战术保密制度、明确保密规定、严格保密要求等措施来提高本方战术方案的隐蔽性。

## 三、方案制定基本要求

### 1. 高度重视情报信息收集与分析

战术方案的制订必须以情报信息为重要基础。情报信息收集的全面、及时、准确与否，将对制订本方战术策略、战术预案等起到关键的作用，进而影响比赛结果。情报信息的收集主要包括竞赛对手信息和竞赛环境信息两大方面。

### 2. 战术决策以战略决策为指导

战术决策是重点针对比赛中出现的情况进行的具体决策。战略决策则是为实现比赛整体目标而对比赛的全局性问题所进行的宏观决策。战略决策服务于比赛整体目标；战术决策更体现在服务于比赛具体形势。战略决策是战术决策的宏观导向，战术决策是战略决策的实现途径。两者相辅相成、紧密联系，以及共同对战术方案制订与实施的合理性、有效性产生关键影响。

### 3. 系统分析专项战术特点与作用

不同类型运动项目在竞赛中的战术特点和所起作用有明显区别。战术方案的制订，必须以运动项目比赛中的战术特点和作用区别为重要依据。

### 4. 充分掌握运动项目竞赛规则

充分认识竞赛规则对运动战术的制订至关重要。首先，规则是对比赛行为的规范，任何战术行动都受竞赛规则的约束；其次，可以充分利用竞赛规则来达到特定的战术目的。

### 5. 充分考虑运动竞赛的环境影响

为了确保战术方案的有效实施，在制订战术方案时必须要充分考虑运动竞赛的各种环境因素。这些环境因素主要包括竞赛的场地、器材、观众、季节、气候、地理条件等可能对战术发挥产生影响的环境因素。

### 6. 充分认识方案的固定与变异因素

战术方案是对未来行动目标和具体方式的规划设计，因此带有明显的预测性，而比赛过程的实际情况是难以准确预测和判断的。故比赛战术的实施，往往会根据具体形势和情况做出临时调整，甚至变动。因此，要充分认识战术方案的固定因素与变异因素。周密、详细、明确的战术方案是合理、有效变化的前提和基础。在现代运动训练中，战术的提前预谋性与临场应变的高度统一性，是战术制胜的关键。

## 第四节 战术训练及其要求

### 一、战术训练主要任务

战术训练是教练员通过合理的方法和手段，对运动员掌握和运用战术的能力进行培养和提升的活动过程。运动员战术训练的任务主要包括：掌握专项运动战术的理论知识，了解战术的发展趋势；培养战术意识，提高临场判断、决策、灵活运用及协同配合意识；提高战术储备，掌握一定数量的战术形式，提高战术运用能力和质量；提升战术应变能力，能够根据比赛中的各种具体情况做出适时的战术调整等。

### 二、战术训练方法特点

分解训练、完整训练、重复训练、变换训练、比赛训练等是战术训练的常规方法，实践中还经常采用如下方法进行针对性训练。

#### 1. 增减难度训练

增减难度训练是指通过增加或降低战术的复杂或难易程度进行的战术训练。降低难度训练往往用于战术训练初期阶段，以便提高运动员对战术意图和战术结构的理解，加快对战术的初步掌握。增加难度训练则用于战术能力进一步提升阶段。

### 2. 实战模拟训练

实战模拟训练是指在训练中通过模拟比赛形势、对手技战术风格、环境条件等进行针对性、适应性的战术训练。

### 3. 战例分析训练

战例分析训练是指结合具体的比赛战术案例对其战术计谋与战术行动进行全面或针对性剖析，以提高战术能力的训练。教练员在战例分析训练中，通过对一些经典的、有代表性的比赛案例进行分析，可以进一步提升运动员对战术的理解能力、认识能力和决策能力。

### 4. 先分后合训练

先分后合训练是指在运动战术训练中按照由局部到整体、由简单到复杂的思想，将战术行动的内容组成或人员结构先分解为若干环节、小组，再逐步进行合并式、组合式的战术训练。在集体性战术的训练中，往往可以先进行局部性的战术训练，即先进行个人性或小组配合性的训练，待局部练习条件成熟，再进行整体性的全队战术练习。

## 三、战术训练基本要求

### 1. 切合队伍能力实际特点

切合运动队伍能力实际是贯彻"以我为主"战术原则的基本要求。实践中，各运动队伍千差万别，运动员能力情况各异，战术训练必须切合本队的整体实力及个体能力特点展开。运动战术的训练必须切合实际、实事求是，根据运动员的体能、技能、心智等多种本体因素，塑造队伍战术风格，制订和实施相应战术。

### 2. 针对主要比赛对手特征

对于某个队伍或运动员来讲，比赛对手不同，对应的战术策略也必有调整和转变；即使面对同一个对手，在不同时期、不同比赛场次、不同比赛阶段，对手能力与表现特点、战术的发展与变化也必然要求本方战术策略的相应调整。

#### 3. 积极培养战术意识能力

战术意识主要反映运动员比赛中的思维活动过程，是影响临场战术选择和战术决策的关键，也是战术训练的重点环节。战术意识培养的具体方式通常有：加强专项战术理论知识学习和经验积累；提高对项目竞赛基本规律、战术特征和战术发展趋势的认识；提升对各种复杂情况进行分析、判断和决策的战术思维能力；大量而熟练地掌握专项基本战术，提高战术储备等。运动员战术思维能力水平是决定其战术意识水平的关键，也是运动员战术意识培养的核心。

#### 4. 协调个人与集体的关系

在集体项目中，个人战术目的可以是通过个人战术行动直接制胜，也可以是为队友制造机会制胜。

#### 5. 高度重视战术组合训练

对于很多项目而言，运动员战术训练水平越高，就越要重视多种战术行动的组合能力训练。尤其是对抗性项目而言，比赛中的战术组合使用更为频繁，运动员战术组合能力的高低也往往是影响比赛胜负的关键。

#### 6. 高度强化战术实战应用

战术训练的目的不仅在于提高运动员对战术知识、策略、行动的学习和掌握能力，更在于对战术实战应用能力的提升，即在复杂多变、紧张、艰苦的比赛条件下合理运用战术，以取得比赛胜利或达到预定结果。

#### 7. 积极加强战术创新发展

战术创新是运动项目战术体系不断发展的动力和关键，它是不断发掘战术优势、突破战术形式、解放战术思想、推动项目发展等的重要途径。

【知识小结】

　　本章着重从理论结合实践的角度，重点阐述了运动战术的构成、影响因素及基本原则；重点讨论了运动战术的主要分类；重点讨论了战术方案的主要内容及制订要求；系统介绍了战术训练的任务、方法及基本要求等。本章高度强调运动战术在竞技制胜中的关键作用；运动战术的设计、应用及训练要与运动素质、技术、心理、智力等能力高度结合。

【知识检测】

一、判断题

　　（　　）1. 战术观念指教练员、运动员通过战术训练和比赛实践所形成的对于比赛计谋和行动的综合认识及理念。

　　（　　）2. 确立目标任务主要是根据比赛的目标和任务来确立战术行动的最终目标、任务。

　　（　　）3. 战术形式是在战术目的和计谋的指导下，战术活动所特有的行动方式。

　　（　　）4. 心理战术指通过一定的方式对参赛对手心理上施加影响、干扰和刺激，使其产生消极心理反应，进而达到特定比赛目的的战术。

　　（　　）5. 战术方案是针对比赛而专门制订的指导战术实施的总体计划。

　　（　　）6. 技能战术是多数运动项目运动战术最为主要与核心的战术表现形式。

　　（　　）7. 多人战术指以2~3名运动员协同配合而完成的战术行动。

　　（　　）8. 规范保密措施：指通过订立战术保密制度、明确保密规定、严格保密要求等措施来提高本方战术方案的隐蔽性。

　　（　　）9. 运动战术类型按普适性可分为广普战术、独特战术。

　　（　　）10. 战术能力表现主要表现于战术设计能力、战术掌握能力两点。

　　（　　）11. 技能战术指比赛中通过运动技能的合理运用及变化实现特定战术目的的运动战术。

　　（　　）12. 战略决策则是为实现比赛整体目标而对比赛的全局性问题所进行的宏观决策。

　　（　　）13. 战术训练是教练员通过合理的方法和手段，对运动员掌握和运用战术的能力进行培养和提升的活动过程。

（  ）14. 战例分析训练指结合具体的比赛战术案例对其战术计谋与战术行动进行全面或针对性剖析，以提高战术能力的训练。

## 二、选择题

1. 实现战术计谋而采取的战术行为称为（  ）。
    A. 战术观念    B. 战术形式    C. 战术行动    D. 战术思想
2. 拳击、跆拳道、摔跤、散打、游泳等体育项目主要采用的战术是（  ）。
    A. 个人战术    B. 心理战术    C. 小组战术    D. 集体战术
3. 长跑、游泳等体能主导类周期性项目中采用的战术形式是（  ）。
    A. 阵型战术    B. 体力分配战术    C. 参赛目的战术    D. 心理战术
4. 为培养运动员在比赛中的战术能力，应更多的采用（  ）。
    A. 实战训练法    B. 减难训练法    C. 模拟训练法    D. 循环训练法
5. 集体性项目中集体战术行为的核心是（  ）。
    A. 个人战术能力    B. 战术配合意识
    C. 个人战术意识    D. 战术配合能力
6. 比赛中为争取主动或掌握主动权的机会，常采用的战术形式是（  ）。
    A. 防守战术    B. 个人战术    C. 进攻战术    D. 相持战术
7. 篮球、足球、排球、跆拳道等对抗类项目多以（  ）战术为表现形式。
    A. 技能战术    B. 心理战术    C. 目的战术    D. 体能战术
8. 运动员在比赛中的战术思维活动过程称为（  ）。
    A. 战术意识    B. 战术观念    C. 战术知识    D. 战术思想
9. 在比赛过程中双方攻守态势保持相对均衡称为（  ）。
    A. 进攻战术    B. 防守战术    C. 攻防结合战术    D. 相持战术
10. 在比赛时通过减少对抗强度的训练法称为（  ）。
    A. 实战模拟训练    B. 减难度训练
    C. 战例分析训练    D. 先分后合训练

## 三、填空题

1. 运动战术主要由_____、_____、_____、_____、_____、_____和_____所构成。

2. 战术观念指教练员、运动员通过_____和_____所形成的对于比赛计谋和行动的综合认识及理念。

3. 按各项目运动战术的比赛表现特点，可将其分为_____、_____、_____、_____、_____和_____。

4. 按运动战术的参与人数多少，可将其分为_____、_____和_____。

### 四、名词解释
1. 运动战术。
2. 战术思想。

### 五、简答题
1. 简述战术设计的基本原则。
2. 简述战术方案制定基本要求。
3. 简述运动战术类型的分类。

### 六、论述题
论述战术训练基本要求。

# 第五章　运动训练方法手段

**本章导语**：本章主要包括训练方法手段概述、运动训练基本方法、运动训练控制方法三部分内容。其中，训练方法手段概述重点阐述训练方法及其构成要素、训练手段构成要素；基本方法主要阐述了八种操作性训练法的分类、构件与应用等；控制方法主要阐述了三种控制性训练法的涵义、构件与应用等。

**学习目标**：通过本章学习，学生能够掌握运动训练方法、手段的基本概念；能够在教学与训练之中，基本掌握运动训练基本方法和手段；能够在理论上基本理解运动训练控制方法的主要特点和发展趋势；能够将理论学习与训练实践紧密结合。

**知识重点**：八种操作性训练方法的具体应用。

**知识难点**：两种控制性训练法的效果评价。

**知识框图**：

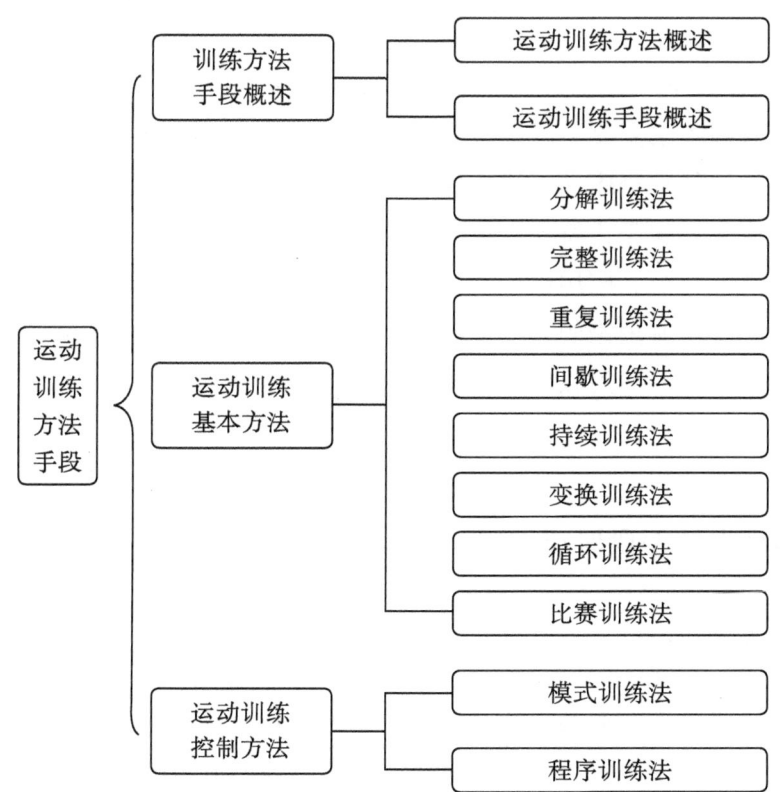

## 第一节　训练方法手段概述

### 一、运动训练方法概述

**1. 运动训练方法定义**

运动训练方法是指在训练活动中，根据运动训练的科学原理，为提高竞技运动水平、实现科学训练目的、完成运动训练任务所采取的途径和办法的总称。

**2. 运动训练方法分类与依据**

依据不同训练方法的基本作用和适用范围，将现代运动训练方法分为运动训练基本方法和运动训练控制方法两大类。运动训练基本方法主要包括分解训练法、完整训练法、重复训练法、间歇训练法、持续训练法、变换训练法、循环训练法、比赛训练法八种可直接用于某一训练课的具体方法；运动训练控制方法主要包括模式训练法和程序训练法两种可直接用于某一阶段的控制方法。

其中，模式训练法主要是以训练模式为控制依据，训练模式着重体现信息化、定量化和循环化特征；程序训练法主要是以训练程序为控制依据，训练程序着重体现系统化、逻辑化和程序化特征。由此可见，模式训练法和程序训练法两种控制方法，具有不同功能特征、应用价值和使用领域。运动训练控制方法在认识论上科学地梳理了运动训练控制理论的具体内容，在方法论上有效地提供了运动训练过程控制方法的操作步骤，从而为教练员科学控制运动训练的进程，提供了实用的运动训练控制方法。

### 二、运动训练手段概述

**1. 运动训练手段定义与意义**

运动训练手段是指在运动训练过程中，以提升某一竞技运动能力或完成某一具体训练任务所采用的身体练习。运动训练手段是具体的有目的的身体活动，是运动训练方法的具体体现。由于训练手段本身就是一种身体练习，因此手段的构成要素主要是练习动作的各个要素。

2. 运动训练手段结构与种类

训练手段也可称为身体练习。训练手段的基本结构可从身体练习的动作形态、动力特征、动作结构和动作过程四个角度予以解析。其中，动作形态主要体现：额状轴、垂直轴和矢状轴动作形态；动力特征主要体现：力的支点、力的大小和力的方向三种要素；动作结构主要包含：动作的姿势、轨迹、时间、速度、速率、力量及节奏七种要素；动作过程主要分为动作开始、动作进行和动作结束三个阶段。训练手段正是由于动作形态、动力要素、构成要素和过程要素的不断重新组合和变化，因此，可以组合出 $N+1$ 个训练手段。

（1）单一动作周期性训练手段

单一动作周期性训练手段是指运动训练中采用单一动作结构的动作进行周期性训练的身体练习。各种周期性的跑步、跳跃、游泳、骑车，以及引体向上、俯卧撑、推举杠铃等身体练习都属此类训练手段。单一动作周期性训练手段可分为全身周期性和局部周期性练习。

（2）单一动作混合性训练手段

单一动作混合性训练手段是指运动训练中采用两三个单一的不同结构的动作进行混合性训练的身体练习。

（3）多元动作固定性练习手段

多元动作固定性练习手段也称多元动作固定组合练习手段，是指在多元动作的结构下，将多种练习手段依固定形式组合起来的身体练习。

（4）多元动作变异性练习手段

多元动作变异性练习手段也称多元动作变异组合练习手段，是指在多元动作结构下，将多种练习手段依变异形式组合进行的身体练习。通过各种多元动作的变异组合，可将多元动作形成变异动作练习。

## 第二节　运动训练基本方法

### 一、分解训练法

#### 1. 分解训练法的类型

分解训练法是指将完整技术动作或战术配合过程合理地分成若干个环节或部分，然后按环节或部分分别进行训练的方法。分解训练法有助于强化技术动作的关键环节、主要细节和局部战术的训练。分解训练法的应用前提是细化技术动作的各个环节、细节和基础要素或战术构成要素，这样才能通过分解方式逐一进行针对性地训练。分解训练法的基本类型共有四种，即单纯、递进、顺进和逆进分解训练法（表1）。分解训练法的四个亚类具有不同的功能，因此选择此法时，应该结合专项特征和技战术特点。

表1　分解训练方法基本类型及其特点

| 类型 | 合成步骤图解 | | | 合成步骤合成方向 |
|---|---|---|---|---|
| 单纯分解训练法 | 第四步 | | | |
| | 第一步 | 第二步 | 第三步 | |
| 递进分解训练法 | 第三步 | | | |
| | 第一步 | 第二步 | 第四步 | |
| 顺进分解训练法 | 第一步 | 第二步 | 第三步 | |
| 逆进分解训练法 | 第三步 | 第二步 | 第一步 | |

（胡亦海，2014）

#### 2. 分解训练法的应用

应用单纯分解训练法，首先需将技术动作或战术过程进行分解。单纯分解训练法的应用特点是：分解的技术动作和战术配合相对复杂，分解后的各个部分可以独立训练。练习的顺序不必特别要求，以便教练员安排训练。

应用递进分解训练法，需将训练内容分成若干部分后，先练第一部分；掌握后练第二部分；掌握后，将两部分合成起来训练；掌握后，再练第三部分；待掌握后，再将三部分合成起来训练，直至完整地掌握技术或战术。使用此方法应对相邻环节的衔接部分高度重视。递进分解训练法的应用目的，是逐步合成技术动作或战术环节的过程。

应用顺进分解训练法，需将训练内容分成若干部分，按照动作出现先后顺序，先练第一部分；掌握后，在第一部分基础上再练第二部分；掌握后，再在前两部分基础上练第三部分。如此步步推进，直至完整地掌握技术或战术。顺进分解训练法较易形成良好概念、动作顺序、动力定型和战术意识等。

应用逆进分解训练方法与顺进分解训练方法相反，应用时把训练内容可以分成若干部分，先训练最后部分，逐次训练到最前部分，如此进行直至掌握完整的技术或战术。这种训练法的应用特点是：训练内容的进程与技术动作、战术配合过程的顺序恰恰相反；多运用于最后一个环节为关键环节或技术和战术训练的重要环节。

## 二、完整训练法

完整训练法是指从技术动作或战术配合的开始到结束，不分部分和环节，完整地进行练习的训练方法。运用完整训练法便于完整掌握技术动作和战术配合，保持技术动作各个部分和战术配合完整结构的内在联系。完整训练法可用于单一动作、多元动作、个人成套和战术配合的训练。单一动作的训练时要注意各个环节的紧密联系；多元动作的训练时要注意动作之间的衔接；个人成套动作的训练时要注意全套动作的节奏性和流畅性；战术配合训练时要注意多人多种技术的有机串联和个人多种技术的有机衔接。

## 三、重复训练法

### 1. 重复训练法的类型

重复训练法是指多次重复同一练习，两次（组）练习之间安排相对充分休息的练习方法。构成重复训练法的主要因素有单次（组）练习的负荷量、负荷强度及每两次（组）练习之间的休息时间。重复训练法分为短时间、中时间和长时间重复训练法三种类型（表2）。重复训练法的三种类型具有不同的功能。

表2　重复训练法基本类型及其特点

| 基本类型 | 短时间重复训练法 | 中时间重复训练法 | 长时间重复训练法 |
| --- | --- | --- | --- |
| 负荷时间 | <6秒 | 6~30秒 | 30~180秒 |
| 负荷强度 | 最大 | 次大 | 较大 |
| 间歇时间 | 相对充分 | 相对充分 | 相对充分 |
| 间歇方式 | 走步、按摩 | 抖动四肢、按摩、深呼吸 | 抖动四肢、按摩、深呼吸 |
| 供能形式 | 磷酸盐系统为主的供能 | 磷酸盐系统和快速糖酵解为主的混合供能 | 慢速糖酵解为主的混合供能 |

（胡亦海，2014）

### 2. 重复训练法的应用

短时间重复训练方法普遍适用于磷酸盐系统供能条件下爆发力强、速度快的运动技术和运动素质的训练。一组练习负荷时间短（约在6秒内），负荷强度最大、磷酸盐系统为主的供能是其最鲜明的特点，此方法可有效提高负荷强度很高的单个技术关键动作的质量；可有效提升运动员磷酸盐系统的供能能力和有关肌群的收缩速度和爆发力。

中时间重复训练方法普遍适用于磷酸盐系统和快速糖酵解供能条件下的运动技术、战术和素质的训练。一次（组）练习的持续负荷时间通常为6~30秒，负荷时间略长于主项比赛时间；体内乳酸含量会随着负荷时间和负荷强度增加，负荷强度与负荷时间呈负相关性。此方法可有效提高磷酸盐系统和快速糖酵解供能条件下速度素质、速度耐力和力量耐力、耐酸能力及疲劳状况下的技术稳定性。

长时间重复训练方法主要适用于慢速糖酵解供能为主条件下的运动技术、战术、素质的训练。一次（组）练习的持续负荷时间通常在30~180秒；此法可有效提升运动员以慢速糖酵解供能为主的混合代谢能力，可有效提高慢速糖酵解混合供能状态下速度耐力和机体耐酸能力，以及技战术应用的熟练性和稳定性。

## 四、间歇训练法

### 1. 间歇训练法的类型

间歇训练法是指对练习过程组间间歇时间做出严格规定，使机体处于不完全恢复状态下，反复进行训练的练习方法。间歇训练法的基本类型主要分为三种

（表3），即高强性、强化性、发展性间歇训练法。

表3　间歇训练法基本类型及其特点

| 基本类型 | 高强性间歇训练法 | 强化性间歇训练法 | | 发展性间歇训练法 |
| --- | --- | --- | --- | --- |
| | | A型 | B型 | |
| 负荷时间 | <40秒 | 40~90秒 | 90~180秒 | >5分钟 |
| 负荷强度 | 大 | 大 | 大 | 中 |
| 心率指标 | 190次/分 | 180次/分 | 170次/分 | 160次/分左右 |
| 间歇时间 | 不充分 | 不充分 | 不充分 | 不充分 |
| 间歇方式 | 走、轻跑或其他 | 走、轻跑或其他 | 走、轻跑或其他 | 走、轻跑或其他 |
| 每分心率 | 120次/分 | 120次/分 | 120次/分 | 110次/分 |
| 供能形式 | 快速糖酵解为主的混合代谢供能 | 慢速糖酵解为主的混合代谢供能 | 慢速糖酵解为主的混合代谢供能 | 有氧代谢为主的混合代谢供能 |

（胡亦海，2014）

#### 2. 间歇训练法的应用

高强性间歇训练方法是发展磷酸盐与快速糖酵解代谢系统混合供能能力和心脏功能的一种重要训练方法。此方法适用于体能类速度耐力性或力量耐力性运动项群的素质、技术训练，同时适用于技能类对抗性运动项群中的素质训练和技战术训练。

强化性间歇训练方法是发展磷酸盐与慢速糖酵解，或慢速糖酵解与有氧代谢系统混合供能能力和心脏功能的一种重要训练方法。此法可分A、B两型。A型方法有利于提高磷酸盐与慢速糖酵解系统混合供能下的速度耐力、力量耐力素质和技战术应用能力；B型方法有利于提高慢速糖酵解与有氧代谢系统混合供能下的速度耐力、力量耐力素质和竞技能力。

发展性间歇训练方法是发展有氧代谢为主的供能能力、一般有氧代谢能力和心脏功能的一种重要训练方法。发展性间歇训练方法适用于需要较高耐力素质的项群训练。

## 五、持续训练法

### 1. 持续训练法的类型

持续训练法是指负荷强度较低、负荷时间较长、无间断连续进行训练的练习方法。练习时,平均心率应在130~170次/分。持续训练法可分三种基本类型(表4),即短时间、中时间和长时间持续训练法。

表4 持续训练法基本类型及其特点

| 基本类型 | 短时间持续训练法 | 中时间持续训练法 | 长时间持续训练法 |
| --- | --- | --- | --- |
| 负荷时间 | 5~10分钟 | 10~30分钟 | >30分钟 |
| 心率强度 | 约170次/分 | 约160次/分 | 约150次/分 |
| 间歇时间 | 没有 | 没有 | 没有 |
| 动作结构 | 基本稳定 | 基本稳定 | 基本稳定 |
| 有氧强度 | 最大 | 次大 | 适中 |
| 供能形式 | 有氧代谢系统为主混合供能 | 有氧代谢系统为主混合供能 | 有氧代谢系统供能 |

(胡亦海,2014)

### 2. 持续训练法的应用

短时间持续训练法可广泛应用于体能主导类项目的素质训练,也适用于技能主导类运动项群中动作强度适中的素质、技术和战术训练工作。此方法可有效提升运动员以有氧代谢为主的供能能力和该供能状态下所表现出来的速度耐力和力量耐力,可有效提高攻防战术的转换性、攻防技术的衔接性和强度变换的节奏性。此法与间歇训练方法结合可提高有氧供能为主的运动强度。

中时间持续训练法普遍适用于技能主导类运动项群各个项目中多种技术的串联、攻防技术的局部对抗、整体配合战术或技术编排成套的技术或战术训练,以及体能主导类耐力性运动项群的素质训练。中时间持续训练法具有两种典型练习形式,其中,匀速持续训练是一种主要发展有氧代谢供能能力的形式;变速持续训练是一种主要发展混合供能能力的形式。

长时间持续训练法对于耐力性运动项群具有直接训练的价值。实践中,长时间持续训练方法具有三种典型的变化形式,即匀速、变速和法特莱克训练。其中,匀速、变速持续与中时间持续训练方法的主要不同之处是负荷强度相对更低,负荷时间相对更长;法特莱克训练是一种在自然环境下利用不同地形,以发展有氧代谢系统为主、适当发展有氧与无氧代谢系统混合供能能力为己任的耐力训练方法。

## 六、变换训练法

### 1. 变换训练法的类型

变换训练法是指一种对运动负荷、练习内容、练习形式实施变换，以提高运动员积极性、趣味性、适应性和应变性的重要训练方法。变换训练法可分三种（表5），即负荷、内容和形式变换训练法。

表5　变换训练法基本类型及其特点

| 基本类型 | 负荷变换训练法 | 内容变换训练法 | 形式变换训练法 |
| --- | --- | --- | --- |
| 负荷强度 | 变化最大 | 可变或不变 | 可变可不变 |
| 动作结构 | 相对固定 | 变换 | 固定或变换 |
| 供能形式 | 多种代谢形式之间变换 | 某种代谢形式供能为主 | 某种代谢形式供能为主 |

（胡亦海，2014）

### 2. 变换训练法的应用

由于负荷强度与量的变化具有多种不同搭配形式（图4），因此负荷变换的训练方式也是多种多样的。此法的应用特点是：降低负荷强度，可利于学习和掌握运动技术；提高负荷强度及密度，可使机体适应比赛的需要。

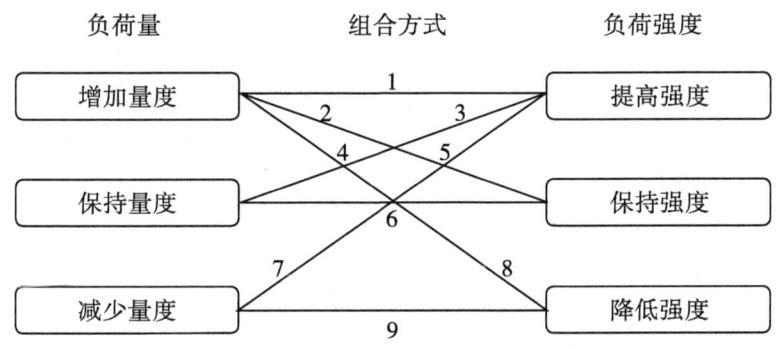

图4　负荷量与强度变化的几种组合形式

（胡亦海，2014）

内容变换训练法是技能主导类项群中广泛应用的一种重要训练方法。此法主要适用于对抗性项群各种技术串联和衔接技术的练习。此法的应用特点是：练习内容的动作结构可为变异组合或固定组合；技术串联或衔接技术的训练负荷性质多以无氧代谢为主；练习动作的用力程度符合专项要求；采用此法可使训练内容符合专项运动的实战需要；可使训练内容的变化种类，适合技战术应用的要求；可使练习内容之间的变换，符合实际比赛变化的需要，进而提升运动员比赛的应变能力。此法若与间歇训练法结合效果更好。

形式变换训练法是技能主导类项群中更为广泛应用的重要方法。通常用于球类运动的场地、线路、落点和方位的变换上。此法的应用特点是：通过变换训练环境、训练气氛、训练路径、训练时间、训练内容和练习形式等因素，可使各种技术更好地串联和衔接起来；可使运动员产生新的刺激，激发较高的训练情绪和产生强烈的表现欲望。

## 七、循环训练法

### 1. 循环训练法的类型

循环训练法是指根据训练的具体任务，将若干练习手段设置为相应的若干个练习站（点），运动员按照既定顺序和路线，依次完成每站（点）练习任务的训练方法。循环训练法的基本类型可分三种，即循环重复、循环间歇和循环持续训练方法。循环训练法结构因素有：每站练习内容、每站运动负荷、练习站安排顺序、练习站之间间歇、每遍循环的间歇、练习站数与循环组数。

循环训练法中的一个循环内，若各个练习站是以一种无间歇方式衔接，那么这几个练习站的集合可称为练习"段"。循环训练法的组织形式可以分为三类，即流水式、轮换式和分配式。其中，流水式做法是建立若干练习站后，运动员按一定的顺序，周而复始地进行循环练习；轮换式做法是将运动员分成若干组后，各组同时间在各自练习站中练习，然后，按规定轮换练习站；分配式做法是设立较多的练习站，教练员可据实情指定每名运动员在特定的若干练习站内进行训练。可见，循环训练法的关键是组织安排。

## 2. 循环训练法的应用

循环重复训练法是指按照重复训练法的要求，对各站和各组循环之间的间歇时间不做特殊规定，以使机体得以基本恢复，并全力进行每站或每组循环练习的方法。此法可用于运动素质、运动技术的训练。此法的应用特点是：可熟练规范练习动作；练习顺序符合比赛特点；间歇时间较为充分；便于训练组织与安排。对于提高运动技术、速度素质、力量素质等竞技能力颇有意义。

循环间歇训练法是指按照间歇训练法的要求，对各站和各组之间的间歇时间做出特殊规定，以使机体处于不完全恢复状态下进行练习的方法。此法的应用特点是：将各种练习设置为"站"，各站的负荷强度较大，一"站"或一"段"的负荷时间至少20秒以上，间歇时间较不充分。其应用目的是：提升糖酵解系统的供能能力，催化竞技能力尽快形成适宜的竞技状态。

循环持续训练法是指按照持续训练法的要求，各站和各组之间不安排间歇时间，用较长时间进行连续练习的方法。此法的应用特点是：各站构建成"段"，负荷强度相对较低，持续时间5分钟以上，组织方式可采用流水式或轮换式以便提升有氧代谢能力。

## 八、比赛训练法

### 1. 比赛训练法的类型

比赛训练法是指在近似、模拟或真实的比赛条件下，按照比赛的规则和方式，以提高训练质量为目的的训练方法。比赛训练法分为教学性、检查性、模拟性和适应性四种比赛方法。

### 2. 比赛训练法的应用

教学性比赛方法是指在训练条件下，根据专项比赛基本规则或部分规则，进行专项练习的训练方法。此方法的应用特点是：可采用部分比赛规则进行局部配合的训练；比赛环境相对封闭，便于集中精力训练；比赛过程可以人为中断以便指导训练；可激发运动员训练激情和负荷强度；可提高技术串联和衔接技术的熟练程度；可强化局部或整体配合的密切程度；可激励运动员产生强烈竞争意识和综合运动能力。

检查性比赛方法是指在模拟或真实的比赛条件下，严格按照比赛规则，对赛前训练过程的训练质量进行检验的训练方法。由于检查性比赛是在比赛或类似比赛的条件下进行训练质量的检查，因此重大赛事之前便于发现问题和解决问题。该法主要应用于检验训练质量、寻找薄弱环节、分析失利因素、提出解决方案、提供改进训练工作的反馈信息。

模拟性比赛方法指在训练的条件下，模拟真实比赛的环境和对手，并严格按照比赛规则进行比赛的训练方法。模拟比赛环境中的不良因素对于提升运动员的竞技能力是至关重要的。因此，有意识地在训练过程中采用此方法，可以为重大比赛中运动技术的正常发挥奠定心理基础；可以增强运动员心理抗压能力；可以加强训练的针对性和比赛的预见性；可以更深地挖掘运动潜力。

适应性比赛训练方法是指在真实比赛条件下，力求尽快适应重大比赛环境的训练方法。一般来说，适应性比赛前应有一套赛前准备、赛中实施及赛间调整的方案。此方法的应用特点是：通过真实比赛环境，与真实的对手或类似真实的对手进行比赛，可以提前发现影响重大赛事成绩的关键问题；可以促进各项竞技能力因素实现高质量匹配；可以促使运动员产生旺盛的竞争欲望和形成赛前竞技状态。

## 第三节　运动训练控制方法

### 一、模式训练法

模式训练法是一种依靠训练信息指标从宏观上控制运动训练过程的训练控制方法，即根据信息理论，运用数学方法，将各种影响专项运动成绩的指标参数与不同运动成绩之间构成具有定量关系的训练模式和评定标准，并据此对训练过程实施控制的方法。

模式训练法的基本功能是：便于教练员将某个训练阶段和具体发展目标，置于科学控制的状态之下；便于教练员将某一训练阶段各个训练内容置于系统控制的状态之下；便于教练员科学地诊断现状、修正目标、纠正偏态，从而将训练过程置于反馈控制的状态之下。

## 1. 模式训练法的应用

模式训练法的基本结构主要是由训练模式、检查手段、评定标准、训练手段四种构件组成。训练模式是训练过程目标的发展体系；检查手段是采集运动训练现实状态的信息工具；评定标准是检验现实状态与训练模式之间差异性质的依据；训练手段是根据训练模式所提出的身体练习。

训练模式基本构件是由榜样对象、相关因素和数学模型三个要素组成：榜样对象是由最优秀运动员组成；相关因素是指影响运动成绩提高的主项因素；数学模型是用数学方式表述因素与运动成绩之间的一种定量关系。

检查手段的基本构件是由检查项目、检查工具、检查方式三个要素组成。其中，检查项目可分按竞技能力及其因素划分；检查工具按物理性质分类，可分为电测、机测、光测、磁测、化测等工具；检查方式则涉及群体、个体和环境等诸多因素。三者的高度结合才形成了被称为检查手段的信息采集工具。

评定标准的基本构件是由评定分数和评定方法两个要素组成。标准分数是采用数理统计方法或其他数学方法将训练模式标准化，以便了解运动员现实状况所达到的水平；评定分数和评定方法共同甄别运动员现实状态与训练模式间的差异程度。其主要功能是提供训练监控和客观评价的重要依据。实践中，通过检查手段采集到运动员相应信息后，将信息指标转化评定分数进行比较，可知现有训练水平发展程度。

训练手段是指身体练习。当检查手段与训练手段高度一致时，那么检查手段就是训练手段。通常，教练员往往将最能反映项目特征的训练手段作为模式训练法的检查手段，目的是便于发现问题和解决问题。这是运动训练长期实践总结的经验。如果检查手段与训练手段不一致时，教练员希望研究者能够提供诊断清单和训练处方。实践中优秀教练员十分明白这里所指的训练手段，实际上是"训练处方"中的代表性手段。毋庸置疑，教练员希望模式训练法中的检查手段能够与训练手段高度一致，这样易于发现问题和解决问题。

## 2. 模式训练法基本特点

模式训练法有三个基本特点：一是信息化特点，模式训练法是以训练模式为控制依据、以评定标准为监督依据、以检查指标为检查工具、以训练手段为处理依据，将整个训练过程置于信息控制之下；二是定量化特点，模式训练法所依据的训练模式与评定标准均具有定量特点，将整个训练过程置于数字控制之下；三是循环性特点，模式训练法实际上是将设计、实施、监控三个过程组成并重复循环于整个训练过程之中，由于模式训练法与运动训练工程的实施特征具有相似性，因此该法的应用具有训练工程实施的特点。

### 3. 模式训练法应用方式

模式训练法的应用过程实际上是一种闭环式过程。其应用过程如图5所示。模式训练法应用的精髓之处是：教练员通过正向控制通道，运用训练模式、训练手段控制运动员竞技能力的发展方向；通过反馈调控通道，运用评定标准、评定结果了解运动员现实情况，以便修正教练员的指导方案或根据训练模式目标提出新的训练方案。经过如此多次闭环式的控制过程，使训练结果科学地逐渐逼近训练模式指示的预定目标。本例是模式训练法应用范例，曾通过实践研究检验证明训练效果很好。

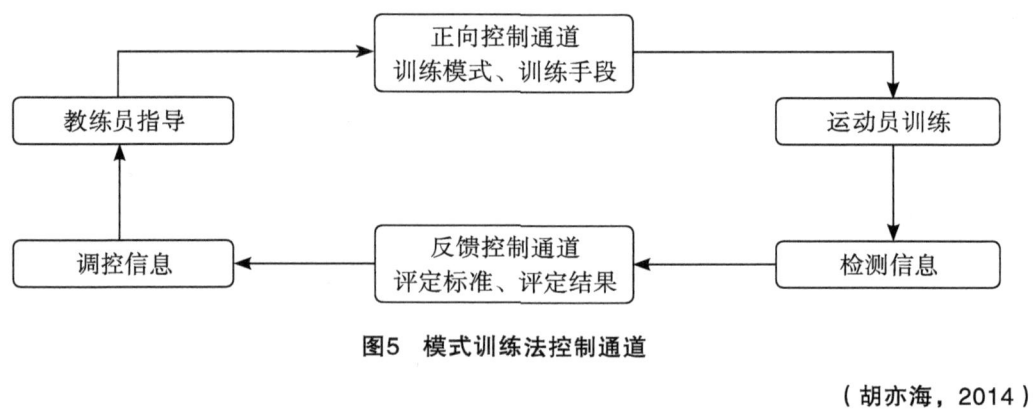

图5　模式训练法控制通道

（胡亦海，2014）

## 二、程序训练法

程序训练法是一种依靠训练内容系统和一定的、严格的逻辑顺序性控制运动训练过程的控制性方法。这是教练员根据系统理论和逻辑方法，按照训练过程的时序性和训练内容的系统性特点，将训练内容分层地、有序地、逻辑地编制成为训练程序，并制成相应的评定标准；随后，在实践中根据训练程序和评定标准对训练过程实施控制的方法。

程序训练法的基本功能是：便于教练员将训练过程置于科学控制的状态之下；便于教练员将训练过程置于系统控制的状态之下；便于教练员将训练过程置于反馈控制的状态之下。

### 1. 程序训练法基本结构

程序训练法的基本结构主要是由训练程序、检查手段、评定标准、训练手段四种构件组成。其中,每一个构件又由不同的要素组成。程序训练法类似模式训练法,但是模式训练法是以训练模式为控制依据,程序训练法则以训练程序为控制依据。训练程序是程序训练法的重要构件,训练程序的基本构件则由训练内容、时间序列、联系形式三大要素组成。其中,训练内容是指运动训练的机能训练、素质训练、技术训练、战术训练、心理训练、智力训练等六大系统训练内容。这是编制训练程序的内容基础。

训练程序要求必须将庞大、复杂的训练内容,按照系统分解成最小训练内容或内容因子,然后将其编制成具有相关性、逻辑性特点的内容体系。如排球扣球技术程序训练的前提,就是必须把扣球技术分解成最小因子作为训练内容的最小成分。扣球技术的环节是由准备、助跑、踏地、起跳、腾空、后仰、挥臂、落地八个环节组成,其中,任何一个环节都由若干细节组成,如助跑环节涉及步幅、步点、步频等细节,助跑环节的基础要素更多,如重心、轨迹、角度、速度等。可见,构建内容体系是至关重要的。

训练程序中的时间序列通常是指将训练过程与训练内容有机排序与衔接。训练程序要求必须将整个训练过程分解成有机相连的时间段落,以便将特定的最小训练内容单元(步子)置于特定的时空之中,使不同的训练内容通过时间序列有机联系。联系形式通常指在特定的时间范畴内不同训练内容衔接的方式,或不同时间范畴内不同训练内容的衔接方式,这种方式分"直线"和"网络"两类联系方式。显然,训练程序强调训练过程中任何一个时空域值内都有若干不同的训练内容与之对应,以便程序性地推进训练进程。

### 2. 程序训练法基本特点

程序训练法有三个基本特点:一是系统化特点,程序训练法实施的整个过程是以训练程序为控制依据,以评定标准体系为监督和检查工具,并将训练过程置于系统控制的状态之下;二是定性化特点,程序训练法所依据的训练程序具有鲜明的定性化特点,以便教练员能够抓住训练过程中的主要矛盾或矛盾的主要方面;三是程序化特点,由于训练内容规划在训练程序的过程之中,因此训练过程中的任何训练内容的确定或变更,实质上均是在严格检查、监督和评定之下进行的。显然,这种特点将有助于科学地控制整个训练过程。

### 3. 程序训练法应用方式

程序训练法的应用过程类似于模式训练法，实际上也是一种闭环式的控制过程。两者不同的是前者的控制依据是训练程序，后者的控制依据则是训练模式。程序训练法应用的精髓之处是：教练员通过正向控制通道，控制运动员竞技能力的发展方向；通过反馈控制通道，了解运动员的现实情况，进而不断完善指导方案或训练程序。然后再次进入程序训练使训练结果不断逼近训练程序指示的预定目标。

【知识小结】

本章着重从应用角度，重点讨论分解、完整、重复、间歇、持续、变换、循环、比赛八种训练法的基本类型及其应用方式，概括阐述模式训练法、程序训练法的特点和应用，特别提出"跑、跳、投、滚、翻、旋、转"基本动作，是身体练习的基本运动元素。本章强调指出，训练实践是训练基本方法形成与创新的源泉，现代科技是推动训练控制方法创新与发展的动力。

【知识检测】

一、判断题

（　　）1. 运动训练方法是指在训练活动中，根据运动训练的科学原理，为提高竞技运动水平、实现科学训练目的、完成运动训练任务所采取的途径和办法。

（　　）2. 现代运动训练方法现已呈现出针对性、多元性和系统性特点。

（　　）3. 短时间重复训练方法普遍适用于慢速糖酵解供能为主条件下的运动技术、战术、素质的训练。

（　　）4. 运动训练基本方法构成的核心要素主要是：练习动作及其组合方式、运动负荷及其变化方式、过程安排及其变化方式等因素。

（　　）5. 间歇训练法是指对练习过程组间间歇时间做出严格规定，使机体处于不完全恢复状态下，反复进行训练的练习方法。

（　　）6. 持续训练法主要用于发展一般耐力素质或强度高动作简单的技术动作的训练。

（　　）7. 运动训练控制方法主要是由模式训练法和程序训练法两种控制方法组成。

（　　）8. 变换训练法是指一种对运动负荷、练习内容、练习形式实施变换，以提高运动员积极性、趣味性、适应性和应变性的重要训练方法。

（　　）9. 变换训练法降低负荷强度，可利于学习和掌握运动技术；提高负荷强度及密度，可使机体适应比赛的需要。

（　　）10. 循环训练法结构因素有：每站练习内容、每站运动负荷、练习站安排顺序、练习站之间间歇、每遍循环的间歇、练习站数与循环组数。

（　　）11. 循环重复训练方法是指按照重复训练法的要求，对各站之间和各组循环之间的间歇时间不做特殊规定，以使机体得以基本恢复，并全力进行每站或每组循环练习的方法。

（　　）12. 程序训练有三个基本特点：一是系统化特点；二是定性化特点；三是程序化特点。

（　　）13. 比赛训练法是指在近似、模拟或真实的比赛条件下，按照比赛的规则和方式，以提高训练质量为目的的训练方法。

（　　）14. 模式训练法是一种依靠训练信息指标从宏观上控制运动训练过程的训练控制方法。

（　　）15. 为全面发展运动员的身体素质，教练员常常采用循环练习法。

## 二、选择题

1. 长时间重复训练的时间是（　　）。
   A. 小于30秒　　B. 大于5分钟　　C. 30～180秒　　D. 大于2分钟
2. 短时间持续训练的心率强度一般在（　　）左右。
   A. 170次　　B. 160次　　C. 150次　　D. 140次
3. 提高篮球运动员的战术意识的训练方法是（　　）。
   A. 重复训练法　　B. 循环训练法　　C. 意念训练法　　D. 变换训练法
4. 发展性间歇训练心率指标一般是（　　）。
   A. 190次/分　　B. 160次/分　　C. 170次/分　　D. 150次/分
5. 中时间持续训练时间是（　　）。
   A. 5分钟　　B. 大于40分钟　　C. 10～30分钟　　D. 10～20分钟
6. 分解训练法哪种类型是多运用于最后一个环节为关键环节或者技术和战术训练的重要环节（　　）。

A. 单纯分解训练法　　　B. 递进分解训练法

C. 逆进分解训练法　　　D. 顺进分解训练法

7. 在蝶泳教学过程中，经常采用的训练方法是（　　）。

A. 完整训练法　　B. 循环训练法　　C. 分解训练法　　D. 重复训练法

8. 为提高中长跑运动员的无氧糖酵解功能能力，教练员常常采用（　　）。

A. 间歇训练法　　B. 持续训练法　　C. 循环训练法　　D. 重复训练法

9. 将田径运动员带到高原，通过改变场地进行训练，这种方法属于（　　）。

A. 内容变换训练法　　　B. 方法变换训练法

C. 负荷变换训练法员　　D. 形式变换训练法

10. 在重要比赛前让运动员与队员进行比赛，这种方法属于（　　）。

A. 教学性比赛方法　　　B. 模拟性比赛方法

C. 检查性比赛方法　　　D. 适应性比赛方法

## 三、填空题

1. 间歇训练法的基本类型分为_____、_____和_____间歇训练方法。

2. 变换训练法的基本类型分为和_____、_____和_____训练方法。

3. 比赛训练法分为_____、_____、_____和_____比赛方法。

4. 程序训练法的基本结构主要是由_____、_____、_____和_____。

## 四、名词解释

1. 多元动作变异性练习手段。

2. 模式训练法。

## 五、简答题

1. 简述持续训练法的概念及类型。

2. 简述模式训练法的特点。

3. 简述比赛训练法的概念及类型。

## 六、论述题

论述什么是分解训练法，分为哪几类，有什么特点。

# 第六章　负荷、恢复与安排

**本章导语**：内容包括运动负荷概述、运动训练负荷安排、恢复训练及其方法三部分。其中，运动负荷概述主要阐述运动负荷概念、分类、结构，训练负荷概念、分类、结构、效应；运动训练负荷安排主要阐述负荷安排依据、等级、模式与要求；恢复训练及其方法主要阐述恢复训练概念、规律与方法。

**学习目标**：通过学习使学生能够基本掌握运动负荷、训练负荷、恢复训练的概念与类别；能够在教学与训练中，基本理解负荷安排的科学依据、等级划分、基本模式；基本掌握恢复训练的主要方法。

**知识重点**：恢复训练基本方法。

**知识难点**：运动训练负荷安排模式。

**知识框图**：

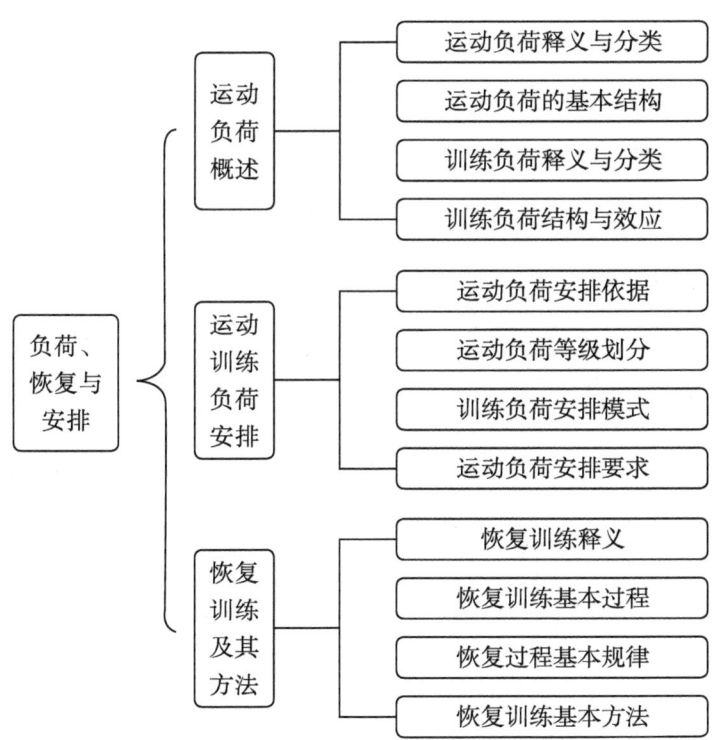

# 第一节 运动负荷概述

## 一、运动负荷释义与分类

### 1. 运动负荷释义

从整体上讲,运动负荷是指在运动中施加给人体的外部刺激总量,以及人体对这一外部刺激在生理和心理方面所产生的内部应答反应程度,即外部负荷与内部负荷的总和。这一概念蕴含四层含义:一是运动员是承担运动负荷的主体;二是身体活动包含运动训练的身体练习和运动竞赛的运动方式;三是反映运动负荷的工作量值来源于身体活动;四是工作量值强调训练组织负荷大小,应答量值强调机体对负荷刺激的应答反应程度。

### 2. 运动负荷分类

根据不同的分类依据,运动负荷可分为不同类别。按过程分类,运动负荷可分为教学负荷、训练负荷与比赛负荷;按作用机制分类,运动负荷可分为外部负荷与内部负荷;按大小分类,运动负荷可分为小负荷、中等负荷、次最大负荷和最大负荷;按性质分类,运动负荷可分为体能负荷、技能负荷、心理负荷等。如图6所示分类只是运动负荷较为常用的分类方式之一,因各种不同分类体系中,运动负荷的结构及其层次要素不尽相同。

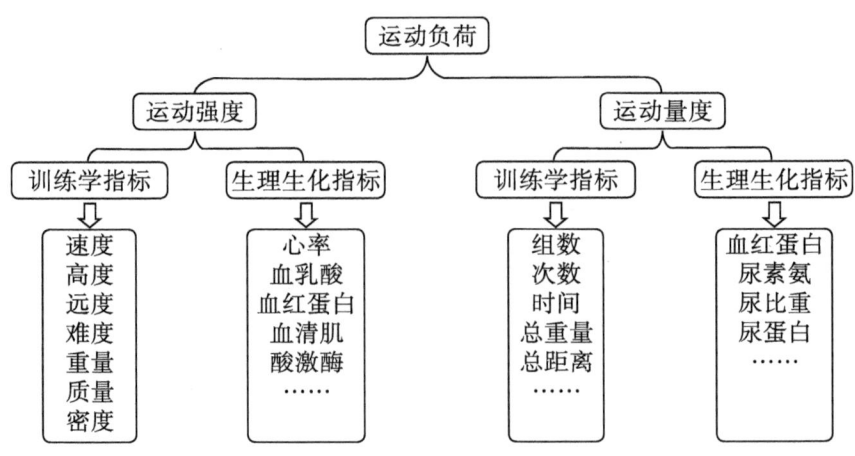

图6 运动负荷结构

## 二、运动负荷的基本结构

无论何种类别的运动负荷，基本构成都包括运动量与运动强度这两个基本因素。运动对人体形成的总负荷刺激就是由运动量与运动强度综合构成的。负荷量是指连续进行身体活动时，运动员机体承受的外部刺激的总量，主要是身体练习数量多少的规定性。运动强度是指单位时间或单个（单组）动作中运动员机体所承受的负荷刺激量，主要反映机体受刺激程度大小的规定性。因为比赛负荷的核心就是比赛强度，运动成绩就是一种最主要的负荷强度指标。为便于训练单元的组织实施，教练员通常采用如图7所示运动负荷结构安排具体训练工作。

## 三、训练负荷释义与分类

### 1. 训练负荷释义

训练负荷是指在运动训练活动中，为发展运动员竞技能力、提高运动成绩而施加于运动员的运动负荷。运动员机体适应于竞技需要的定向改造也必须在训练负荷的影响下才有可能实现。

### 2. 训练负荷分类

训练负荷可在多个分类体系中被划分为不同类型。按训练的作用机制分类，可将训练负荷分为外部负荷和内部负荷，其中内部负荷又分为生理负荷和心理负荷；按训练实施情况分类，可将训练负荷分为计划负荷与实际负荷；按训练内容分类，可将训练负荷分为体能负荷与技能负荷；按负荷性质分类，可将训练负荷分为生理负荷与心理负荷。

## 四、训练负荷结构与效应

### 1. 训练负荷结构

运动训练是一项具有高度计划性和严格操作性的活动过程。在训练实践中，实际训练实施可能偏离原有训练计划，因此，训练负荷可分为计划负荷与实际负荷，训练实施所采用的是实际负荷。依据运动负荷的定义，训练实践中的实际负荷由外部负荷与内部负荷综合构成（图7），且二者都包括负荷强度与负荷量，只是外部负荷主要由训练学指标和物理学指标构成；而内部负荷主要由生理学指标与心理学指标构成。

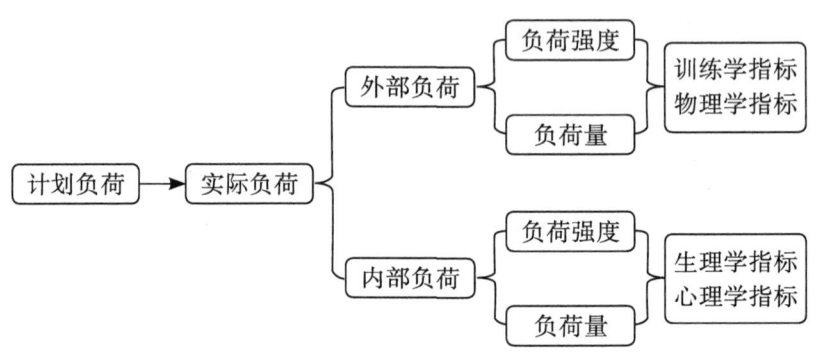

图7　训练负荷基本结构

### 2. 训练负荷效应

#### （1）即刻性负荷效应

即刻性负荷效应是指机体接受负荷刺激后，在训练过程中即刻形成的对外部负荷刺激的应激性反应。这种应激反应不稳定，当外部刺激消失，应激反应就会逐渐减弱，直至最后消失。一般情况下，即刻性负荷效应主要表现在人体机能方面。

#### （2）延续性负荷效应

延续性负荷效应是指机体接受负荷刺激后，在较长的时间里保持对外部负荷刺激所产生的应激性反应。这些应激反应主要表现于生理疲劳方面。在1982年的第5届国际运动生物化学会议上，运动性疲劳被定义为：机体的生理过程不能持续其机能在一特定水平或不能维持预定的运动强度。

#### （3）叠加性训练效应

叠加性负荷效益是指在长期训练过程中，人体生理机能与运动能力都产生相应的适应性变化。无论是即刻性效益，还是延续性效益，更多的是实现运动负荷效应量的积累，当人体对运动负荷产生积极性适应后，外在运动能力也会产生积极性适应，最终，多种不同的运动机能与竞技能力因素在某个时期形成有效叠加，达到最佳竞技状态。

训练量的功能是加大对机体刺激的数量。训练强度的功能则是加大对机体刺激的深度，提升机体的抗荷载能力，特别是在激烈比赛条件下的实战能力。体能主导类项群的体能发展，是通过增加强度使机体在运用合理技术的前提下高效率输出运动能量。技能主导类项群的技战术能力发展，则是通过高强度的负荷使运动员在较长时间内保持合理、高效的体能。

## 第二节　运动训练负荷安排

### 一、运动负荷安排依据

#### 1. 依据专项运动本质特征

专项运动本质特征是指运动项目的本质属性及其表征，其核心内容由专项竞技能力特征、专项竞技制胜特征等要素构成。其中，专项竞技能力特征体现于专项体能、技术、战术、心智等能力特征；竞技制胜特征体现于专项竞技参赛的规律特征及制胜因素特征。

#### 2. 依据专项能量代谢特点

不同运动项目的能量代谢特点，通常要以运动训练实际负荷的作业时间为讨论基础。所谓实际负荷的作业时间是指实际训练所需的时间；有效负荷的作业时间是指某项运动最强负荷阶段的作业时间。概而述之，即具体到个人有效攻防技术的作业强度，通常是以无氧代谢供能为主。因此，必须从本质上深刻认识专项能量代谢的特点。

#### 3. 依据超量恢复原理

超量恢复原理从能量代谢的角度为运动员机能能力的长期发展奠定了基础，促使教练员在制订训练计划时高度关注负荷和恢复的关系，将不同能量物质的储备、消耗和恢复作为影响运动能力发展的重要因素。早在20世纪60年代初,马特维也夫(Matwejew,L. P.)就将超量恢复作为运动训练负荷安排的重要理论基础,认为人体竞技能力的发展是一个"刺激—疲劳—恢复—超量恢复"的过程。德国学者温奈克(Wei-neck J.)将"超量恢复"作为负荷与恢复最佳关系原则的生物学基础,提出了能力下降、能力恢复和能力超量恢复三个阶段。

### 4. 依据生物适应原理

在训练实践中,新的运动适应是通过对于运动员机体施加不同负荷性质、不同训练方法及其手段实现的。这些负荷与方法应用的目的就是打破机体内环境的原有平衡,使之发生向较高机能水平的转化,并能在适应运动负荷的基础上,重新获得新的相对平衡。适应新的相对平衡与辩证处理负荷与恢复的关系密切相关。负荷能够导致机能暂时下降或出现疲劳,科学恢复可以促使机体超量恢复,负荷与恢复的辩证统一是产生新的运动适应的重要条件。

### 5. 依据竞技状态形成规律

运动负荷作用的最终目的是实现运动员竞技状态按照既定的目标发展。反言之,训练过程中运动员的竞技状态的适时情况又为训练负荷的调控提供了客观依据。教练员需要根据阶段训练任务与运动员机能状态的变化,科学设计与调整训练负荷,在基础训练周使运动员对新的训练负荷形成初步的应答反应;在强化训练周,使机体产生明显的疲劳;在调整训练周,降低训练负荷,使机体得到有效恢复,为超量恢复效应的形成奠定基础。

### 6. 依据重大赛事安排规律

人体运动适应的周期性是运动员竞技状态调控的自然基础,重大赛事的日程安排则是运动员竞技状态调控的客观基础。依据重大赛事日程安排的规律,科学划分大周期的训练阶段,合理安排各个阶段的训练负荷是科学训练的重要内容。准备期是促使运动员获得竞技状态的阶段,负荷安排应呈现阶段性递增趋势,尤其是通过训练量的积累,使运动员在基础体能与专项基本功方面形成良好储备;竞赛期首先要通过赛前训练调适运动员的竞技状态,通常采用赛前减量负荷安排,使运动员竞技状态向最佳化发展。比赛期间,要采用适宜的赛间训练负荷保持运动员最佳竞技状态，促使其转化成运动成绩；过渡期训练负荷明显下降，促进疲劳恢复。

## 二、运动负荷等级划分

等级是指按某一标准区分的高下差别或级别。训练负荷等级，是指按运动负荷对人体刺激的量与强度大小而设置的训练负荷级别。在训练实践中，针对不同训练阶段、不同训练任务与不同训练对象，科学安排训练负荷，明确不同等级的负荷量与强度标准，是科学化训练的重要标志。

### 1. 按负荷量与强度搭配划分负荷等级

力量训练通常按负荷刺激的大小划分为6级负荷。次极限或极限负荷等级是发展运动员最大力量常用的负荷安排方式。发展最大力量时遵循的负荷原则是：每组练习的次数不宜多，在练习后，很快采取次极限或极限负荷级别进行训练，以保证机体在最佳训练状态下承受最强烈的外部刺激，争取获得较好的训练效果。各组练习的间歇中，必须采取积极恢复手段以促使有关肌群的暂时性疲劳得以消除。一般情况下，间歇时间平均2~5分钟为宜。

### 2. 按最佳成绩百分比划分负荷等级

速度训练通常按最佳成绩的百分比划分为6级负荷强度。此方法将最佳运动成绩与最大运动强度对应。

### 3. 按人体能量代谢特点划分负荷等级

根据能量代谢特点，可将负荷分为6个等级。其中，1级是指主要依靠磷酸原代谢供能，运动时间6秒以内，输出功率最大的负荷等级；2级是指通过磷酸原和快速糖酵解代谢混合供能，运动时间6~30秒的次高负荷等级；3级是指通过快速糖酵解和慢速糖酵解混合代谢供能，运动时间30~180秒的较高负荷等级；4级是指通过慢速糖酵解和有氧代谢混合供能，运动时间2~3分钟的中等负荷等级；5级是指主要通过有氧代谢供能，运动时间3~30分钟的较低负荷等级；6级是指通过有氧代谢供能，运动时间超过30分钟的低负荷等级。

#### 4. 按专项训练监控指标划分负荷等级

这种负荷分级是指根据专项训练监控的特点，以及专项训练监控的生理指标与技能指标划分负荷等级。通常采用心率、血乳酸和相关的技术指标，如桨频、击球次数、击打速率等专项技术指标。

#### 5. 按专项技战术训练划分负荷等级

对于团队性项目来讲，通常根据专项技战术训练的难度，以及该技战术难度所对应的体能负荷来划分负荷等级。如篮球项目的负荷安排，既要考虑技术与战术练习的搭配难度，也要注意各种练习所对应的体能负荷特点。此类项目训练负荷的等级划分一般是按照从较低强度的专项基本功练习，依次递增技战术训练的难度，直至最高难度和最高强度的技战术训练。但也根据需要交叉安排不同等级的训练负荷。

#### 6. 按技术动作质量划分负荷等级

对于难美性项群的运动项目来讲，通常根据成套动作完成的难度系数与质量评定负荷等级。

### 三、训练负荷安排模式

#### 1. 负荷安排模式概述

（1）负荷安排模式释义

模式（pattern）是指事物的标准样式，是解决某一类问题的方法论。把解决某类问题的方法总结归纳到理论高度，就形成了模式。模式的内涵比较广泛，它从某种程度上标志着事物之间所隐藏的某种规律或关系。简言之，就是从不断重复出现的事件中发现和抽象出来的规律，它是一种认识论意义上表现出来的确定思维方式。

（2）负荷安排模式类别

一般来讲，训练负荷可根据不同的训练需要进行设计与安排，如按具体的训练内容，可将其分为力量负荷模式、速度负荷模式、耐力负荷模式；按训练过程分期，可将其分为多年训练负荷模式、年度训练负荷模式、大周期训练负荷模式、小周期训练负荷模式；按负荷的变化趋势，可将其分为波浪式递增负荷模式、阶梯式递增负荷模式、平台式递增负荷模式和集中负荷模式；按特殊训练环境，可将其分为赛前减量负荷模式、高原训练负荷模式、高湿高热训练负荷模式。

### 2. 不同变化规律负荷模式

在训练过程中，阶段性地递增或加大运动负荷是提高运动成绩必须依靠的途径。训练实践中，阶段性地递增或加大运动负荷的方式有如下几种类型：

#### （1）波浪式递增负荷模式

波浪式递增负荷是指按一定的节奏规律（上升→保持→下降→再上升）安排运动负荷。其运动负荷的总量表现为随时间序列而波浪式地动态变化，其高低点的间距差异不大，此类型主要适用于准备期训练。

#### （2）阶梯式递增负荷模式

阶梯式递增负荷基本上仍接近波浪式特点，但负荷变化幅度比波浪式大，主要适用于阶段性周期的负荷安排，尤其适用于专项准备期和竞赛前期的训练安排。应当说明，阶梯式递增负荷模式多种多样。

#### （3）平台式递增负荷模式

平台式递增负荷是指将有相似负荷的小周期结合在一起，紧接着一个恢复小周期。值得注意的是，在一个完整的训练阶段的最后出现最大训练负荷，同时安排2周的低负荷期。由于这个负荷安排模式具有特殊性，一般适用于具有一定适应基础的高水平运动员。

#### （4）综合式负荷安排模式

综合式负荷安排是现代运动训练中常用的一种形式，它是将以上几种负荷安排的类型结合起来运用。在训练实践中，教练员往往通过组合若干个不同的负荷安排模式，来安排或调整运动负荷，以利于负荷安排适合不同训练阶段的需要。

### （5）集中式负荷安排模式

集中式负荷是指在短期内对运动员机体施加集中负荷或过量负荷的一种超负荷安排方式。维尔霍山斯基（Verkhoshansky）根据高水平运动员的训练特点，提出了"集中负荷效应"的训练方法，即将一些对专项成绩具有关键影响和运动员相对薄弱的能力，以3~4周的集中"板块"（Block）的形式集中插入训练过程中，在总负荷不变的情况下，增加该能力的训练负荷，通过对它集中训练和优先发展，实现专项成绩突破。

### 3. 特殊训练环境的负荷模式

#### （1）赛前减量训练负荷模式

在赛前准备阶段，减量训练被各种运动项目广泛使用，其基本原理是通过合理的负荷安排，引起运动员生理和心理上的积极适应，从而诱导最佳竞技状态出现。

对于赛前减量训练的负荷安排，主要分为渐进性减量和非渐进性减量模式。其中，渐进性减量是指系统性地逐渐减少训练负荷量，而非渐进性减量则是指按照一定的标准减少训练负荷量。它包括三种负荷基本类型：线性减量、慢指数减量和快指数减量。

#### （2）高原训练负荷安排

在现代冬季两项运动中，逐步积累形成了一系列高水平运动员年度训练的安排模式，其中都将高原训练与平原训练有机结合，并取得了显著效果。一般情况下，高原训练采用三周为一个周期，其中，第一周主要任务是促使运动员适应高原的气候与水土条件，并为第二周的负荷安排创造有利条件；第二周主要任务是采用适宜的训练负荷提高运动员适应水平，并为机能水平的进一步提高提供充分的刺激；第三周安排最大负荷训练，以进一步发展和稳定已达到的适应水平。

## 四、运动负荷安排要求

### 1. 科学掌握不同训练阶段负荷特征

系统的多年训练是一个长期的过程，包括基础训练、专项提高、最佳竞技和高水平竞技保持四个阶段。每个阶段训练负荷特征不同，这是受运动员生长发育、训练水平与竞技水平等因素决定的。基础训练阶段的主要任务是依专项需要发展一般运动能力，其负荷特点是循序渐进、留有余地；专项提高阶段的主要任务是提高专项竞技能力，其负荷特点则是逐年增加、逼近极限；作为最重要的核心阶段的最佳竞技阶段，其主要任务是创造专项优异成绩，因此负荷特点是在高水平区间起伏；而在竞技保持阶段的主要任务是努力保持竞技水平，负荷特点则是保持强度、明显减量。

### 2. 科学认识专项比赛负荷的基本特征

不同项目比赛负荷的性质不同。如体能主导类项群中，周期性项目的比赛负荷模式由步频、步长、最大速度、平均速度、分段速度、高速保持时间等要素组成；非周期性项目的比赛负荷模式由试掷（跳）总次数、试掷（跳）远度和高度、试举次数及其重量、每次试掷试跳试举之间的时间等组成。技能主导类表现难美性项群的比赛负荷模式由难度系数、成套动作完成时间、比赛总时间等要素构成。技心能主导类表现准确性项群的比赛负荷模式由比赛时间、瞄准时间、单次击发时间等要素构成。技战能主导类各项群的球类项目比赛的负荷模式由比赛时间、移动距离、起跳次数、攻防转换速度、技战术运用效果等要素构成。

### 3. 深入了解运动员的个体差异性

即教练员根据不同运动项目特征、不同运动员特点、不同训练与参赛需求，针对性地选择训练内容、安排训练负荷与设计训练方法。运动员个体对运动负荷的承受能力会因为训练阶段、训练内容和训练方法的变化而不同，这些因素也都对训练负荷的安排提出了特殊的要求。

### 4. 科学安排训练负荷的节奏变化

运动训练计划构成的核心要素是目标、任务、内容、方法手段与负荷。负荷节奏是指在训练活动的时间空间背景下，训练量和训练强度的高低起伏以及交互性变化及其趋势。一般包括三种常用的负荷模式，即增加训练量与保持或降低训练强度；增加训练强度与减少或保持训练量；训练量与训练强度相对恒定。三种不同的模式反映了不同的训练负荷水平，其产生的效应不同。

## 第三节 恢复训练及其方法

### 一、恢复训练释义

恢复训练是相对负荷训练而提出的概念,是指为了促使机体活动能力尽快恢复和提高,使用合理的恢复方法与手段,加速消除运动员生理和心理疲劳的过程。

### 二、恢复训练基本过程

疲劳恢复是一个多因素综合作用的过程,要求教练员与运动员必须了解运动员自身的生理结构及特点,了解运动负荷对人体刺激的机制及适应的基本原理,了解不同的疲劳机制及恢复方法与手段,了解机体适应与恢复过程的机能指标变化及指导意义。总体来讲,人体运动的疲劳恢复可划分为三个明显不同的阶段,即运动时恢复阶段、运动后恢复阶段与长时间恢复阶段。

#### 1. 运动时恢复阶段

运动时的恢复产生于运动期间,主要与运动中高能磷酸盐的快速恢复有关。高强度剧烈运动使运动员体内的三磷酸腺苷快速消耗,为维持肌肉三磷酸腺苷储备,进行低于6秒的高强度运动时聚合酶链反应减少50%~70%,而在力竭性运动中聚合酶链反应会完全耗尽。大约70%的三磷酸腺苷恢复发生在30秒以内,而三磷酸腺苷完全再合成需要3~5分钟。磷酸原补充的主要途径是有氧代谢,但快速糖酵解有助于高强度运动的恢复。

#### 2. 运动后恢复阶段

运动后恢复发生于运动终止后,主要与代谢产物的清除、能源储备补给、组织修复有关。运动终止后机体不会立即进入静息状态,心率、血乳酸以及过量氧耗等都可以说明这一点。因此,负荷效应产生的生理失衡越大,运动后各种机能恢复的时间越长。

### 3. 长时间恢复阶段

长时间恢复应该是周期性训练计划的一部分，是超量恢复效应产生的主要过程。人体的疲劳效应会根据训练过程的安排而变化，在一个独立的训练阶段中积累的疲劳具有延续性与叠加性效应。训练负荷刺激越大，疲劳积累越深，因而需要恢复的时间越长，其产生的超量恢复也就越显著。因此，教练员在制订训练计划时，要树立负荷与恢复有机统一的意识，合理安排训练恢复过程。

## 三、恢复过程基本规律

### 1. 负荷训练—恢复训练的统一规律

在训练的全过程中，客观存在着负荷训练和恢复训练这两类相互依存、相互影响的训练环节，它们构成了训练过程的整体。负荷训练—恢复训练的统一规律遵循人体分解代谢与合成代谢的基本原理。在人体运动过程中，机体始终发生着能量消耗—恢复的现象，由此势必形成训练过程中，负荷训练和恢复训练并存的客观规律。

### 2. 机能下降—机能恢复的异时规律

由于不同能源物质的"消耗—恢复—超量恢复"具有异时特性，导致机能"下降—恢复—提高"的过程，因负荷性质、负荷强度、负荷量的差异也具有异时性特征。比较发现，有氧能力的恢复时间最长约72小时；无氧能力恢复时间48～72小时；速度力量能力恢复时间最短约48小时。此外，能量物质的超量恢复时间也不相同，磷酸肌酸最快，2～3分钟；肌糖原为1～46小时；蛋白质为6～48小时；脂肪最慢，需48小时。

针对不同的负荷性质而言，速度、力量训练恢复时间最短；速度耐力（无氧耐力）训练恢复时间较长；耐力训练（无氧耐力）恢复时间最长。

### 3. 负荷性质—恢复方法的对应规律

负荷性质与恢复方法之间存在着紧密的对应关系。这种关系处理的好坏、掌握适当与否都决定着恢复效果的高低。不同负荷性质的疲劳消除需要针对性的恢复方法。如有氧耐力训练中，在恢复阶段补充含有无机盐的饮料，或者在训练后进行盐水浴，就有助于补充负荷阶段失去的盐分，使机体的内环境恢复平衡。在运动后单一补糖就达不到这一效果。

## 四、恢复训练基本方法

恢复训练方法是加快消除运动员生理和心理疲劳的途径与办法的总称，也指恢复训练的具体方式。综合实践应用的现状，当前普遍应用于运动员恢复训练的方法可概括为六大类：训练学恢复方法、教育学恢复方法、心理学恢复方法、营养学恢复方法、医药学恢复方法、物理学恢复方法。

### 1. 训练学恢复方法

训练学恢复方法是指采用运动训练的方法与手段对运动员机体进行恢复与放松的方法。有氧运动能够及时清除因大强度运动而堆积的乳酸，促进机体偿还氧债；而拉伸运动则被认为是促进肌肉及软组织恢复，预防损伤的重要手段。

### 2. 教育学恢复方法

教育学恢复方法是指采用现代教育学理念与方法，促进运动员疲劳恢复的方法。该方法主要是依据循序渐进、趣味多样、劳逸结合、身心并进等教育原则安排运动训练的过程。一般来讲，在综合性运动素质训练课中，柔韧性、灵敏性、速度性训练手段在前，力量训练安排在中，耐力训练安排在后，转移练习内容时，应安排适当时间休息。此外，在训练间歇应采用一些轻松、愉快、富有节奏性的恢复手段来促进疲劳快速恢复。还需要注意的是在单一性质的负荷训练后，应积极采用针对性的恢复手段。

### 3. 心理学恢复方法

心理学恢复方法是当前广泛应用的恢复方法之一。其对消除疲劳、减轻心理上的压抑感、缓解精神上的紧张状态、放松肌肉紧张等均有一定功效。实践中，常用的简易心理学恢复方法包括音乐调节法、呼吸调节法与想象调节法等。音乐调节法是利用音乐的感染力，以取得对心理进行调节的效果。深呼吸调节法可转移注意力，降低大脑兴奋水平，减弱交感神经反应过程，使心率、血压、氧耗、动脉血管乳酸含量下降，从而有利于消除过度兴奋、紧张心理和恐惧感。想象调节法是让运动员根据比赛需要，在头脑中重现与当前情景相似的过去曾获得成功的动作表象或场景，以唤起动作记忆与成功时积极的情绪状态。

**4. 营养学恢复方法**

营养学恢复方法是恢复训练中最主要的方法之一。良好的营养能够帮助运动员改善运动能力、减少运动后的恢复时间、预防疲劳导致的运动损伤、提供大强度运动时的能量及有效地控制体重。教练员必须深刻认识的是：营养补充是通过合理膳食摄入与科学营养补充两种途径实现的，应用时须注意以下要求：要在了解训练计划及完成情况的基础上，进行系统的机能评定，并据此制订营养补充计划；要协调好膳食与营养品的关系，合理膳食是本，科学补充营养品为辅；要树立安全意识，严防兴奋剂。

**5. 医药学恢复方法**

医药学恢复方法是指通过医学和药物学手段促进机体恢复，提高健康水平与运动能力的恢复方法。在药物手段中，维生素服用法占据特殊地位。另外，一些药物制剂对于消除疲劳也有一定功效。如促进人体免疫力提升的长白景仙灵，促进睡眠的褪黑素片等。在中医学方面，中药的参芪膏、刺五加片、人参、三七片、鹿茸等，具有补气补血、强壮筋骨的作用，在特定时期服用可促进机体消除疲劳、增强体能。中医按摩、针灸、拔火罐等手段是消除疲劳的常用手段，这些恢复方法有助于缓解肌肉黏连，促进肌肉放松；有助于促进气血循环，清除代谢产物；有助于活血化瘀，缓解肌肉劳损与疼痛。

**6. 物理学恢复方法**

物理学恢复方法包括水疗、光疗、热疗、电疗、磁疗和震动疗法等。冰水浴是目前国外许多优秀运动员消除机体疲劳、恢复机体能力的一种重要方法；热水浴也是促进恢复的方法之一，训练后或比赛后用37~40℃水淋浴或盆浴，是简便易行的消除疲劳的好方法。光能作用也可促进机体恢复。电疗法、磁疗法既可促进血液循环加速疲劳消除，还对运动损伤有治疗作用。

【知识小结】

　　本章着重从应用角度，重点梳理运动负荷的基本概念、类别、结构，训练负荷的基本概念、类别、结构、效应；重点阐述训练负荷安排的科学依据、等级划分、基本模式与实践要求；详细阐述恢复训练基本概念、恢复过程、基本规律与基本方法。本章十分强调：运动负荷与恢复是运动训练过程的重点要素，适宜的负荷与适时的恢复是科学训练的基本保障。

【知识检测】

一、判断题

　　（　　）1. 无论何种类别的运动负荷，基本构成都包括运动量与运动强度这两个基本因素。

　　（　　）2. 比赛负荷的核心就是运动成绩，比赛强度就是一种最主要的负荷强度指标。

　　（　　）3. 运动员机体适应于竞技需要的定向改造也必须在训练负荷的影响下才有可能实现。

　　（　　）4. 训练负荷可分为计划负荷与实际负荷，训练实施所采用的是计划负荷。

　　（　　）5. 运动对人体形成的总负荷刺激由运动量与运动强度综合构成。

　　（　　）6. 运动负荷作用的最终目的是实现运动员竞技状态按照既定的目标发展。

　　（　　）7. 在训练过程中，阶段性地递增或加大运动负荷是提高运动成绩必须依靠的途径。

　　（　　）8. 对于赛前减量训练的负荷安排，主要分为渐进性减量和非渐进性减量模式。

　　（　　）9. 训练负荷刺激越大，疲劳积累越深，因而需要恢复的时间越长，其产生的超量恢复也就越显著。

　　（　　）10. 人体运动的疲劳恢复可划分为三个阶段：运动时恢复阶段、运动后恢复阶段与长时间恢复阶段。

　　（　　）11. 运动时的恢复产生于运动终止后，主要与运动中高能磷酸盐的快速恢复有关。

（　）12. 运动后恢复发生于运动期间，主要与代谢产物的清除、能源储备补给、组织修复有关。

（　）13. 有氧运动能够及时清除因大强度运动而堆积的乳酸、促进机体偿还氧债。

（　）14. 通气阈出现的拐点一般也是血乳酸出现的拐点，它反映了呼吸对二氧化碳水平的反应。

（　）15. 训练量的功能是加大对机体刺激的深度，训练强度的功能则是加大对机体刺激的数量。

## 二、选择题

1. 运动强度的训练学指标是（　　）。
   A. 心率　　B. 血红蛋白　　C. 高度　　D. 总距离

2. 生理生化指标是（　　）。
   A. 心率　　B. 远度　　C. 高度　　D. 总距离

3. 运动量的训练学指标主要是（　　）。
   A. 心率　　B. 血红蛋白　　C. 高度　　D. 总距离

4. 按过程分类，运动负荷可分为教学负荷、训练负荷和（　　）。
   A. 比赛负荷　　B. 体能负荷　　C. 专项负荷　　D. 负荷强度

5. 训练量的功能是加大对机体刺激的（　　）。
   A. 深度　　B. 高度　　C. 数量　　D. 强度

6. 准备期是促使运动员获得竞技状态的阶段，负荷安排应呈现阶段性（　　）。
   A. 递增　　B. 减量　　C. 保持　　D. 下降

7. 发展运动员最大力量常用的负荷安排方式是（　　）。
   A. 适宜负荷　　B. 极限负荷　　C. 负荷强度　　D. 负荷量度

8. 磷酸原补充的主要途径是（　　）。
   A. 无氧代谢　　B. 有氧代谢　　C. 混合代谢　　D. 营养恢复

9. 训练强度的功能是加大对机体刺激的（　　）。
   A. 数量　　B. 高度　　C. 深度　　D. 强度

10. 以下属于运动负荷的性质分类的是（　　）。
    A. 比赛负荷　　B. 体能负荷　　C. 专项负荷　　D. 负荷强度

### 三、填空题

1. 系统的多年训练是一个长期的过程，包括_____、_____、_____和高水平竞技保持四个阶段。

2. 运动训练计划构成的核心要素是_____、_____、_____、方法手段与负荷。

3. 在递增负荷强度的运动中，随着运动强度的增大，肺通气量会在某一点突然增加，与耗氧量的增长不成比例。出现的这一拐点称为_____。

4. 人体运动的疲劳恢复的三个阶段为：_____、_____与长时间恢复阶段。

### 四、名词解释

1. 运动负荷。
2. 恢复训练。

### 五、简答题

1. 简述运动负荷等级划分。
2. 简述运动负荷安排要求。
3. 不同变化规律负荷模式。

### 六、论述题

论述恢复训练的基本方法。

# 第七章　分期、计划与实施

**本章导语**：本章主要包括训练分期理论概述、训练过程基本架构、训练计划及其实施等内容。其中，训练分期理论概述包括主要意义、科学基础与多维认识；训练过程基本架构主要阐述其层级体系、基本程序与规划要点；训练计划与实施主要介绍多年训练计划与实施、年度训练计划与实施、周训练计划与实施、训练课的方案与实施、赛前训练计划与实施。

**学习目标**：通过本章的学习，学生要基本理解训练分期主要意义、经典理论和几种观点；能够掌握各层级训练计划制订的训练学要点；能够基本明确运动训练过程的基本架构与总体设计属性；能够初步制订训练计划并在训练中实施。

**知识重点**：训练过程基本架构、训练计划与实施。

**知识难点**：训练过程基本架构主要阐述其层级体系、基本程序与规划要点。

**知识框图**：

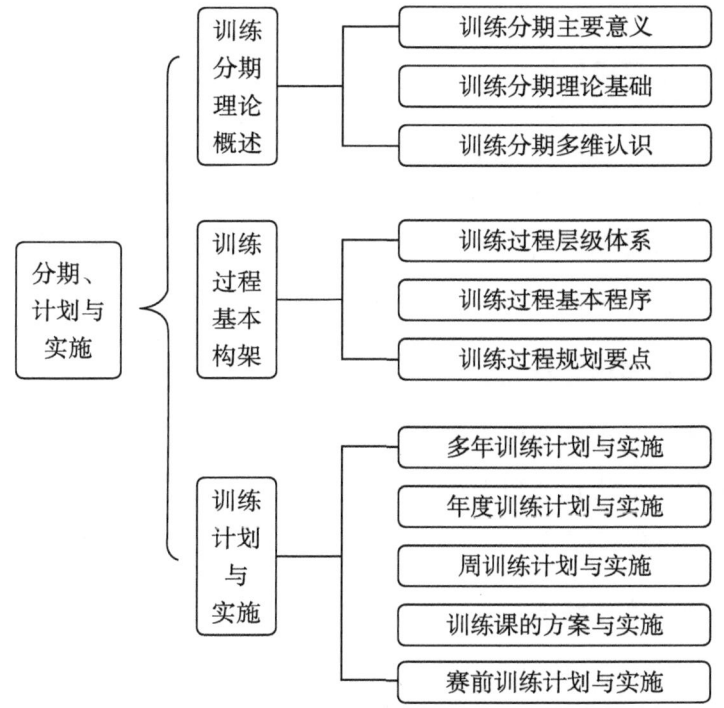

## 第一节 训练分期理论概述

训练分期,是若干以提高运动员专项竞技能力和培养运动员最佳竞技状态为目标的一组具有特定训练内容和负荷的训练时间序列。

### 一、训练分期主要意义

#### 1. 保证运动训练目标的实现

训练分期是运动训练活动在时间维度上的理论设计,以规划运动员竞技能力增强和竞技状态转移的路径。通过运动训练计划的科学制订,组织者把训练目标具体细化为若干个紧密联系的训练任务,使参加训练活动的运动员、教练员以及科研人员与医务保障人员达成统一认识,在明确的训练目标指引下,实现训练组织行动的高度统一与紧密协同,高效、持续地发展运动员的竞技能力,为创造优异运动成绩奠定竞技基础。

#### 2. 提高训练计划的可操作性

运动训练计划分为单元训练(课)计划、周训练计划、阶段训练计划、周期训练计划、年训练计划、多年训练计划。一般认为,多年训练计划具有框架、稳定和远景的特点,阶段训练计划、周训练计划、单元训练计划则具有现实、具体和多变特点。

#### 3. 系统发展运动员竞技能力

运动员的竞技能力是由关联紧密的多层次要素构成的复杂体系,竞技能力的获得途径包括先天遗传、后天训练以及生活环境,发展过程既有阶段突破也有长期持续,实现方式既可单一也可综合。

#### 4. 培养运动员最佳竞技状态

训练计划是教练员执行训练的重要资源,通过被科学证实的训练分期设计,教练员可以构想出训练的时间轴,并通过训练内容、负荷、方法与手段的合理搭配,把控运动员竞技状态的发展变化。

## 二、训练分期理论基础

### 1. 运动员竞技能力发展的阶段性理论

人体的竞技能力可以分为先天遗传性竞技能力与后天获得性竞技能力。先天遗传性竞技能力主要通过基因遗传获得,并且随着人的发育阶段的递进而表现出提高、稳定、下降的时象特征;后天获得性竞技能力则主要通过训练效益和生活环境的作用发展和提高,并伴随训练过程的延伸而变化。多年的科学训练规划始终把追求实现二者的最佳组合作为行为目标。

### 2. 运动员竞技状态的周期性变化理论

竞技状态是运动员参加训练和比赛的准备与现实状态,而在重大比赛中创造优异成绩所处的最适宜、最理想的参赛准备状态则是最佳竞技状态。运动员的最佳竞技状态建立于机体不同系统、不同器官高度动员、精密协同的基础之上。由于影响竞技状态水平的诸多因素的稳定性不同,以及各因素的发展具有非同步性,因此竞技状态会表现出明显的时限性,既不可能始终处于最佳值,也可以通过训练学要素的合理搭配诱导产生。

### 3. "超量恢复"理论

人的机体在负荷刺激下,能量储备、物质代谢及神经调节系统的机能水平均会呈现出不同水平的下降,负荷刺激结束后,下降的机能不但可以恢复到负荷前的初始水平,而且能够在短期内超过初始水平,达到"超量恢复"的效果。产生"超量恢复"的时间区间被称为"超量恢复"阶段,训练实践中,如果在这一阶段适时地给予新的刺激,"负荷—疲劳—恢复—超量恢复"的过程可以不断地在更高的水平层次上周而复始地进行,使运动员的机体能力得到不断提高。

### 4. 适应性理论

机体对于负荷刺激会产生应激反应,并且对不同的负荷刺激产生不同的反应效果。在适宜负荷条件下，应激产生的一系列变化，都会保持在适度范围内，此时的负荷量度越大，对机体的刺激越深，所引起的应激越强烈，机体产生的相应变化越明显，运动员竞技能力提高也就越快。相反，当训练负荷超出了运动员的最大承受能力时，机体对于应激的恢复能力减弱，会导致竞技能力提高困难甚至产生劣变现象。适应理论从"应激—适应"的角度诠释了运动员竞技能力在训练过程中的增长、保持和下降，强调不同运动员个体和不同机能能力对负荷刺激的不同适应水平。

### 5. "延缓传导"理论

竞技能力的增长必须建立在对训练负荷长期适应的基础之上，但是专项成绩的快速增长不是出现在训练负荷达到最高水平时，而是在负荷量稳定并开始下降，负荷强度达到或逼近目标成绩强度水平时，这一规律被称为"延缓传导"。"延缓传导"揭示了负荷动态与运动成绩增长和竞技状态提升之间的动态联系。

## 三、训练分期多维认识

### 1. 经典分期模型

苏联马特维也夫教授提出的经典分期理论。该分期理论的主要特点是，通过层次性的分期设计，逐步引导运动员达到最佳竞技状态，以便能在重大国际性赛事中以最大可能获得优异的比赛成绩。

### 2. 板块分期模型

板块分期模型是指一种高度专项化集中式训练负荷的周期训练模型，即由几个训练因素组织集合成一种具有专项功能和彼此间紧密联系的单元。该理论认为，发展多种高度指向性的训练负荷不能同时进行，运动员需要的各种竞技能力要依次发展而并非同步发展，因此应该在一个时段的训练中采用专门训练手段集中刺激机体，重点发展关键身体能力要素，利用"集中负荷效应"实现运动员核心竞技能力的专门发展。

### 3. 其他分期简介

**（1）波动分期模型**

波动分期模型增加了训练内容和负荷量度的变化与波动，主要分为周波动分期模型和日波动分期模型。周波动分期模型以训练周为基本单元实现各训练要素的循环变化；日波动分期模型以训练日和训练课为单元循环变化各训练变量。

**（2）钟摆分期模型**

钟摆分期模型是一种主要针对力量训练的分期安排，该模型认为力量素质提高最有效的方式不是消极的休息而是进行对比性的中小强度力量练习，即通过对照性小周期的节奏性变化获得力量素质的阶段式提高。

**（3）邦达尔丘克分期模型**

邦达尔丘克分期模型具有两个基本特点，一方面，不安排一般性准备阶段，而是与恢复阶段结为一体，其训练形式与专项比赛之间几乎不存在联系，仅为了促进运动员恢复而设计；另一方面，特殊性准备阶段是训练的主体，练习形式完全针对比赛的需要，其中，前半部分主要为特殊性或专项性的练习，要求与专项比赛的能量供应和肌肉做功类似；后半部分采用比赛训练法，负荷相对稳定，仅有一些轻微的变化。

## 第二节　训练过程基本构架

运动训练过程是运动训练活动进行的步骤和程序，是运动训练在时间维度上的体现。通过科学设计、有序组织的训练活动，能够实现运动员竞技能力的定向发展。

### 一、训练过程层级体系

根据运动训练过程的核心目标和时长特征，可以把运动员的训练过程分成多年训练、年度训练、大周期训练、周训练、课训练五个层级。其中，多年训练和年度训练的目标较宽泛，历时较长，可变性较强，设计时更加注重系统性和全面性；大周期训练的目标较具体，历时较短，可控性较强，阶段性的设计应注重与其他大周期间的衔接；周训练和课训练是训练过程的基本单位，设计应尽量具体以保证可实施性，并直接指向训练操作。

从课训练到周训练，从大周期训练到年度训练，直至构成运动员的多年训练，结构性地形成了竞技运动训练的多层级训练过程体系。需要关注的是，在系统设定的训练目标和任务体系下，各训练阶段通过训练内容、方法、负荷等训练要素的有序安排实现着彼此间的协调，由此使得各个阶段训练之间的统一与紧密衔接，共同构成一个发展与提高运动员竞技能力，获得并保持竞技状态的系统过程。

## 二、训练过程基本程序

运动训练过程由三方面的因素共同发挥作用，一是操作性因素，由教练员和运动员共同制定与完成，可能是正确适宜的，也可能是错误不适宜的；二是生物学因素，例如运动员机体的生物节律性、竞技状态变化的周期性、机体对负荷的"应激—适应"等；三是扰动性因素，主要是训练过程中受到事先未预计到的外界扰动（如工作、生活、饮食条件、伤病等），对有些扰动因素的出现及产生的负面作用通常难以做出估计，甚至难以察觉。完整的训练过程均是按照一定的系统结构组织起来的，包括对运动员起始竞技状态的诊断、运动训练目标的设定、运动训练计划的制订、运动训练成效的评估、运动训练活动的组织实施、运动训练目标的实现六个基本的环节。

第一，在运动训练过程中，对运动员起始状态的全面诊断是重要的起点。只有经过全面、有效的状态诊断，才能全面把握运动员的竞技能力发展状况，为合理安排后续的训练环节提供基本依据。

第二，在状态诊断的基础上，确定合理的训练目标可以为运动训练过程确立一个理想的目标状态，这是整个运动训练活动的最终目的，也是检查运动训练过程发展状况的基本标准，具有定向与引导的作用。

第三，训练计划是对运动训练发展进程预先做出的理论设计，前提是对运动员现实状态的全面把握，根据训练目标以及客观条件等因素加以规划。通过训练计划的具体实施，将预先做出的理论设计付诸实施，既是实现运动员竞技能力发展的核心环节，也是控制运动训练过程最重要的组织手段之一。

第四,为了更好地控制训练过程,必须及时把握运动员竞技能力的发展状况,需要结合项目特点与训练目标,选择若干特定的竞技状态指标定期进行科学检测,由此可以对前期训练活动进行有效的检查,从而客观地评价和把握前期训练的成效,进而确定后期训练的发展方向。

第五,通过将评定结果与训练的目标状态进行比较,训练组织者就可以确认前期的训练活动是否已经实现预期的发展目标。假如没有达到预期的发展目标,组织者可以根据检测结果全面核查训练过程的各个环节,确认导致运动员竞技能力发展迟缓的根本原因,进而提出具有针对性的解决措施,并将具体的完善措施反馈到相应的训练组织环节,从而促使运动训练过程的发展逐步趋近理想的状态,直至最终实现理想的竞技发展目标。

第六,在运动训练过程的各个组织环节中,运动训练计划的制订是对训练过程的整体设计和预先规划;训练计划的实施是对运动训练过程设计的操作与落实;而对训练状况的检查评定则是对训练进程的整体评价。这三个方面既是运动训练过程必不可少的组织环节,同时也是对运动训练过程实施科学调控的重要手段,更是教练员有效把握运动员竞技发展方向的重要途径,具有重要的管理意义。

上述六个环节是现代运动训练的基本流程,体现了典型的系统化特征。要想有效提高运动员的竞技能力水平,必须正确把握运动训练过程的基本结构,深刻认识运动训练过程的组织特性,进而对训练过程实施科学的调控。

## 三、训练过程规划要点

### 1. 运动训练过程规划的要点

虽然不同类型、不同阶段的训练计划各有特定的目标与要求,但是运动训练过程的基本内容与结构是类似的。在内容方面,主要包括以下十项基本要素:

①对运动员起始状态的诊断;
②确定训练的任务及指标;
③划分训练阶段并确定阶段训练任务;
④确定实现目标的基本对策;
⑤安排比赛序列;
⑥规划训练负荷的动态变化趋势;

⑦选择训练方法和手段；
⑧确定训练手段的负荷要求；
⑨制订训练恢复措施；
⑩规划检查评定训练效果的时间和标准。

根据训练计划基本内容在运动训练过程中的意义，我们可以把其归结为四个组成部分，即准备性部分（①②）、指导性部分（③④⑤⑥）、实施性部分（⑦⑧⑨）和控制性部分（⑩）。

**（1）准备性部分**

训练计划的准备性部分主要包括对运动员起始状态的诊断和确定训练任务及指标两项内容，用来为训练计划的制订提供必需的指导信息和规划依据。起始状态诊断主要从训练负荷、竞技能力和运动成绩三个方面对运动训练过程进行评估，由此确立客观、准确的训练起点，为有效控制运动训练过程提供基本的保证。

**（2）指导性部分**

在训练计划的总体规划中，指导性部分是对于训练活动全局性的整体决策。首先，要根据年度重大比赛的日程安排，合理划分训练阶段并确定具体的训练任务；其次，根据年度训练目标和任务，合理安排比赛的序列，力求实现训练与比赛的紧密联系；最后，根据不同阶段的训练任务和比赛安排的特点，规划训练负荷动态变化的基本趋势，从而完成对整个训练活动的整体配置。

**（3）实施性部分**

实施性部分涉及训练的具体手段和各种手段负荷量度的大小，主要设计训练活动的具体组织要素，需要更多地考虑运动项目的竞技特点和运动员的个人发展特点。

**（4）控制性部分**

近年来，运动训练的控制问题日益受到教练员的高度重视。要对运动训练过程实施有效的控制，必须通过有计划的检查与客观的诊断，全面、及时、准确地收集运动训练过程中的有关信息。在起始状态诊断的基础上，为保证阶段性训练目标状态的实现，同样需要设置运动成绩检查、竞技能力检查和训练负荷检查，以便明确训练活动进行中存在的问题和改进的方向，及时修改或调整活动计划，以期获得更加理想的训练效果。

### 2. 运动训练过程规划的注意事项

#### （1）明确训练指导思想，科学建立训练目标体系

实现训练目标是训练活动的终极目的。为了获得理想的训练效果，必须要以运动员（队）的实际情况和项目的竞技特点为基础，以科学预测结果为依据，建立结构合理、层次清晰、联系紧密的训练目标体系，确定明确的训练指导思想，为训练计划的科学制订奠定基础。

#### （2）注重竞技能力的持续发展与各类训练计划的整体协调

运动员竞技能力系统的持续发展既表现于空间维度上的各竞技能力要素的数量增长以及竞技能力系统结构的质量提高，也表现于时间维度上的竞技能力发展的持续性。

#### （3）保证训练计划的相对稳定和适宜变更

训练计划是对训练过程的理论设计，是建立在科学预测的基础之上的，保持计划实施的稳定性是训练活动有序运行的基本保证。但是，事物的变化是绝对的，不变是相对的。在训练环境发生变化的情况下，根据具体情况对原计划进行适当的修改和调整是完全有必要的，也是保证训练计划科学性的客观需要。

#### （4）充分重视多学科协作

训练计划作为对训练过程的理论规划，其设计也需要教练员同各相关学科的科研人员进行协作，从各个学科的不同角度为计划的制订和实施提供有益的信息，充分保证训练计划的科学性。

## 第三节　训练计划与实施

运动训练计划的制订与实施，既是运动训练过程中的组织环节，也是从时间维度上对运动训练内容、方法、手段、负荷等要素的使用阶段做出的规定性安排。同时，作为实施科学控制的重要手段之一，它对于保证运动员竞技能力长期发展和竞

技状态准确调控具有重要的作用。

## 一、多年训练计划与实施

### 1. 多年训练过程的年龄特征

人体各项身体机能发育的时间和顺序，以及不同项目运动员竞技能力的专项需要，决定了优秀运动员的多年训练过程具有明显的年龄特征。运动员开始参加训练的年龄、进入专项训练的年龄、保持最佳竞技水平的年龄以及竞技能力开始下降的年龄都呈现出普遍性的规律。在最适宜的年龄阶段，使运动员处于最佳的专项竞技水平，既是运动训练的最终目标，也是决定整个运动训练过程年龄特征的主要依据。

### 2. 多年训练计划的阶段划分

由于运动训练过程具有连续性与阶段性特点，对于长达十几年甚至更长的训练过程进行合理的阶段划分无疑是一项非常重要的工作。田麦久总结前人研究成果，在充分考虑不同项目竞技特点的基础上，系统地提出了以有利于实现运动员最高竞技水平为核心的四个阶段组织模式，即运动员的全程性多年训练过程通常由基础训练阶段、专项提高阶段、最佳竞技阶段以及高水平保持阶段组成。

运动员竞技发展全过程的终极目标是创造优异的运动成绩，全部训练活动都围绕着运动员竞技能力的持续发展而展开。全程性多年训练过程的几个阶段围绕着这个核心目标分别承担着一定的训练任务，同时，相邻的两个训练阶段是密不可分的，前一阶段是后一阶段的基础，后一阶段也是前一阶段的延续。

### 3. 多年训练计划的训练要点

负荷是运动训练中最基本、最活跃的因素之一，贯穿多年训练的整个过程。运动员的形态、机能、素质的改善，专项技术的掌握与完善，战术配合的熟练等，都需要在有节奏的递增负荷刺激下才能实现，区间性多年训练计划应体现训练负荷的阶段差异性。

**（1）基础训练阶段**

在基础训练阶段，训练负荷的安排必须严格遵循循序渐进的原则，使有机体通过"增加负荷—适应—再增加—再适应"逐步产生新的生物适应现象。由于少儿运动员处于生长发育之中，承受负荷能力有限，过度的负荷会对其机体造成严重的损害，因此需要特别慎重地安排适宜的训练负荷。

### （2）专项提高阶段

进入专项提高阶段后，运动员已经具备了一定的身体能力，可以承受较大的训练负荷。对此，负荷安排要紧密结合专项需要和运动员特点，有些可以逐年提高，有些则呈波浪式发展。

### （3）最佳竞技阶段

运动员进入最佳竞技阶段之后，由于多年承受高强度负荷与参加高水平激烈竞赛的影响以及由于伤病的积累，致使许多运动员难以承受大负荷的训练。

### （4）高水平保持阶段

在高水平保持阶段，已度过个人巅峰期运动员的训练负荷通常低于最佳竞技阶段甚至专项提高阶段。此时的运动员拥有丰富的训练与参赛经历和认知，可以更多地按照自身的实际情况，灵活地掌握和控制训练过程。

### 4.多年训练计划的参赛安排

少儿运动员的竞赛，应该与基础训练阶段的训练负荷特征保持一致，特别要注意竞赛水平和竞赛负荷的循序渐进，一方面，注意结合少儿运动员的身体发育与能力发展特点，避免给运动员造成过大的参赛负荷，每年参加有组织的比赛次数通常不超过10次；另一方面，竞赛内容尽量避免正式比赛，以能检验该阶段少儿能力的发展水平为准，着重强调对基本运动能力和多项基本技术的考察。

## 二、年度训练计划与实施

### 1.年度训练计划的基本类型

由于各个项目的比赛特点以及运动员在比赛中消耗的能量不同，各个项目年度比赛安排也不相同，由此对运动员的竞技状态变化也有着不同的需求。其中，部分项目一年里主要服务一个重要比赛,有一个完整的训练周期;有的项目则安排两个甚至更多的大周期,以适应更多的年度重要比赛。

### (1) 单周期

全年训练按照一个完整的大周期组织实施,称为"单周期",主要适用于需要较长时间才能完成的项目,以及冬季项目等受气候条件限制较大的项目。这样,运动员全年的核心比赛主要集中在一个时期,运动员大多只有一次达到竞技状态的最高峰。

### (2) 双周期

现代竞赛体系安排中,有些项目在一个年度里会安排两次重要的比赛或两个重要的比赛阶段,运动员的训练也相应地按照两个大周期设计和实施,称为"双周期"安排。很多项目将全年度的训练过程分成上下半年两个大周期来实施,这属于现代竞技训练中一种常见的周期安排类型。

### (3) 多周期

一年里出现3个及3个以上的大周期,称为"多周期"安排。实施多周期安排的基本条件是,运动员能在3~4个月的时间内有效地提高竞技能力,并在比赛中充分地表现出来,把提高的竞技能力转化为运动成绩,这就要求有更为科学的训练方法,更为有效的恢复手段以及更为理想的比赛条件。

### 2. 训练大周期时间的确定

训练大周期是以成功地参加1~2次(组)重大比赛为目标而设计的,其时间的确定通常采用体现目标控制思想的"倒数时"充填式方法,以主要比赛日期为标定点,向回程方向依次确定比赛阶段和比赛时期,以及完整的训练周期。这里,我们以总计14~32周的常规大周期为例,简述确定训练大周期日程的工作步骤。

### (1) 确定主要比赛日期

这是根据竞赛日程予以确定的。重大国际比赛如奥运会常常在比赛前一年就确定了竞赛日程,以便于运动员有计划地组织训练过程。

## （2）确定主要比赛阶段

围绕着主要比赛日确定主要比赛阶段。在常规大周期中，主要比赛阶段持续4~6周，在主要比赛日后约一周结束。将主要比赛日安排在主要比赛阶段的结尾是不正确的，这是因为训练控制稍有不慎，极易出现参加主要比赛时，运动员的最佳竞技状态已然过去的现象。

## （3）确定比赛时期

在主要比赛阶段前加上一个历时4~6周的热身比赛阶段，两个阶段合起来就组成了比赛时期，总时间8~12周，期间要注意安排必要的热身赛。

## （4）确定整个训练大周期

在比赛时期前面加上6~12周的准备时期，后面加上2~4周的恢复时期，即构成了一个总时间14~32周，即3.5~7.5个月的完整训练大周期。

### 3. 大周期各阶段的主要任务

运动员参训的目的是参赛并取得优异的比赛成绩。由于比赛的安排以及运动员的能力发展都具有阶段性特征，运动员的状态水平也始终处于变化之中。在一个大赛的参赛周期中，运动员的竞技状态通常会经历发展与提高、优化与保持、减退与下降三个阶段。这是竞技训练的基本规律，也是安排训练实践的重要依据。与此相对应，在对运动员的阶段性训练过程进行规划时，就要相应地组织准备时期、比赛期和恢复期的训练，由此构成一个完成的训练大周期。

### 4. 大周期各阶段的训练要点

尽管不同项目的运动员在不同训练阶段的训练计划有着鲜明的个体特点，但总体上看又具有许多共同的基本特征。在此，以双周期训练安排中的一个半年训练大周期为例，展示了一个完整大周期中的训练要点。

## （1）训练方法与手段

准备期的身体素质训练，以持续法和间歇法为主，负荷特点是负荷量较大，强度较小，这对于重点发展耐力类素质，特别是有氧代谢能力特别有益。准备期的技战术训练，均以分解法为主。运动员首先应着力于改进或完善技术中主要存在的问题，然后在这一基础上逐步完善技术。战术训练中，为了掌握和发展新的战术配合，运动员要安排时间进行个人技术训练，做好准备，更好地配合战术训练。

比赛期的身体素质训练主要采用重复法，其特点是负荷强度较大，负荷量较小；发展技术主要采用完整法，并较多地采用比赛法，以便综合地发展与竞赛密切相关的专项竞技能力。当然，有时仍要根据需要适当地运用间歇训练法即分解训练法。

为了达到恢复的目的，恢复期宜多采用游戏法、变换法进行训练，这些练习能极大地提高运动员的兴奋状态。

### （2）训练负荷特点

为满足改善身体机能、改进技术环节、提高个人战术能力的需要，准备期的一般准备阶段采用中等程度的负荷量和较小的负荷强度。但到了准备期的专门准备阶段，为了进一步提高专项技术水平，强化完整技术的使用能力，改进多人或全队战术配合，需要将负荷量逐步上升至整个训练大周期的最大值，同时将负荷强度略微提升至中等强度。

由于任何竞技性比赛都要表现出最高的专项强度，因此从进一步发展专项素质以及培养竞技状态的目的出发，进入比赛期后，赛前训练的负荷强度要进一步增至中等或较大，负荷量降至中等水平。

进入集中比赛阶段后，在比赛的初始赛次之前，必须采用2~3周的时间来相当显著地降低负荷量，同时采取保持和充实已有的训练水平的负荷强度。之后进入的直接临赛训练阶段一般由一个中周期构成，其中前半部分总的负荷较大，后半部分要保证充分的恢复，大幅降低负荷量并保持达到最高的负荷强度，使运动员机体适应达到最佳条件，起到诱导最佳竞技状态的目的。

恢复期训练负荷的突出特点是要降低练习强度，可以根据运动员的具体情况保持一定的量。为此，在训练中多采用持续训练法。

## 三、周训练计划与实施

根据不同时期的训练任务及训练内容的不同，可以把周训练分为基本训练周、赛前训练周、比赛周、赛间训练周及恢复周五种类型。

1. 周训练计划的基本类型

(1) 基本训练周

基本训练周是运动训练过程中最基本的训练周型，运动员竞技能力的提高主要得益于这个阶段的训练，其主要任务在于通过大量反复的练习，有效提高运动员专项身体能力与技战术水平，通过训练负荷的深刻刺激全面改善身体的能力状态，以期实现竞技能力的全面提高。

(2) 赛前训练周

赛前训练周直接针对运动员参加重大比赛而展开，主要任务在于完善专项竞技能力的核心要素，为形成良好的竞技状态奠定基础。其特点是训练内容更集中，专项特点更突出，通过集中训练的定向整合，重点发展专项竞技能力中具有决定意义的关键能力。

(3) 比赛周

比赛周的训练直接为完成比赛、争取好成绩服务，核心要点是培养最佳竞技状态并参赛制胜。组织过程中，在前期竞技能力发展与状态调整的基础上，通过训练进一步整合竞技能力结构，在比赛日达到竞技状态的峰值，充分地表现出已具有的竞技水平。

(4) 赛间训练周

赛间训练周主要是为比赛与比赛之间3~10天时间间隔而做专门准备的训练，其任务是消除前一次比赛后生理、心理的疲劳，促进机体的恢复，进行针对性的技术与战术训练，迎接下一次比赛任务。也就是说，恢复与准备是赛间训练需要着重关注的要点。

(5) 恢复周

高强度的训练和比赛结束后，运动员的身体能量消耗较大，身体处于疲劳的状态。恢复周通过负荷水平较低的训练适度地刺激运动员机体，保持机体的适度活性，以便更快、更好地消除运动员身心疲劳，结合专项特征及个人特点，集中精力促进全面恢复。

## 2. 周训练计划的训练要点

决定周训练负荷与内容的主要依据，是实现训练目标的需要和不同负荷后机体的反应及恢复状况，前者决定着应该把哪些内容列入训练计划中，后者则决定着这些内容应该怎样组合在一起。

①单次大负荷课：运动员参与不同类型的大负荷课训练之后，机体的恢复的过程是非同步的，其中，与负荷主要性质相应的运动能力刺激最为深刻，疲劳产生最明显，恢复得也最慢，与此同时，其他运动能力的恢复时间则较短。

②连续进行相同性质的大负荷课：对于高水平运动员而言，为了引起机体更深刻的变化，产生新的生物适应，会连续采用相同的大负荷刺激，即在第二次课开始时，机体能力处于尚未完全恢复状态。第一次大负荷课后的24小时，进行相同性质的大负荷课，会导致与上一次课性质相似的疲劳，但未改变疲劳的性质。

③连续进行不同性质的大负荷课：如果性质不同的两次大负荷课间隔24小时连续安排，那么对于机体的累积作用和各自作用导向的影响有着根本的区别。在前次课疲劳时，施加性质不同的第二次课，则第一次课的对应能力不会加深疲劳，但会抑制其他方面的工作能力。相应地，如果性质不同的三次大负荷课间隔24小时连续安排，那么三次课结束后，运动员所有的工作能力均明显低于初始水平。这就意味着，在大负荷课之后，安排其他性质的小负荷课或中负荷课，有利于产生显著的恢复效果。

### （1）基本训练周

基本训练周内容的结构安排，既要能够使运动员所需要的各种竞技子能力得到全面综合的发展，又要体现负荷量度的波动起伏，避免因负荷过于集中而导致过度训练。

### （2）赛前训练周

赛前训练周训练内容的交替安排中，训练的内容更加专项化，采用的练习更加接近于专项比赛的特点。在运动素质训练方面，一般运动素质的比例减少，而专项素质的比例增加。

赛前训练的核心训练任务是有效刺激运动员的机体，实现专项竞技能力的定向发展，并形成良好的竞技状态。此阶段训练的总体负荷水平保持在较高的层次，以强度刺激为主，并适当安排适应性的热身赛，不断强化机体能力的转化，逐渐形成预期的临赛状态。

### （3）比赛周

一般来说，根据不同训练负荷后完全恢复所需时间的不同，可以把高强度的无氧代谢训练、速度训练、力量训练、高强度专项训练等安排在赛前3~5天中，把有氧代谢训练等中低强度的一般训练安排在赛前1~3天进行。在比赛日，运动员竞技能力的各个要素都处于最佳的水平，从而可以形成良好的竞技状态。

### （4）赛间训练周

赛间训练周训练内容与负荷的安排应综合考虑比赛的特点和赛间时间的长短。基本要求是，安排好负荷的节奏，避免负荷强度与负荷量同步增加，恢复性小负荷的课次增加至1/2，同时加强恢复措施。

如果赛制为每周一赛，那么负荷安排呈现明显的"凸"形，赛中达到最大负荷；训练内容除了第一天和最后一天安排小负荷技术训练外，周中表现为身体素质训练与技、战术训练的差异化安排，即随着比赛的临近，素质训练比例降低，技、战术比例增高。

### （5）恢复周

为了实现恢复周训练的主要目标，要求其训练内容广泛而灵活，应多选择以下两种内容：一是，一般性的身体练习，如非专项的球类活动、游泳、各种非竞技性的健身体操等；二是，带有游戏性的练习，恢复周通常大幅地降低负荷强度和负荷量，或适当保持一定的水平。如果比赛周的负荷量很小，也可以在恢复周适当地增加负荷量。

## 四、训练课的方案与实施

作为运动训练活动最基本的构成单元，训练课由准备部分、基本部分和结束部分组成。根据训练课的不同任务和具体内容，尤其是重点发展的竞技能力要素，可以把训练课分成运动素质训练课、技术与战术训练课、综合训练课及测验、检查和比赛课等。

1. 课训练计划的类型

（1）运动素质训练课

运动素质训练课的主要任务，在于通过多样的训练方法和手段，全面发展运动员力量、速度、耐力等各种一般和专项运动素质。这类课大多安排在大周期准备期的第一阶段，其他时期主要用于巩固运动员身体能力水平，以及作为调节负荷节奏来使用。

（2）技战术训练课

技战术训练课主要进行各类技术与战术训练，以及为专项技术、战术训练服务的辅助性练习，其基本任务是学习、掌握和熟练专项技术和战术，提高技战术能力和运用质量，及时纠正技战术使用错误，多人及集体项目通过战术配合训练提高集团竞技能力。

（3）综合训练课

综合训练课依据运动员发展多种竞技能力的需要，在一节训练课中，通常安排两种以上的训练内容，运用包含体能、技能、战术能力、心理能力及知识能力紧密结合实战需要的综合性训练方法与手段进行训练。

（4）测验、检查和比赛课

训练过程中的测验、检查和比赛是检验训练成果的手段，其任务是对运动员的训练效果进行检查。

2. 课训练计划的结构

（1）准备部分

准备部分的任务是使运动员调整心理状态、调动各种生理机能，准备承受基本部分训练负荷及完成所安排的训练内容，以获得理想的训练效果。准备活动用时依照运动员个人特点与竞技水平而定，一般而言，优秀运动员的准备活动可以较快地完成机体动员。

（2）基本部分

基本部分安排训练课的主要训练内容。基本部分的结构和持续时间因项目不同而异，即使是同一项目的训练，在不同的训练时间内，这种差别有时也是很大的。造成这种现象的主要原因在于，每次训练课都必须纳入总体的训练计划，必须使每次课的训练效果能承上启下，使前次课的效果得以延续，本次课的效果得到积累，课的内容、练习手段和负荷等各项指标必须符合训练过程的发展趋势，这就必须根据运动员训练水平发展的需要，决定本次课基本部分的训练安排。

①单一内容训练课的基本部分：单一内容训练课基本部分的特点是，内容单一、任务明确、时间集中，适于完成需时较多的训练任务。这类课在耐力性项目的训练安排中较为常见。

②综合内容训练课的基本部分：综合内容训练课由各种内容的练习组成，基本部分的变化较为丰富，因此在组织时，应考虑四个方面。

第一，各种练习之间的顺序。一般来说，应将要求神经系统较为兴奋、能量供应充沛的练习安排在课的前面，将容易产生疲劳或需要在疲劳状态下进行的练习安排在后面；将技术性强的练习安排在前面，素质练习安排在后面；将对其他练习产生良好影响的练习放在前面，不产生影响或有不良影响的练习安排在后面。第二，改变练习内容时必须做适应性的专项准备活动。若在综合内容的练习课基本部分中安排相互联系不紧密的内容，应在更换内容时做一些专项性的准备活动。第三，注意不同训练内容负荷的累积效应。综合内容训练课基本部分虽然安排的练习内容不同，但有机体接受的负荷性质可能是一样的，如果练习时产生的负荷作用于有机体的同一系，那么运动员机体可能因负荷的积累效应而受到较为深刻的刺激。第四，安排作用于同一机能系统的练习时，负荷应呈波浪形的变化。如果在基本部分安排作用于同一机能系统的练习，为使该系统得到适时的休整，那就应采用间歇、改变练习的密度等方式，使负荷产生波浪形的变化。综合课的负荷曲线根据内容的多少可能出现几次高峰，在换项的间隙中处于波谷。

### （3）结束部分

训练课结束部分的任务主要是消除训练课基本部分所造成的心理、生理上的紧张状态。作为训练课的结束部分并不可能完全消除紧张训练工作带来的疲劳，训练课的结束也就意味着运动员机体全面恢复过程的开始。因此，有组织地进行训练课的结束部分对机体恢复过程的积极进行有着重要的作用。

### 3. 课训练计划的负荷

不同负荷等级给予运动员机体的刺激程度不同，因此表现出各异的作用价值。若要使运动员表现出更高的状态水平，就需要通过较大负荷课甚至大负荷课来打破机体的固有状态；与之相比，中负荷课只能使运动员保持已达到的水平，并解决各个局部的训练任务；而小负荷课只能加快前几次负荷课后的恢复过程。对于不同负荷课等级的划分，可以通过以下方式予以判定。

### （1）依据主要训练手段训练量

在一次预定时间界限的训练课中，完成主要训练手段的最大训练量可作为大负荷训练课的判定标准，运动员所能承受最大负荷的80%以上为大负荷，50%~80%为中等负荷，50%以下为小负荷。

### （2）依据训练课后恢复的状态

有机体在负荷刺激下产生疲劳，负荷越大，疲劳越深，需要恢复的时间也就越长。比较同一时间长度的训练课结束后，机体疲劳恢复至原来水平时间的长短，即可判断训练课负荷的等级。其中，对于大负荷课，恢复时间为2~3天；对于较大负荷课，恢复时间为1~1.5天，负荷量为大负荷课的70%~85%；对于中等负荷课，恢复时间为10~12小时，负荷量为大负荷课的50%~70%；对于小负荷课，恢复时间仅为几十分钟或几小时，负荷量为大负荷课的20%~25%。

### （3）依据训练课中的疲劳程度

训练负荷增加能导致运动员机体工作能力的降低，疲劳产生后，运动员所表现出的能力，可以作为外在判断负荷等级的标准。大负荷课，运动员没有能力继续完成设定的训练任务；较大负荷课，稳定工作状态下达到的训练量，并且不会引起工作能力降低，疲劳程度为大负荷课的60%~75%；中等负荷课，稳定工作能力的第二阶段，可保持动作的稳定性，疲劳程度为大负荷课的40%~60%；小负荷课，稳定工作能力的第一阶段，疲劳程度为大负荷课的15%~20%。

## 五、赛前训练计划与实施

训练计划制订与实施的目的，是不断发展运动员的竞技能力与培养运动员的竞技状态。通过准备期和比赛期前期的积累，运动员的竞技状态已得到优化，但若想在年度重大比赛中发挥出最高的竞技水平，仍需要进行专门性的设计，通过赛前训练诱导出最佳竞技状态。

### 1. 时间时长

赛前训练之前，运动员要接受高负荷的强化训练阶段，会产生明显的生理和心理疲劳。为此，赛前训练既要保证疲劳得到消除，促进超量恢复的产生，又要使运动员在比赛中表现出可以承受高强度比赛所需的身体能力、技术与战术水平以及心理应激状态。

赛前训练阶段的时间长度通常为2周左右，但不同项群和项目间存在一定差异。在安排赛前训练的时间长度时，应具体考虑如下因素：第一，不同专项的竞技需要；第二，运动员的个人特点，如肌肉体积较大运动员和高龄运动员的恢复和状态诱导时间较长，赛前训练的开始时间较早；第三，前一阶段训练的性质和负荷量度，之前负荷的量度越大，机体能力下降得越多，赛前训练持续时间应越长。

### 2. 训练负荷

为了实现运动员的疲劳恢复、比赛强度保持、竞技状态诱导等目的，赛前训练负荷安排的基本特点是，负荷量显著下降，负荷强度基本保持不变甚至略有提高。作为赛前训练阶段变化最为明显的负荷量，其降低规律具有"先快后慢"的指数下降特征。

在年度大周期的负荷安排中，赛前减量阶段之前的强化训练阶段通常达到或接近个人水平的最高值，此时要及时而准确地实施科学监控，避免过度训练。如果以强化训练阶段的负荷量作为基准，不同项群（项目）负荷量的降低幅度会呈现明显的区别。

### 3. 训练内容

赛前训练的内容选择，应紧密围绕不同项目专项竞技能力的需要展开，强调各训练要素的精细安排与搭配，强化训练质量的核心理念，具体表现在：训练内容更趋于满足专项比赛的需要，练习方式更加切合专项运动形式，组织方式更接近专项比赛的特点。

【知识小结】

本章从理论与应用角度，系统阐述了训练分期的主要意义、理论基础以及训练分期的主要类型与适用范围；框架指出了运动训练过程的层级体系、基本程序和规划要点；重点讨论了不同层级训练计划中的阶段划分、内容安排、方法遴选、负荷要求等要点和赛前训练计划制订的要求。需要指出训练计划是时空维度上的组织与安排，是保证竞技能力形成的科学设计。

【知识检测】

一、判断题

（　）1. 训练分期是运动训练活动在时间维度上的理论设计，以规划运动员竞技能力增强和竞技状态转移的路径。

（　）2. 人体的竞技能力可以分为先天遗传性竞技能力与后天获得性竞技能力。

（　）3. 训练实践中，如果在超量恢复阶段适时地给予新的刺激，"负荷—疲劳—恢复—超量恢复"的过程可以不断地在更高的水平层次上周而复始地进行，使运动员的机体能力得到不断提高。

（　）4. 训练板块是指一种高度专项化集中式训练负荷的周期训练模式，即由三个训练因素组织集合成一种具有专项功能和彼此间紧密联系的单元。

（　）5. 波动分期模式增加了训练内容和负荷量度的变化与波动，主要分为周波动分期模式和日波动分期模式。

（　）6. 运动训练过程是运动训练活动进行的步骤和程序，是运动训练在时间维度上的体现。

（　）7. 在运动训练过程中，对运动员起始状态的全面诊断是重要的起点。

（　）8. 训练计划的准备性部分主要包括诊断运动员起始状态和确定训练任务和指标两项内容，用以为训练目的的制订提供必需的指导信息和规划依据。

（　）9. 运动员竞技能力系统的持续发展既表现于空间维度上的各竞技能力要素的数量增长以及竞技能力系统结构的质量提高，也表现于时间维度上的竞技能力发展的持续性。

（　）10. 运动训练计划的制订与实施，是运动训练过程中的组织环节，是从时间维度上对运动训练内容、方法、手段、负荷等要素使用阶段做出的规定性安排。

（　）11. 准备期的身体素质训练，以持续法和间歇法为主，负荷特点是负荷量较大，强度较小，这对于重点发展耐力类素质，特别是有氧代谢能力特别有益。

（　）12. 根据不同时期的训练任务及训练内容的不同，可以把周训练分为基本训练周、赛前训练周、比赛周三种类型。

（　）13. 赛前训练周训练内容的交替安排中，训练的内容更加专项化，采用的练习更加接近于专项比赛的特点。

（　　）14. 运动素质训练课的主要任务，在于通过多样的训练方法和手段，全面发展运动员力量、速度、耐力等的各种一般和专项运动素质。

（　　）15. 为了实现运动员的疲劳恢复、比赛强度保持、竞技状态诱导等目的，赛前训练负荷安排的基本特点是，负荷量显著下降，负荷强度基本保持不变甚至略有提高。

## 二、选择题

1. 训练分期是运动训练活动在（　　）上的理论设计。

　　A. 时间维度　　　B. 空间维度　　　C. 训练周期　　　D. 训练计划

2. 先天遗传性竞技能力主要通过（　　）获得。

　　A. 后天训练　　　B. 生活习惯　　　C. 基因遗传　　　D. 饮食

3. 机体对于负荷刺激会产生（　　），并且对不同的负荷刺激产生不同的反应效果。

　　A. 抑制反应　　　B. 应激反应　　　C. 兴奋反应　　　D. 适应反应

4. 训练计划是对运动训练发展进程预先做出的（　　）。

　　A. 预期目标　　　B. 整体规划　　　C. 理论设计　　　D. 实践要求

5. 实现训练目标是训练活动的终极（　　）。

　　A. 任务　　　B. 责任　　　C. 方向　　　D. 目的

6. 主要适用于需要较长时间才能完成的项目，以及冬季项目等受气候条件限制较大的项目的周期安排是（　　）。

　　A. 单周期　　　B. 双周期　　　C. 多周期　　　D. 大周期

7. （　　）的身体素质训练主要采用重复法，其特点是负荷强度较大，负荷量较小。

　　A. 准备期　　　B. 比赛期　　　C. 恢复期　　　D. 赛前备战期

8. 训练内容的交替安排中，训练的内容更加专项化，采用的练习更加接近于专项比赛的特点的是（　　）。

　　A. 比赛周　　　B. 恢复周　　　C. 赛前训练周　　　D. 赛间训练周

9. 训练课基本部分的特点是，内容单一、任务明确、时间集中，适于完成需时较多的训练任务的是（　　）。

　　A. 专项训练课　　　B. 基本素质训练课

　　C. 综合内容训练课　　　D. 单一内容训练课

10. 训练计划制订与实施的目的，是不断发展运动员的竞技能力与培养运动员的（　　）。

　　A. 运动能力　　B. 竞技状态　　C. 竞技水平　　D. 竞技能力

### 三、填空题

1. 运动员的竞技能力是一个由关联紧密的多层次要素构成的复杂体系，竞技能力的获得途径包括_____、_____和_____，发展过程既有阶段突破也有长期持续，实现方式既可单一也可综合。

2. 虽然不同类型、不同阶段的训练计划各有特定的目标与要求，但是运动训练过程的基本_____与_____是类似的。

3. 根据不同时期的训练任务及训练内容的不同，可以把周训练分为_____、_____、_____、_____和_____五种类型。

4. 训练计划制订与实施的目的，是不断发展运动员的_____与培养运动员的_____。

### 四、名词解释

1. 训练计划。
2. 运动训练过程。

### 五、简答题

1. 简述训练分期主要意义。
2. 简述训练分期理论基础。
3. 简述训练分期多维认识。

### 六、论述题

论述运动训练过程规划的要点及注意事项。

# 第八章　运动训练过程监控

**本章导语**：本章内容包括训练监控概述、训练监控理论基础、训练监控评价指标体系、训练监控组织体系四部分。其中，训练监控概述重点阐述训练监控定义、意义与发展；训练监控理论基础主要阐述三种训练监控的理论支撑；训练监控评价指标体系主要介绍两类训练监控基本评价指标及两者之间的关系；训练监控组织体系则重点说明监控主体与对象、监控目标与内容、监控类型与方法。

**学习目标**：通过学习能够掌握本章所涉及的有关术语的基本概念；基本认识运动训练监控基本理论和主要特点，基本理解运动训练监控基本内容及常用方法，基本掌握运动训练过程监控常用指标及评价手段。

**知识重点**：训练监控的主要特点及意义。

**知识难点**：指标体系主要介绍训练监控基本指标及评价手段。

**知识框图**：

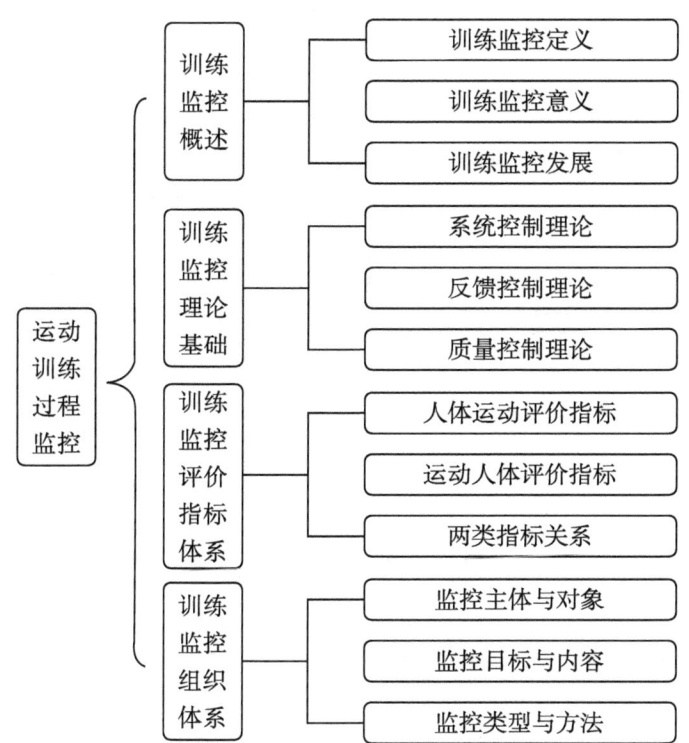

# 第一节 训练监控概述

随着现代竞技运动职业化程度的不断提高,人们对有关竞技训练和参赛成本、效益和质量的关注不断增强,运动训练过程监控的重要性日益凸显。

## 一、训练监控定义

训练监控是指在训练过程中,为了最大限度地提高运动员的竞技能力与运动成绩,科研人员与教练员协同合作,对运动员竞技能力状态与各影响因素进行监测、评价,并根据反馈信息科学调整、控制训练过程的活动。训练监控的过程如图8所示。在训练实践中,监测是对运动员竞技状态信息的监督测试;评价是对训练质量的检查评定;调整是对训练计划的改进优化;控制是对训练进程的把握操控,训练监控是监测、评价、调整和控制的统一。

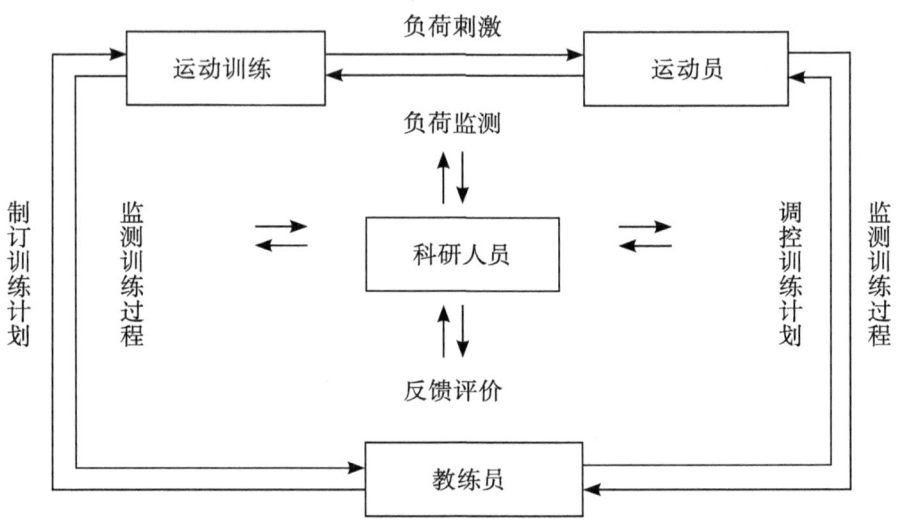

图8 训练监控过程示意图(综合编制)

## 二、训练监控意义

**1. 训练监控为防范训练风险提供了系统控制的手段**

训练监控的直接目的就是监测与调控运动员的竞技能力状态,通过科学诊断运动员的身体机能、技术能力、战术能力、心理能力等,为教练员实施有效控制提供准确而详细的信息。防范风险是实施训练监控的首要目的。

**2. 训练监控为检查训练质量提供了全面及时的依据**

训练监控通过对运动员专项系统指标的长期跟踪与监测,综合评价运动员的专项体能、技术、战术、心理等状态的变化特征,并形成多维度的综合评价报告,为改进专项训练方法与调控竞技状态提供科学依据。

**3. 训练监控为制订训练计划提供了客观准确的起点**

运动员的现实状态诊断,包括竞技能力状态、运动成绩水平、运动负荷程度等方面,训练监控为运动训练过程确立了一个客观准确的出发点,为训练设计和训练实施提供了一个清晰的思路。

## 三、训练监控发展

**1. 国外发展概况**

**(1) 早期形成阶段(19世纪至20世纪40年代)**

早期的训练监控是在生理学、生物化学学科发展基础上产生的。19世纪,西方生理学家就开始关注运动对人体生理指标的量化研究。20世纪初,学者们开始从不同角度探索运动对人体机能影响机制的研究,主要集中于心血管、肌肉、血液、代谢等方面。早期的训练监控主要运用生理生化理论与方法探索运动对人体机能影响并进行简单的机能评定。

**(2) 快速发展阶段(20世纪50年代至20世纪90年代)**

20世纪50年代后,训练监控进入多学科的快速发展的时期。如血乳酸、最大吸氧量、无氧阈、训练刺激量（TRIMP）等，通过量化训练负荷来评估训练效果。

### （3）系统发展阶段（21世纪至今）

进入21世纪，训练监控向学科应用系统化、测量技术数字化、数据分析智能化等方向发展。从学科角度看，重视训练监控向多学科、多因素整体综合的监控模式转变；从监测技术看，随着计算机技术、无线通信技术、微电子技术等快速发展，GPS运动定位系统、惯导动作捕捉系统等运动场监测方法被广泛使用，从数据分析角度看，大数据在训练监控中扮演着重要角色。快速的信息反馈可以协助教练员从海量的比赛数据中发现规律，为科学选材、训练方法优化与比赛战术调整等提供智能参考。

### 2. 国内发展概况

### （1）简易监控阶段（20世纪50年代至70年代）

我国真正意义上的运动训练监控开展始于20世纪50年代。该时期的显著特点是，人们已经意识到训练监控的重要意义，开始关注训练监控，但因现实条件所限，只能自发地采用不借助实验仪器的单一简易的医学指标，监测专项训练或专项训练的某一方面，未达到规范化、制度化和系统化。

### （2）综合监控阶段（20世纪80年代至90年代）

随着竞技体育的竞争日益激烈，在20世纪80年代初期，体育科学界提出应从多学科、多指标对运动训练过程进行综合监控的理念。运动生理学、运动生物化学、运动生物力学、运动心理学、运动医学等学科的理论、方法与手段开始被综合应用于训练监控中。

### （3）科学监控阶段（21世纪至今）

21世纪是科技的时代，训练监控也迎来科技的革命。在训练监控指标方面，一些新的生化指标不断被应用于训练监控中；在训练监控信息采集方面，高科技仪器设备应运而生；在训练监控数据分析方面，大数据成为热议术语；在学科领域方面，计算机图像信息、电子与工程力学，分子生物学包括转录组学、蛋白质组学、基因组学和代谢组学等学科与技术手段正在被尝试应用到训练监控不同场景。此时期的显著特点是，从指标到方法、从过程到结果、从技术到手段，训练监控的方方面面无不与科技接轨,训练监控迎来科学监控时代。

## 第二节 训练监控理论基础

### 一、系统控制理论

系统控制理论是指为实现一定目标,从整体的角度对系统进行分析的原理、原则和方法的总和。运动训练系统控制的结构如图9所示。

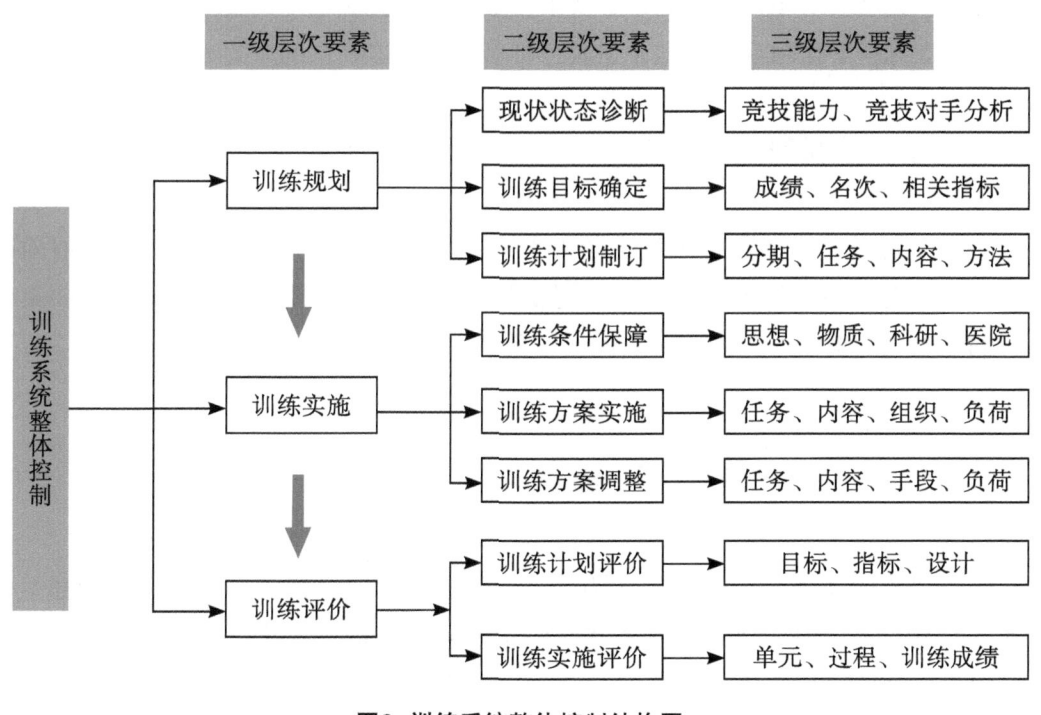

图9 训练系统整体控制结构图

(引自胡亦海,2014,并整理)

训练监控也是一个复杂的系统,同样遵循系统控制理论对其进行有效控制。训练监控的系统控制就是从训练监控的整体出发,研究训练监控的规划、设计、组织、实施、管理和评价,从而将训练监控实施最佳管理和科学的调控方法进行综合,其控制重点是训练监控的计划与实施。两者的高度结合是训练系统控制的核心。

## 二、反馈控制理论

控制论的信息、反馈和系统原理对研究系统的构建有重要的指导作用。在实际过程中，往往采用反馈手段对系统进行调节，即为反馈控制方法。

反馈控制理论是指在反馈控制系统中，控制装置对被控对象施加的控制作用，通过取自被控量的反馈信息，不断修正被控量与输入量之间的偏差，实现对被控对象的控制。在运动训练实践中，运动技能的形成过程可以看成是一个由施控主体（教练员）、控制对象（运动员）、控制通道（训练方法）、反馈信息（运动员自我感觉、运动成绩、运动技术相关信息等）等要素构成的具有控制功能的复杂系统。训练的实时反馈是训练科学化的重要标志，是教练员对训练实施控制的重要方法。

## 三、质量控制理论

质量控制理论是指根据有关规定和产品特点，对活动全过程实施全面、有效的质量监控。对运动训练进行的质量控制就是动态监测训练过程的各个环节和要素，及时调控出现的偏差与失误，以确保训练质量的不断提高。

# 第三节 训练监控评价指标体系

一个完整的训练监控过程包括测量、评价和调控三个部分。本章主要阐述运动素质、技术、战术等人体运动基本指标和运动生理、运动生化、运动心理等运动人体基本指标的监测与评价。

## 一、人体运动评价指标

### 1. 素质评价指标

专项运动素质评价指标是指反映运动员专项运动素质发展状况的指标，主要包括专项力量、专项速度、专项耐力等。

专项运动素质评价指标的监测以运动场测量方法为主。专项力量指标的监测方法主要通过专项力量训练手段进行。专项速度指标的监测以非接触式的运动生物力学测量方法为主。

### 2. 技术评价指标

运动技术评价指标主要包括运动学和动力学指标。运动学指标可确定技术动作的时间特征、空间特征和时空特征；动力学指标可反映技术动作的力的特征、冲量特征和能量特征，通过对运动员技术动作的实时监测与诊断，可为技术训练的改进方案提供参考。运动技术评价主要采用常规技术评价、数学物理模型和专家系统评价三种方法。

### 3. 战术评价指标

运动战术评价指标主要包括运动技术串联与衔接程度、运动战术组成与成功率、运动战术形式及其变化效果等。球类项目的战术监控较为重要，常用球类战术评价指标主要围绕时间和空间、进攻与防守、攻防转换展开。

## 二、运动人体评价指标

### 1. 生理评价指标

常用运动生理评价指标，运动生理指标的数据采集主要通过实验室采集和运动场采集两种方式实现。实验室采集是指在实验室条件下，采用生理学测量系统，监测运动员机体的相关生理指标变化。运动场采集是指通过专门的训练器械或专项训练手段，诊断和评价运动员的专项训练水平。

运动生理评价常采用多指标的综合评定方法，通常由若干单个指标组成。在训练实践中，应根据不同监控目标选择相应的评价指标与方法，此外，还应根据专项的代谢能力要求选择相应的评价指标与方法。

### 2. 生化评价指标

运动生化评价指标可以从分子水平上分析研究运动时身体机能的变化，能够较为准确地揭示运动员机体在训练中的物质代谢和能量供应特点，客观评定机体的运动负荷水平。负荷大小可根据体内的生化指标变化进行评定。在训练监控的实践应用中，常采用血乳酸、尿蛋白、肌酸激酶等评定运动负荷强度；采用血尿素、血红蛋白、血清睾酮和尿胆原评定负荷量。

运动生化指标的采集主要分为两大类：身体机能类与生理反应类（内分泌）。运动生化指标的测试时间要求较为严格。运动生化指标的采集方法为仪器法，采用全自动测试仪器，具有实时测试、快速评定的特点。

运动生物化学评价常采用多指标的综合评定，为了使评价更加准确，有时还需要经过一个阶段的追踪测试、综合研究。运动生物化学指标的选择与竞技专项特征密切相关。

### 3. 心理评价指标

运动心理评价指标主要分为运动心理能力指标和运动心理状态指标。

运动心理评价指标的采集主要采用多维检测方法，系统地监测运动员的心理状态和运动性心理疲劳，多维的、长期的、个性化的检测方法是一种必然趋势。

运动心理评价主要是以各心理量表的评定标准为依据，综合评定运动员的心理活动特点与水平。运动心理评价具有个性化、专项化特征，应根据专项特征选择适宜的、相应的运动心理评价量表。

## 三、两类指标关系

首先，两类监控指标反映了训练监控中稳态与动态的辩证统一关系。

运动人体评价指标描述运动训练过程中运动员有机体系统机能状态的内部参量，其性质是一种状态量；人体运动评价指标描述个体行为动态过程的外部参量，其性质是一种过程量。

其次，两类监控指标反映了训练监控中显性与隐性的辩证统一关系。

训练监控指标中的人体运动评价指标反映了运动员有机体的运动外部特征及其变化规律；而运动人体评价指标则揭示了运动训练过程中运动员有机体内部变化规律。

最后，两类监控指标反映了训练监控中独立与联系的辩证统一关系。

人体运动评价指标用于诊断或评定运动员的素质、技术、战术等竞技能力发展过程；运动人体评价指标用于诊断或评定运动员机能状态的发展现状。

## 第四节 训练监控组织体系

### 一、监控主体与对象

#### 1. 训练监控主体

训练监控主体主要由科研人员和教练员构成。训练团队中的科研人员和教练员是训练监控的主体，组织、控制着训练监控的整个活动过程。

科研人员，最初主要是由运动队中的队医兼任，随着运动训练过程中科学研究的需要，通过科研人员助力科学训练已经成为竞技体育界的共识。为此，不少高水平运动队（员）都配有一支专业素质较高的科技团队，全面负责运动训练过程中的监测工作。

教练员方面，以"主教练+专项教练+体能教练+科研教练"的教练团队模式最为常见。科研人员的调控信息只有通过教练员才能够付诸训练实践。

#### 2. 训练监控对象

运动训练的监控对象主要指运动员的训练过程与竞技能力发展进程。训练监控的直接目的就是通过监测与评价运动员训练过程，并对运动训练计划制订调控信息从而实现训练质量的提升。

运动训练过程与运动员的竞技能力发展进程是训练监控的直接监控对象。训练过程是运动员在约定时间点上实现初始竞技状态向目标竞技状态的转移过程，为了确保训练目标在约定时间点上的稳定实现，必须对训练过程制订科学的训练计划。

运动员，作为训练的主体，是教练员的指导对象也是训练监控的对象。运动训练的直接目的是提升运动员竞技能力，运动员完成训练计划是竞技能力提升的主要保证。

## 二、监控目标与内容

### 1. 训练监控目标

训练监控的总体目标主要是：确定有效的训练监控指标，采用合理的训练监控方法与手段，遵循高效的训练监控活动实施程序，及时检查运动员训练的效果，并分析各种效果产生的原因，提出针对性的具体对策。训练监控总体目标，主要通过达成各个具体的训练监控子目标来实现。训练监控总体目标的子目标主要包括核心和主导性目标与条件性和保障性目标，具体分为训练负荷监控目标、竞技能力监控目标、身心健康监控目标和运动营养监控目标等。

### 2. 训练监控内容

训练监控的内容主要包括影响竞技能力和运动成绩的主要因素，具体分为决定性因素监控内容和影响性因素监控内容。

决定运动成绩的主要因素有运动员在比赛中的竞技水平表现、对手在比赛中的竞技水平表现及竞赛结果的评定行为。其中，运动员在比赛中所表现的竞技水平是影响运动成绩的决定性因素，是最根本和最重要的原因，也是训练监控重点控制的方面。

运动员竞技能力与运动成绩主要是在运动训练的作用下逐步提高的。从运动训练实践来看，可控的、稳态的、直接的影响性因素也是训练监控的主要内容。影响性因素监控内容具体包括：占主导的对运动员身心疾病等的监控与预防；运动营养监控等。

## 三、监控类型与方法

### 1. 训练监控类型

训练监控的类型可以依据不同的标准进行划分。在训练过程中，教练员通过瞬时监控、日常监控和阶段性监控，及时了解运动员的训练状态。

依据训练监控的时段,可以分为终末监控和过程监控。从时间角度来看,瞬时监控和日常监控可以被看作过程监控,阶段性监控可以被看作终末监控。

依据周期训练理论,训练监控可以分为准备期监控、赛前期监控、比赛期监控与调整期监控,形成一个完整训练周期的监控过程。

### 2. 训练监控方法

训练监控方法,指的是系统展开监控工作的一种标准化方式,从监控实施程序看,任何一个类型的训练监控都包括测量、评价、调控三方面,因此,训练监控的具体操作方法由测量方法、评价方法、调控方法组成。

比较成熟的测量方法通过实验室测量和运动场测量这两种模式实现,条件允许的情况下,采用运动场测量与实验室测量相结合的模式更佳。

训练监控评价方法,按照指标评价范围,可以分为单指标评价、多指标评价和综合性评价。

训练调控方法实际上就是对训练活动进行调整、控制的行为。训练调控方法的核心环节是反馈与调整。训练调控方法主要有两种类型,一种是训练期调控;另一种是赛前训练调控,赛前调控以训练期调控为基础。

### 3. 监控质量评价

一个完整的训练监控过程主要由训练监控计划与训练监控实施两大部分组成。

训练监控质量评价内涵包括以下三个方面:首先,训练监控质量评价的目标是保证训练监控顺利实施,提高训练监控运行绩效;其次,对贯穿于整个训练监控实施过程中各个系统环节进行质量评价;最后,训练监控的质量评价信息用以调整训练监控的运行偏差。

训练监控计划是训练监控的顶层设计,其质量评价要点是:监控计划的整体安排、训练监控的目标及内容、现实状态诊断分析、分期内容与手段、训练监控指标设置、负荷与状态趋势、训练监控措施要求。

训练监控实施是训练监控的运行过程,其质量评价要点是:数据采集、数据分析、信息反馈、调控措施。

【知识小结】

本章主要阐述训练过程监控理论及其应用，其中，训练监控基本概念、训练监控基本原理、训练监控评价指标体系、训练监控组织体系等内容，是本章重点讨论的内容。只有深刻地、辩证地认识训练监控的体系及要素，才能全面地掌握和科学地提高运动训练的质量水平。

【知识检测】

一、判断题

（　　）1. 训练监控对运动员竞技能力状态与各影响因素进行监测、评价、调整和控制。

（　　）2. 训练监控为防范训练风险提供了系统控制的手段。

（　　）3. 训练监控为检查训练质量提供了客观准确的起点。

（　　）4. 训练监控为制订训练计划提供了全面及时的依据。

（　　）5. 训练监控的国内发展有三个阶段。

（　　）6. 控制论的信息、反馈和系统论的原理对研究系统的构建有重要指导作用。在实际过程中，往往采用控制手段对系统进行调节。

（　　）7. 训练监控的系统控制就是从训练监控的整体出发，其控制重点是训练监控的计划与实施。

（　　）8. 训练监控计划与实施的高度结合是训练系统控制的核心。

（　　）9. 训练系统整体控制包含训练规划、训练实施、训练评价。

（　　）10. 对运动训练进行的质量控制就是静态监测训练过程的各个环节和要素，及时调控出现的偏差与失误，以确保训练质量的不断提高。

（　　）11. 训练监控评价指标体系主要分为以人体的运动科学为学科基础的指标和以运动的人体科学为学科基础的指标。

（　　）12. 专项运动素质评价指标是反映运动员专项运动素质发展状况的指标。

（　　）13. 常用的建立专项运动素质模型的方法有四种。

（　　）14. 运动技术评价指标的数据采集，以运动学数据采集为主，动力学数据采集为辅。

（　　）15. 运动员在比赛中所表现的竞技水平是影响运动成绩的决定性因素，是最根本和最重要的原因，也是训练监控重点控制的方面。

## 二、选择题

1. 在运动训练实践中，运动技能的形成过程主体是（　　）。
   A. 教练员　　　　B. 运动员
   C. 训练方法　　　D. 运动员自我感觉、运动成绩等

2. 在运动训练实践中，运动技能的形成过程控制通道是（　　）。
   A. 教练员　　　　B. 运动员
   C. 训练方法　　　D. 运动员自我感觉、运动成绩等

3. 在运动训练实践中，运动技能的形成过程控制对象是（　　）。
   A. 教练员　　　　B. 运动员
   C. 训练方法　　　D. 运动员自我感觉、运动成绩等

4. 在运动训练实践中，运动技能的形成过程反馈信息是（　　）。
   A. 教练员　　　　B. 运动员
   C. 训练方法　　　D. 运动员自我感觉、运动成绩等

5. 运动人体指标描述运动训练过程中运动员有机体系统机能状态的（　　）。
   A. 外部参量　　B. 内部参量　　C. 状态量　　D. 过程量

6. 人体运动指标描述个体行为动态，其性质是一种（　　）。
   A. 外部参量　　B. 内部参量　　C. 状态量　　D. 过程量

7. 科研人员的调控信息通过（　　）才能付诸训练实践。
   A. 教练员　　B. 住队领队　　C. 科医人员　　D. 后勤人员

8. 准备期监控属于训练监控类型中的（　　）。
   A. 间隔时间长短　　　B. 训练监控时段
   C. 训练监控时间　　　D. 周期训练理论

9. 终末监控属于训练监控类型中的（　　）。
   A. 间隔时间长短　　　B. 训练监控时段
   C. 训练监控时间　　　D. 周期训练理论

10. 瞬时监控属于训练监控类型中的（　　）。
    A. 间隔时间长短　　　B. 训练监控时段
    C. 训练监控时间　　　D. 周期训练理论

### 三、填空题

1. 训练监控是_____、_____、_____与_____的统一。
2. 训练系统整体控制的一级层次要素有_____、_____和_____。
3. 一个完整的训练监控过程包括_____、_____和_____三部分。
4. 专项素质评价指标主要包括_____、_____和_____。
5. 运动技术评价指标主要包括_____、_____两部分。
6. 常用球类战术评价指标主要从_____、_____和_____三个角度展开。
7. 两类监控指标反映了训练监控中_____、_____和_____的辩证统一关系。
8. 训练监控组织体系构成要素主要包括_____、_____、_____、_____、_____和_____。

### 四、名词解释

1. 训练监控。
2. 系统控制理论。

### 五、简答题

1. 简述训练监控的意义。
2. 简述训练监控理论的组成。
3. 简述人体运动指标。

### 六、论述题

论述你对训练监控组织体系的基本内容和构成要素的理解与认识。

# 第九章　重大赛事赛间训练

**本章导语**：本章是认识重大赛事赛间训练内容与安排的实践性平台，是学习重大赛事精准调控的重要途径，是落实重大赛事赛间训练的重要环节。本章内容主要包括赛间训练概述、竞技状态赛间调控和赛间训练具体实施三个重要板块。其中，赛间训练涵义、赛间训练意义、赛间训练原则、赛间训练主要特点、赛间调控涵义、赛间调控基本策略、赛间调控基本内容、赛间调控基本要素、不同赛制赛间训练和不同赛式赛间训练是重点介绍的内容。本章旨在科学性地构建重大赛事赛间训练的理论与实操框架。

**学习目标**：通过本章的学习，学生能够掌握本章涉及的有关术语的基本概念、基本理解赛间训练的基本原则和主要特点，基本认识赛间调控基本策略、基本内容、基本要素的内容和基本掌握不同赛制赛间训练和不同赛式赛间训练的基本知识。

**知识重点**：赛间调控基本内容与基本要素。

**知识难点**：赛间训练主要特点与基本策略。

**知识框图**：

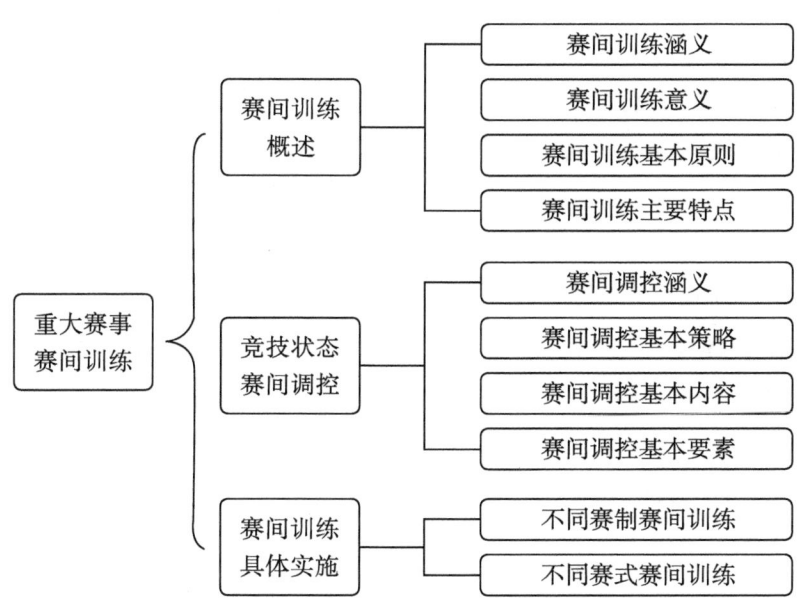

# 第一节 赛间训练概述

## 一、赛间训练涵义

### 1. 赛间训练的定义

赛间训练涵义：在重大赛事期间为保持、提升竞技状态所进行的旨在创造比赛中的优异运动成绩的训练活动。赛间训练具有赛后调整与恢复和赛前准备与模拟参赛之功效。

一般来说，赛间训练主要是指赛会制的赛事之间或赛程较短的联赛制的赛事之间的训练。

### 2. 重大赛事的界定与类别

**（1）重大赛事的界定**

重大赛事是指对个人、集体、国家的荣誉及利益具有重大影响力的赛事。一般来讲，重大赛事对于不同人群的涵义是不同的，具有层次性和相对性。

**（2）重大赛事的类别**

由表6可见，依据竞赛目的、任务、组织形式等可将比赛分为不同的类型。

表6 重大赛事的基本分类

| 主要划分依据 | 赛事种类 |
| --- | --- |
| 依据赛事的组织层次 | 地区赛、市级赛、区域赛、洲际赛和奥运赛 |
| 依据赛事的主要任务 | 测验赛、分级赛、选拔赛、积分赛、观摩赛 |
| 依据赛事的基本性质 | 公开赛、内部赛、友谊赛、对抗赛、冠名赛 |
| 依据赛事的年龄规定 | U16、U18、U20、U23等赛事 |
| 依据赛事的职业规定 | 职业赛、业余赛、校园赛、军事赛、行业赛 |

## 二、赛间训练意义

### 1. 及时消除赛后疲劳

赛间训练的首要任务是及时做到缓解肌肉疲劳，清除机体代谢物质，尽快恢复参赛体能，适度获得超量恢复。

### 2. 恢复最佳参赛心态

赛间训练的重点任务是缓减竞技参赛压力、调整不良比赛心态、转移过度焦虑情绪、控制过度亢奋状态、消除赛后沮丧心情等。

### 3. 强化训练的针对性

赛间训练的重点内容是为下一场比赛做好针对性的工作准备。准备的内容主要是针对对手情况，做好技术、战术和心理准备。

### 4. 形成良好竞技状态

赛间训练的主要目的是为下一场比赛形成与赛事性质相匹配的竞技状态。赛间训练的主要目的就是不断提升运动员的竞技状态，以便应对更为激烈的赛事对抗。

## 三、赛间训练基本原则

### 1. 遵循适应规律的原则

运动员应对重大赛事的适应能力，始终是在一个"改造—适应""再改造—再适应"的机制中得以提高与发展。

### 2. 实现融合规律的原则

竞技能力由运动员的运动机能、运动素质、运动技术、运动战术、运动心理、运动智力和运动知识等多种要素组成。重大赛事之前的许多赛事的目的是将各个竞技能力要素通过赛事进行有效融合,进而形成竞技状态。

### 3. 形成递进规律的原则

一般地说,竞技状态具有广义和狭义之分,这里主要取狭义的涵义,是指运动员参赛时获取本人最佳成绩的最适宜状态或最佳状态。竞技状态的呈现会随着比赛进程发生变化。

## 四、赛间训练主要特点

### 1. 训练的针对性

训练的针对性是赛间训练的首要特点。实践中,运动员的赛间训练往往需要根据对手、赛程、赛制、环境的变化和自然状况,针对性地安排符合下一场比赛所需要的、相应的训练内容与训练负荷。

### 2. 恢复的及时性

恢复的及时性是赛间训练的重要特点。实践中,运动员在赛事之后需要及时采取赛后恢复的举措。

### 3. 心理的适应性

心理的适应性是赛间训练的关键特点。实践中,进入多轮次赛事之后,运动员心理变化明显。因此,赛前正确引导、赛中及时调节、赛后心理疏导的工作方式至关重要。

### 4. 体能的节约性

体能的节约性是赛间训练的主要特点。实践中,赛间训练的负荷强度通常不大。这样做不仅可以促使机体尽快恢复,同时也为即将来临的赛事积蓄体能。

### 5. 损伤的防治性

损伤的防治性是赛间训练的显著特点。实践中,竞技参赛或赛间训练的重点之一就是损伤的防治。

此处手段的趣味性、内容的简单性、活动的随意性和个人的区别性也是赛间训练主要特点。

## 第二节　竞技状态赛间调控

### 一、赛间调控涵义

赛间调控是指在重大赛事期间，利用两次比赛间隔的过程，对运动员竞技状态进行调整的方式与方法的总和。这里所说的赛间调控是指单次重大赛事期间运动员的竞技状态赛间调控，包括轮次之间的赛间调控。

赛间调控的理论基础是系统论和控制论。赛间调控的对象就是运动员的竞技状态。赛间调控的内容就是影响竞技状态的各个要素。赛间调控的依据就是参赛前的运动训练过程的功效和赛前制订的参赛方案。

### 二、赛间调控基本策略

赛间调控基本策略是指赛间调控运动员竞技状态的计划与谋略，是一种具有竞技状态调控思想的参赛方案。无论参加重大赛事的是新秀选手还是精英选手，其竞技状态都会表现出一定的波浪式变化趋势。

#### 1. 模拟赛间调控方法

所有即将参加重大赛事的执教团队都会在赛前三周或一个月，对运动员的竞技能力进行有计划、有步骤地整合。科学的赛前准备是赛间训练调控的前提条件。

#### 2. 储备多种战术预案

运动战术是精英选手和执教团队，为充分展示个人、集体最大竞技能力所制定或展开的比赛方式或形式。战术的赛前准备是赛间训练调控的主要内容。

### 3. 养成生活自律习惯

重大赛事的半年之前，主办或承办赛事机构就会正式公布的这一赛事的竞赛规则和日程。作息方面的赛前准备是赛间训练调控的重要举措。

### 4. 建立良好人际关系

重大赛事之前的一月，是队内营造良好和谐范围的关键阶段。这样的赛前准备是赛间训练调控的重要依据。

### 5. 形成独立处事能力

重大赛事的参赛过程与运动训练的训练过程具有较大的差异，所以要形成独立处事能力，这样的赛前准备是赛间训练调控的重要依据。

### 6. 研判主要对手状况

重大赛事之前，必须摸清主要对手、潜在对手的各种情况，这样的赛前准备是赛间训练调控的基本保障。

### 7. 掌握规则规程内涵

竞赛规则是竞技运动运行的法则，深入地研究规则是赛间训练调控的基本条件。

### 8. 获得赛区基本资料

赛区就是战区，教练员就是指挥员，运动员就是战斗员，深入地研究赛区情况是赛间训练调控的基本内容。

## 三、赛间调控基本内容

### 1. 赛间基本调控思路

进入赛区之后，应主动收集对手情报和观察队员情况。其中，做好首战的一切准备至关重要,这是赛间调控的一道重要程序。

### 2. 明确基本战术打法

首要注意的是明确基本战法和应变预案,要详细地制定和说明基本战法。

### 3. 强化赛区生活自律

运动员应主动积极地尽快适应环境、条件、饮食、时差等方面的变化,要严格地制定和执行作息制度。

### 4. 积极创造和谐氛围

教练员应安排运用战术关联较高的队员住在一起,鼓励选手做些相互服务的琐事,缓减比赛带来的各种压力等,在积极创造和谐氛围时要艺术性掌握有关方法和方式。

### 5. 协助独立处理事务

由于赛区比赛环境更为复杂,教练员应在进入赛区之前和之后,对可能出现的任何赛事现象准备好应对方案,这是保持竞技状态的一种行之有效的方式。

### 6. 摸清主要对手状况

教练员应在比赛轮空或赛事期间,主动带领选手现场观摩主要对手的比赛状况。了解自己的主要比赛职责和责任分工,同时明确下场赛事的比赛任务和目标。这是将竞技状态化为优异成绩的有效手段。

### 7. 再次明确赛事日程

教练员应该事先掌握和随时确认比赛日程,这样做的目的是确保竞技状态不受此影响,是选手竞技状态得以保持的有效举措。

### 8. 主动适应赛场环境

由于重大赛事赛区的风土人情、文化信仰、民族情感、观众倾向、比赛场地等方面存在巨大差异,因此应该积极地适应这种变化。

### 四、赛间调控基本要素

重大赛事期间的赛间调控的主要要素很多,有关训练的内容与方法,可在第三节中了解,这里主要讨论非训练要素安排。

**1. 恢复方式**

比赛后最好的恢复方式就是充足的睡眠。质量较高睡眠与情绪淡定、精神豁达、环境幽静、适宜室温和作息习惯等因素高度相关。

食物应以碳水化合物、富有微量元素的水果和含有氨基酸的饮料为主。赛后立即补充水分和睡前喝些牛奶是颇有益处的。

除了一般放松活动外,可选择做冰水浴和按摩。

**2. 沟通交流**

教练员通过交流,才能确认运动员赛后心理活动和思想动态;才能根据交流情况,有的放矢地展开心理抚慰或心理干预,才能将隐秘亢奋和假象坚毅,化为淡定心态和真实信心。

**3. 注意事项**

重大赛事期间,应至少配置两套以上的训练服装,保证赛间装备齐整。

鞋袜的配置通常分为比赛使用和训练使用两类,重大赛事期间,务必确保鞋袜适宜、干燥和鞋带结实,必须注意配置好鞋袜及其配件。

赛事期间应注意放置好携带到赛区的训练器材,或深入了解赛区提供的训练器材的使用方式和功能。对于比赛和训练需要使用的同一器材,务必在赛事前的晚上再次检查。

适度的休闲活动可以加快恢复进程和缓解心理压力,减轻赛前焦虑和调控竞技状态。

生活环境需要保证寝室和就餐环境的卫生、整洁、舒适;训练环境需要保证器材摆位的整齐、适宜、合理,以避免伤害的发生和意外的出现。

赛事新闻发布会,参赛人员务必对此重视,接受采访时务必穿着大会指定服装和鞋袜，以免受罚影响状态；务必注意尊重对手，以免受到无谓指责；务必鼓励本队队员，以便激励其再接再厉。

## 第三节 赛间训练具体实施

### 一、不同赛制赛间训练

#### 1. 淘汰赛制的赛间训练

**（1）淘汰赛赛制的种类**

淘汰赛是指所有参赛队按照排定的顺序进行比赛，胜者进入下一轮次，负者退出比赛，直至产生最后一名获胜者（冠军）的竞赛法。典型的淘汰赛赛制可分单、双淘汰赛制两种方法。操作方式也分两种：第一种是按一定顺序，让参赛者（队或组）分批地于不同时间在同场地进行比赛，通过及格赛或资格赛、预赛、复赛、决赛来优胜劣汰地比出名次；第二种是通过设立种子选手，依次划到上下半区方式，然后两区按照比赛轮次各自优胜劣汰地比赛，胜者进入下个轮次，直至上下半区胜者在决赛相遇。

**（2）淘汰赛赛制的特点**

淘汰赛赛制的主要特点：一是比赛容量极大；二是比赛对抗激烈；三是可能出现黑马式选手。淘汰赛存在着一些缺陷：如，除第一名外很难合理排定其他参赛者的比赛名次；强者可能过早出现从而使决赛缺乏悬念；容易让黑马式的选手获胜从而让很有实力的选手只因一战失利遭到淘汰；参赛者的比赛次数较少，从而使参赛者相互交流、互相学习机会较少。

**（3）淘汰赛的赛间训练**

①训练安排特点：快速力量性项目的预赛到复赛之间的赛间训练安排主要特点是：训练内容多为热身活动、拉伸练习和关键技术细节训练；负荷强度适中，负荷总量较小；表象训练偏重于重映技术形象和关键环节，注意力高度集中；整个训练

时间较短，以便快速恢复体能。

速度耐力性项目赛间训练安排主要特点是：预赛和复赛后即刻进行清酸活动，按摩相关肌群或慢速运动清酸；赛间训练的负荷强度和负荷总量均较小；赛前训练内容主要为拉伸练习，整个训练时间较短，仍以恢复体能为主。

格斗类对抗性项目赛间训练安排主要特点是：赛间间隔时间短暂；赛间的安排多为积极性的休息，或针对下一轮赛事的对手进行表象和意念训练；主要目的是保持适宜的应激状态。

某些对抗性项目的赛间训练安排主要特点是：其通常的赛程是一天一场比赛；赛间训练内容主要是观看对手比赛录像；如果碰到轮空，可以适度地进行针对性战术训练。

②训练方法运用：训练方法必须符合专项特点、练习手段实用简单、训练负荷总量要小、练习形式富有趣味、训练环境相对安静、战术演练针对性强、心理训练偏重表象、思维训练重在对策、强调身心放松训练、严控伤害隐患出现。另外，还要注意竞技状态的适宜保持和逐渐提升。

**2. 循环赛制的赛间训练**

**（1）循环赛赛制的种类**

循环赛是指参赛队或个人之间要互相轮流比赛，最后按照各参赛队或个人在全部比赛中的胜负场数和积分排定名次的比赛方法。

典型的循环赛主要是指单循环和双循环两种类型。大球项目如篮球、排球、足球往往采用单、双循环赛制，或采用分组循环赛制，最终选择何种赛制取决于赛事目的。

**（2）循环赛赛制的特点**

循环赛赛制的主要特点：一是参赛队（员）机会均等，实战和相互观摩学习的机会多，能够较为准确地反映参赛队（员）之间竞技水平的真实状况，客观地排定参赛队（员）的名次，最大程度地降低比赛最终成绩的偶然性；二是比赛时间较长，占用场地不少，异地赛事增多。

当然，循环赛赛制的缺陷也十分明显，如循环赛赛程初期赛事激烈程度较低；容易出现强队和弱队之间制造"协议"赛事的不良后果；已经出线的选手或队伍可能会消极参赛；可能出现赛事举办单位制造腐败的现象。因此需要强化赛事管理和比赛监督。

### （3）循环赛的赛间训练

①训练安排特点：隔网对抗性项目如排球的赛制采用循环制时，多为一天一场赛事或隔一天一场赛事。通常的安排是替补队员进行补偿性训练，主力队员进行针对性训练，负荷强度较高，负荷总量不大，以保持和提升竞技状态为主。

同场对抗性项目如足球的赛制采用循环制时，赛间训练放在赛后第二天。训练内容主要是针对性战术和关键性技术的质量训练；训练负荷总量较小，课时训练时间不长，期间会穿插一些恢复性的游戏或智力训练。

无论何种同场对抗性项目，如果采用循环赛制，赛间训练的主要内容安排通常是串联技术、得分技术和局部战术，这类内容练习的负荷安排的特点是：训练质量要求较高、单元训练时间较短、负荷强度适中即可，总之，以不影响竞技状态的保持为要义。

②训练方法运用：训练方法运用时必须符合战术特点、串联练习配合流畅、衔接练习无缝对接、训练质量要求甚高、强化得分技术练习、训练环境相对安静、战术演练针对性强、心理训练偏重表象、思维训练重在对策、注重游戏放松训练、严控伤害隐患出现以及注意逐渐提升竞技状态水平。

### 3. 混合赛制的赛间训练

#### （1）混合赛制的特点

混合赛制是将循环赛和淘汰赛混合运用的一种竞赛方法，在球类集体项目的竞赛中采用较多。

这种赛制的主要特点是：可以有多个参赛队伍或选手；比赛过程相对激烈；比赛赛程较长；异地参赛的比赛地点较为分散；参赛间隔时间较长；因比赛中受到不同部位轻伤的选手，能够获得充足的治疗时间；对于职业运动员的成长极为有利；对于提高赛事组织和承办各方的经济利益具有促进作用；便于地域较广或人口密集的地区观众更多地到场观战。

#### （2）混合赛制赛间训练

①训练安排特点：通常采用混合赛制的多为：参赛选手水平较高、对抗强度较为激烈、比赛赛程较长、赛前训练的频度较高的项目。

赛间训练主要目的是：及时进行机体放松、积极促进机体恢复、主动加强机体营养、积极谋划比赛对策、做好下场赛事准备、保持良好竞技状态、明确赛间训练目的。

赛间训练主要内容是：个人技术的衔接训练、集体战术的串联训练、得分技术的关键动作、局部战术的对抗演练、情感方面的心理抚慰、亢奋状态的心理调整等一系列影响下场赛事的因素。

赛间训练负荷安排是：课时训练的负荷总量较小；关键技术的质量训练要求较高；局部战术的演练质量类似比赛要求；训练课的训练密度较低；替补队员的赛间训练类似平常训练；部分受伤队员的训练由其自我控制。总之，负荷安排具有明显的专项特征。

②训练方法运用：赛间训练所采用主要训练方法为游戏训练、重复训练、变换训练、模拟训练。

## 二、不同赛式赛间训练

重大赛事举办方式主要有两种：一是"赛会式"赛事，即综合性或专项性的举办方式；二是"联赛式"赛事，即专项性的举办方式。仅就专项运动而言，"赛会式"赛事或"联赛式"赛事是指在一定空间和时间内所进行的一系列比赛的总和，由多次、多轮、多场比赛组成，具有"战役性"的特征，而单场比赛具有"战斗性"的特征。

### 1. 赛会形式的赛间训练

**（1）单项赛事的赛间训练**

①训练安排特点：单项赛事是指各个项目独立举办的专项赛事，赛间训练主要围绕着下场赛事展开。赛间训练的负荷总量偏小，关键技术的负荷质量不变，关键环节的负荷强度适中。同时，必须高度注意适时心理抚慰和情绪控制，以便有效提升竞技状态。

②训练方法运用：对体能主导类项群而言，赛间训练以恢复性训练方法为主；对技能主导类项群而言，赛间训练多以游戏训练、重复训练、变换训练、模拟训练等方法展开训练。总之，训练方法应多种多样。

**（2）综合赛事的赛间训练**

①训练安排特点：综合赛事是指由不同项目共同举办或综合性体育组织举办的综合赛事。相对单项而言，综合赛事的干扰因素较多。赛间训练的负荷总量偏小，关键技术的负荷质量不变，关键环节的负荷强度适中。同时，必须高度注意适时心理抚慰，以便有效提升竞技状态。

②训练方法运用：通常赛间训练的训练方法主要是因地制宜地采用低强度的游戏、重复或变换训练方法进行训练，练习的内容多为趣味游戏方式、录像分析方式、想象训练方式，旨在有效保持竞技状态。

## 2. 联赛形式的赛间训练

**（1）主客场赛式的赛间训练**

①训练安排特点：主客场制是指两支参赛队各自在自己的主场进行一次比赛，两场比赛间隔通常为一周，最后由双方的总分或积分决定比赛的名次。

一般而言，职业竞技运动一周一次赛事的赛间训练目的是：积极弥补竞技能力的短板因素，适时推进竞技状态水平的提升。整个负荷安排突出训练强度、训练密度和训练质量要求。当然，不同项目的赛间训练会略有不同。

②训练方法运用：所有训练方法的运用，需要集中体现"从难、从严、从实战出发"的训练思想。

**（2）积分制赛式的赛间训练**

积分制赛式与一般主客场联赛制不同，是以取得比赛积分（如职业网球选手的排名赛）为主要目的的赛制。从这种赛事的举办形式看，其具有显著"赛会式"特点；从积分赛事的举办形式看，其具有明显的"联赛式"特点。

① 训练安排特点：一般来说，间隔时间较长的积分赛不太容易保持良好的竞技状态，或者不太容易提高排名的积分档次。这种重大赛事之间的赛间训练，明显地体现出全年多周期训练安排的基本特征。

②训练方法运用：积分制赛事之间的赛间训练所采用训练方法，仍然主要视专项特征和训练任务的不同而有所不同。所有训练方法的运用，仍需要集中体现"从难、从严、从实战出发"的训练思想，所用训练方法要突出表现专项性、竞技性、针对性和弥补性的训练内容。

【知识小结】

　　本章着重从应用角度，明确指出重大赛事赛间训练是运动训练理论与实践不可或缺的重要组成部分，重点讨论赛间训练基本原则、赛间训练主要特点等赛间训练必须遵循的训练规律；详细阐述赛间调控若干策略和影响赛间调控的基本内容；具体提出不同赛制赛间训练和不同赛式赛间训练的安排方式；特别说明赛间调控的多种基本要素和训练时应注意的事项。

【知识检测】

一、判断题

（　　）1. 重大赛事是对个人、集体、国家的荣誉及利益具有重大影响力的赛事。

（　　）2. 赛间训练主要是"赛会制"赛事之间或赛程较长的"联赛制"的赛事之间的训练。

（　　）3. 赛间训练的首要任务是及时消除赛后疲劳。

（　　）4. 赛间训练的重点内容是形成良好竞技状态。

（　　）5. 赛间训练具备三个基本原则。

（　　）6. 赛间调控的理论基础是系统论和控制论。

（　　）7. 赛间调控的依据是影响竞技状态的各个要素。

（　　）8. 不论参加重大赛事的是新秀选手还是精英选手，其竞技状态都会表现出一定的波浪式变化趋势。

（　　）9. 在积极创造和谐氛围时要艺术性掌握有关方法和方式。

（　　）10. 重大赛事期间的赛间调控的主要因素只有训练因素的影响。

（　　）11. 比赛后最好的恢复方式就是充足的睡眠。

（　　）12. 典型的淘汰赛赛制可分为单、双淘汰赛制两种类型。

（　　）13. 速度耐力性项目赛间训练安排主要特点是：赛前训练内容主要为拉伸练习，整个训练时间较长。

（　　）14. 典型的循环赛主要指单循环和双循环两种类型。

（　　）15. 重大赛事举办方式主要有"赛会式"赛事和"联赛式"赛事两种。

## 二、选择题

1. U16、U18、U20、U23等赛事种类的主要划分依据是（　　）。
   A. 组织层次　　B. 主要任务　　C. 基本性质　　D. 年龄规定

2. 测验赛、分级赛、选拔赛、积分赛、观摩赛的赛事种类的主要划分依据是（　　）。
   A. 组织层次　　B. 主要任务　　C. 基本性质　　D. 年龄规定

3. 心理的适应性是赛间训练的（　　）。
   A. 首要特点　　B. 重要特点　　C. 关键特点　　D. 主要特点

4. 无论是新秀选手还是精英选手参加重大赛事，其竞技状态都会表现出（　　）的变化趋势。
   A. 直线式　　B. 曲线式　　C. 波浪式　　D. 螺旋式

5. 比赛后最好的恢复方式就是（　　）。
   A. 充足的睡眠　　B. 放松活动　　C. 适度的休闲活动　　D. 补充食物

6. 对单项赛事的体能主导类项群而言，赛间训练以（　　）方法为主。
   A. 重复训练　　B. 变换训练　　C. 恢复训练　　D. 模拟训练

7. 主客场赛式是两支参赛队各自在自己的主场进行一次比赛，两场比赛间隔通常为（　　）。
   A. 3天　　B. 5天　　C. 7天　　D. 10天

8. 深入研究规则是赛间训练调控的（　　）。
   A. 基本条件　　B. 基本保障　　C. 重要依据　　D. 基本内容

9. 深入研究赛区是赛间训练调控的（　　）。
   A. 基本条件　　B. 基本保障　　C. 重要依据　　D. 基本内容

10. 重大赛事之前研判主要对手状况的赛前准备是赛间训练调控的（　　）。
    A. 基本条件　　B. 基本保障　　C. 重要依据　　D. 基本内容

## 三、填空题

1. 重大赛事主要划分依据有 _____、_____、_____、_____ 和 _____。
2. 赛间训练基本原则是 _____、_____ 和 _____。
3. 赛间调控的理论基础是 _____ 和 _____。

4. 混合赛制赛间训练采用主要训练方法是 _____、_____、_____ 和 _____。

5. 联赛形式的赛间训练包括 _____、_____ 两部分。

## 四、名词解释

1. 赛间训练。

2. 赛间调控。

3. 淘汰赛。

## 五、简答题

1. 简述赛间训练的基本意义。

2. 简述赛间训练的主要特点。

3. 简述赛间调控基本策略。

## 六、论述题

论述混合赛制的赛间训练。

# 第十章 少儿训练及其特征

**本章导语**：主要包括少儿运动训练概述、少儿运动训练规律、少儿运动素质训练、少儿运动技能训练四个板块内容。其中，少儿运动训练释义；少儿生长发育规律、少儿心理成长规律和少儿敏感期训练规律；少儿运动素质训练特点；少儿基本动作训练、少儿运动技能训练、少儿运动技术训练和少儿运动技巧训练是重点内容。

**学习目标**：能够掌握少儿训练意义、阶段划分、要点，深刻认识且能够在少儿运动训练的实践教学中遵循少儿运动训练基本原则、规律和主要特点，科学设计少儿运动素质训练和运动技能训练，提高其理论和实践相结合的水平。

**知识重点**：少儿运动素质训练特点。

**知识难点**：少儿生长发育规律、心理成长规律和敏感期规律。

**知识框图**：

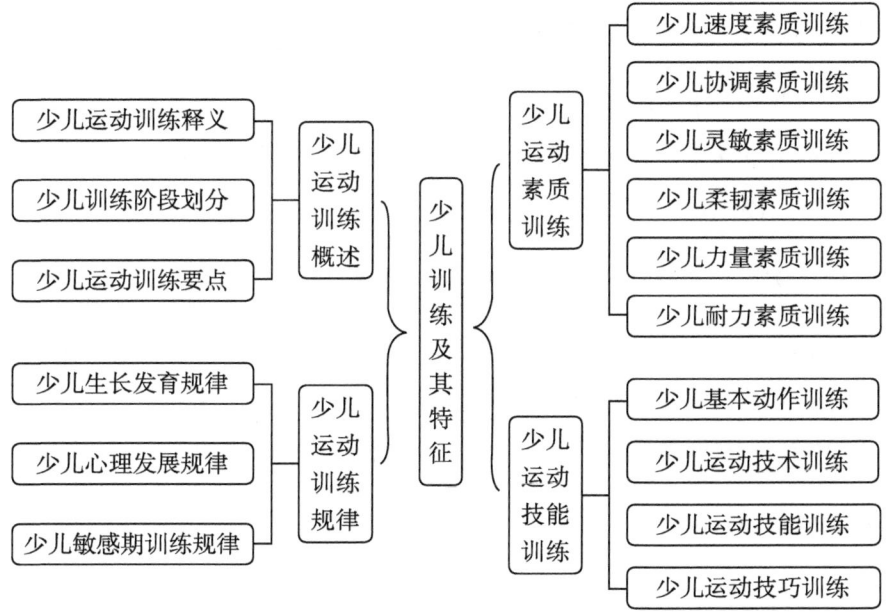

# 第一节 少儿运动训练概述

## 一、少儿运动训练释义

少儿运动训练是指在遵循少儿身心发育规律的前提下，为了提高其竞技能力，而专门组织的有计划的体育活动。少儿训练以兴趣爱好为基础，以柔韧、灵敏、平衡为特点，所进行的机体改造过程。其具有不可逆性、阶段性、不可重复性的特点。

## 二、少儿训练阶段划分

少儿训练阶段划分为6个阶段，分别为运动入门阶段、启蒙训练阶段、技能发展阶段、一般训练阶段、专项训练阶段和强化训练阶段。

### 1. 运动入门阶段（女孩0~6岁、男孩0~6岁）

该阶段以使儿童积极地"玩"起来，使其掌握走、爬、跳、跑、掷、滚、翻等基本动作技能为主要任务，让孩子从具有趣味性、挑战性和非竞争性的活动和游戏中找到快乐、体验舒畅的感觉。

### 2. 启蒙训练阶段（男孩6~9岁、女孩6~8岁）

该阶段以结构化和非结构化的身体活动为手段，全面发展儿童的综合身体素质和基础动作技能，通过为儿童设计适宜年龄特征的体育活动，为儿童参加专项化的运动训练打下基础，发展基础动作能力并激发其参与运动训练的信心和渴望。

### 3. 技能发展阶段（男孩8~11岁、女孩9~12岁）

该阶段以发展速度、协调、柔韧及一般性耐力等各种身体素质为手段，以阶段性、周期性的训练计划为指引，使青少年学习训练的方法和手段，在学习运动项目一般技能的基础上，提高基础运动技能，建议将训练和比赛的比例安排为7∶3。

**4. 一般训练阶段（至青春期中后期）**

该阶段青少年进入生长高峰期后，骨骼、肌腱、韧带、肌肉等快速生长，特别强调增加柔韧性练习和灵敏性练习、有氧训练、速度训练和力量训练，突出运动技术练习，合理安排赛前、赛中和赛后训练负荷和内容，建议将训练和比赛的比例安排为6∶4。

**5. 专项训练阶段（青春期后期及之后阶段）**

该阶段以专项运动素质和技战术训练、模拟训练、实战或比赛为主要手段，开始针对个体需求进行专项训练、设计恢复计划和做好心理准备，提高青少年专项技术训练、运动素质训练和提高运动能力，可设计两个或多个周期性训练，发展技战术和运动素质的比例占50%，针对性模拟训练、实战或比赛的比例占50%，使其在不同比赛环境下达到最佳竞技能力。

**6. 强化训练阶段**

该阶段完全建立了运动员的运动素质、技术、战术、心理、智力等能力，以专项技战术和运动素质训练为主要内容，突出训练高强度和高密度的特点，合理安排间歇，防止过度训练和运动损伤，使运动员在每次比赛时竞技状态达都能达到巅峰，建议将训练和比赛的比例安排为1∶3。

## 三、少儿运动训练要点

### 1. 少儿训练负荷安排要点

在少儿训练过程中，训练负荷安排是少儿训练中的重要内容，主要表现在强度和量的关系、增加负荷和减小负荷的关系、负荷内容简单与复杂的关系、一般训练负荷和专项训练负荷的关系等。从运动训练实践的角度，少儿训练负荷有以下要点。

**（1）渐进发展**

从少儿生长发育的特点分析，少儿的肌肉组织、骨组织、心血管系统和神经系统等正处在生长发育中，少儿的肌肉中水分多，蛋白质、脂肪和无机盐类少，收缩机能较弱，耐力差，易疲劳；其软骨中成分较多，水分和有机物质（骨胶元）多，无机盐（磷酸钙、碳酸钙）少，骨密质较差，富于弹性而坚固不足，不易完全骨折但易于发生弯曲和变形。少儿的心脏重量和容积均小于成人，心肌纤维较细，心肌收缩力量较弱，心容量较小，神经系统对心血管活动调节还不够完善。因此，在安排运动负荷时，应遵循渐进发展，从短时间到长时间，训练时数、组数、次数逐渐增加，难度逐渐增大。

#### （2）有氧负荷

少儿由于胸廓狭小、呼吸肌力较弱且呼吸表浅，故肺活量小，呼吸频率快，其氧运输系统或心脏泵血功能和肌组织利用氧的能力较弱，因而最大摄氧量和承载氧债的能力较弱。因此，在安排运动负荷时，应遵循有氧负荷的要求，具体可为以一般性身体素质训练为主，逐步增加专项性身体素质训练，以长时间、低强度、多次数的训练安排为主，依照速度、灵敏、力量的训练序列逐步增加无氧训练负荷比重，重视多次数的运动技能练习。

### 2. 少儿训练内容设计要点

少儿训练内容的安排是从启蒙训练阶段逐渐过渡到专项深化训练阶段中的关键环节，在竞技能力的运动素质、技术、战术、心理和智力训练内容方面，需要遵循少儿运动员生长发育规律，训练内容需要遵循从基础训练到高难度训练和一般训练到专项训练的要点。

#### （1）基础训练

基础训练是指在少儿训练周期安排中，以基础身体素质练习和简单技战术训练为主。少儿身体素质训练以一般性训练且能促进其全面发展为主，如在身体素质训练方面，在8岁以前以大量的徒手操及不负重的跑、跳练习为主的一般性速度素质、灵敏素质和柔韧素质为主；在12~15岁，可采用一些有阻力和较轻的负重练习来发展肌肉力量；15岁过后，可增加阻力或负重等身体素质练习，以有效地发展肌肉力量。在技战术方面，可以人体动作发展原则训练为其基本动作，以及专项运动所需要的运动技术和运动技能为主。

**(2)一般训练**

为了避免少儿训练早期专项化,应遵循一般训练的要求。少儿早期专项化训练会出现运动成绩快速提高且适用于专项训练,但专项技术基础不牢,会导致竞技状态不稳定和易于过度训练和运动损伤,过早终止运动生涯的后果。按照一般训练要求,可遵循少儿生长发育规律,按基本动作、运动技术、运动技能序列逐步提高专项化程度,采取多样化的一般训练内容,重点突出提高少儿运动员健康素质,改善其具有专项特征的身体形态和全面提高少儿运动员身体素质。

**3. 少儿训练方法运用要点**

少儿训练方法是在遵循少儿生长发育规律的前提下,为促进身心健康、发展运动素质和提高运动技能而采取的途径和方法。

**(1)综合运用**

发展少儿基本动作、运动技术、运动技能和运动技巧方面,可采用分解法和完整法,有利于少儿掌握动作和技术的能力从泛化向自动化发展,从而提高娴熟运用技战术的能力,为专项技战术训练打下基础。在发展运动素质方面,可采用持续训练法、间歇训练法提高运动员的一般身体素质和专项速度、灵敏和柔韧素质,在青春期后期,采用间歇训练法和重复训练法提高专项力量和耐力素质。

**(2)简单适用**

少儿运动员的身体条件、心理调节、运动智力等还处于运动训练的启蒙阶段,在运动训练方法遴选中应遵循简单适用的要点,应将完成组数、完成次数、完成时间、练习质量、负荷强度等作为运动训练方法设计的重点因素,从而避免训练组合复杂、训练条件多变、训练难度较大的方法。

**4. 少儿训练手段遴选要点**

少儿运动训练需要全面发展其运动素质和运动技能,结合其年龄、发育和心理等特征,少儿训练手段需要遵循多样变化和趣味技巧的要点。

**（1）多样变换**

少儿训练是运动训练的初级阶段，也是启蒙阶段。少儿运动员需要通过多样变换的身体练习或练习手段，促进其跑、跳、投、滚、翻、旋、转的基本动作全面提高。

**（2）趣味技巧**

少儿训练手段需要通过趣味性的游戏活动等方式引导其积极参与，且通过各种趣味性组织提高其对运动训练的表象认识和身体感知。主要有游戏训练，如"贴膏药""老鹰抓小鸡"等。

## 第二节　少儿运动训练规律

### 一、少儿生长发育规律

#### 1. 生长发育的质变性规律

人体生长发育是从婴儿、幼儿、少年、青年、壮年直到老年的完整过程，其肌肉、骨骼、各器官等生长会出现量变到质变的发育规律。

#### 2. 生长发育的阶段性规律

人的生长发育过程是分阶段且按照一定序列规律进行的。从人的生命周期来分析，生长发育最快的时期是婴儿期和幼儿期。从运动训练的过程而言，童年期、少年期和青春期则是生长发育的较快阶段。3～6岁阶段是大肌肉动作发展的关键时期，此时期大肌肉动作的发育及其训练可直接影响少儿运动技能的发展水平，还可影响其脑的发育以及认知、情绪等身心发展。青春期前，由于上下肢的生长早于躯干，而下肢的生长又稍早于上肢，故四肢各环节的发育顺序为足—下肢—手—上肢。总之，童年期、青春期身体各部的形态发育顺序是：下肢先于上肢，四肢早于躯干，呈现自下而上、自肢体远端向中心躯干的阶段性规律变化。

### 3. 生长发育的波浪式规律

人体的生长发育不是匀速直线上升，而是具有一定规律的时快时慢的波浪式发展。在运动训练过程中，训练内容和负荷就要遵循其波浪式规律，由于耐力素质与身高、体重和心肺系统等发育关系密切，以男性为例：10岁时，耐力素质伴随着生长发育高峰会出现首次大幅度提高；13岁时，再次出现较大幅度的提高；15岁时，耐力有最本质的提高；16岁时，已进入性成熟期，此时耐力增长明显减慢。

### 4. 生长发育的差异性规律

在儿童少年期间，人体各部位和各器官、系统发育的时间和速度不同，因而各系统的发育程度也具有极大的差异性，一般来讲，神经系统比生殖系统发育早；大肌群比小肌群发育快；骨骼生长发育又比肌肉生长发育快。同时，少儿生长发育的差异性也体现在不同个体和不同性别方面，因而其生活年龄、生物年龄以及心理年龄之间也会有所不同，女性青春期发育较男性早，女性各项发育指标的增长值和增长率曲线出现高峰的年龄比男性早1~2年，青春期发育的结束时间女性比男性早2~3年，在体格和体型方面也存在着较大差异。少儿生长发育状况可影响少儿竞技能力的发展，更会影响其一生的发展。

## 二、少儿心理发展规律

少儿心理发展对其天赋、兴趣、能力、特长等影响较大，受遗传、环境、教育、家庭、社会等诸多因素的影响。从少儿心理发展的规律分析，少儿心理发展呈现方向性、连续性和差异性的规律。

### 1. 心理发展的方向性规律

在成长过程中，少儿心理发展具有不可逆性和不可逾越性的显著特点，并在不同的文化背景下和不同的少年儿童个体上表现出较高的一致性，且具有一定的方向性规律。

### 2. 心理发展的连续性规律

少儿心理发展也是一个矛盾的运动过程，是不断从量变到质变的发展过程。一般而言，少儿心理意识、行为等都有先由较低级的发展逐渐过渡到较高级的发展的规律。少儿心理状态不同阶段和不同个体之间有本质性差异，这些显著性差异的变化使少儿发展呈现阶段性特征。在运动训练过程中，训练内容应由简单到复杂，使少儿心理认知能够与之相适应。训练负荷应由小到大进行科学调控，使少儿心理承受能力与其相匹配。

### 3. 心理发展的差异性规律

少儿心理发展具有不同阶段、不同方面和不同个体的不均衡性规律。少儿学前期和青春期是心理发展的两大加速期。在运动训练过程中，随着少儿运动员进入青春期后期，其意志品质、注意力发展速度也在加快。少儿心理发展不同方面也是不均衡的，儿童感知觉能力在出生后就可达到较高水平，而思维能力却发展缓慢。不同个体少儿心理活动能力差异较大。

## 三、少儿敏感期训练规律

### 1. 少儿成长敏感期的释义

从少儿生长发育的角度解释，敏感期是指少儿由于此阶段智力、秩序感、节奏感、行走、观察力等方面的发育所导致的，对环境、秩序、感官、动作和社会规范等一系列内容敏感的一段时期。

### 2. 少儿敏感期训练的规律

从运动训练的角度，敏感期是指少儿运动素质和运动技能在运动训练过程中增长速度较快的阶段。

在儿童少年时期，有关运动机能方面的身体素质（运动素质）各个因素的自然增长速度明显不同。一般认为，运动素质增长较快的年龄阶段可称之为运动素质发展的敏感期。

## 第三节　少儿运动素质训练

### 一、少儿速度素质训练

**1. 速度素质的科学基础**

从少儿运动素质训练敏感期的角度，少儿时期是发展速度素质的关键时期。儿童少年的速度素质主要体现在反应速度、动作速度和位移速度。其中反应速度的快慢由遗传因素决定的比例较大，12岁时反应速度达到第一次高峰点；动作速度的自然发展较快时期为7~9岁，在此年龄阶段，有效地发展动作速度，是使该素质达到最快水平的关键。随后速度素质发展减慢，约在15岁时，男女少年的徒手动作速度可接近成年人水平；位移速度方面，以跑为例，7~12岁男女儿童跑得最快，速度素质发展最快，但无性别差异。进入青春期时，男女间的速度差异开始显露，少年男性最快速度的自然发展幅度开始大于少年女性，并持续发展到17岁，而女性在13~16岁极不稳定，甚至有负增长的情况，形成此状况主要与女性体重增长过快，内分泌激素增加有关。

**2. 速度素质的训练特点**

从速度素质的安排顺序方面，由于速度练习的关键因素是"快"，因此，该练习需要在少儿运动员体能充沛的状况下进行，速度素质训练应安排在每一节训练课的前部进行，不宜安排在基本部分的结尾时间段，不宜在运动员疲劳的状态下进行速度练习。

从速度素质的负荷安排方面，负荷时间应在10秒内，强度可以在90%~100%，最快速度范围内，练习次数不宜过多，可适当采取重复训练法和间歇训练法相结合。随着其专业化水平逐渐提高，负荷时间可增加至30秒，强度保持在80%~90%。

从速度素质的训练手段方面，将各种动作速度、反应速度和位移速度的训练手段与游戏、绳梯、标志杆（桶）、徒手练习及与专项身体素质相结合进行训练。

## 二、少儿协调素质训练

### 1. 协调素质的科学基础

从人体生长发育的角度，神经系统是其最早发育的系统。协调素质是其综合神经技能能力的体现，其表现形式是运动协调。人体运动协调能力由反应能力、空间定向能力、本体感知能力、节奏能力、平衡能力以及与动作认知有关的认知能力等多种要素构成。少儿运动员在启蒙训练阶段，就需要遵循由一般到专项、由简单到复杂、由单一到多元、由单个到组合的原则对反应能力、平衡能力、节奏能力、空间定向能力、时间感知能力以及距离感知能力和专门感觉能力实施训练，从而培养协调素质。

### 2. 协调素质的训练特点

从协调素质训练的类别来看，少儿运动员协调能力受到完成运动技术的时间、空间以及动力控制等多种因素的影响。应按照结合专项性的特点，兼顾反应能力、平衡能力、节奏能力等全面性和针对性特点，在提高和改善少儿运动员协调能力的过程中，既要关注某一种协调素质，又要注意与全面改善综合协调素质。

从协调素质训练的手段来看，少儿运动员协调素质训练手段应以基本肢体运动、跑动、跳跃、滚翻等练习手段为主，随着其专项训练的不断深入，再结合专项所需的运动素质、技术、战术、心理、智力等特征实施专项协调素质练习。

从协调素质训练的顺序来看，从事非周期性运动项目的少儿运动员在启蒙训练阶段需要进行专门的协调素质训练，从事非周期性运动项目的少儿运动员专项的协调素质练习较少，一般都是随着运动技术水平的逐步提高，在完成运动技术练习的同时开拓更多的协调素质练习手段。

## 三、少儿灵敏素质训练

### 1. 灵敏素质的科学基础

6~9岁年龄段的少儿是发展一般灵敏素质的敏感期，此阶段少儿神经系统发展较为迅速，主要由于在运动训练的过程中，大脑皮层神经活动过程的灵活性及分析综合能力是灵敏素质的重要生理基础。由于灵敏素质是运动技能、神经反应和各种素质的综合表现，从11~12岁起开始运动素质训练，力量、速度及耐力则可较快地发展，此阶段，大脑皮质中暂时神经联系的接通愈迅速、准确，动作也愈灵巧。灵敏素质的自然发展在13~14岁（个别人到15岁）达到高峰，其灵敏素质在学习技术动作的过程中可从灵活性、空间定位能力和节奏感等方面表现出来。

### 2. 灵敏素质的训练特点

从灵敏素质训练的顺序来看，灵敏素质训练一般安排在训练课的前半部分进行，但每次负荷持续时间不宜过长，重复次数也不宜太多，间歇时间要充分，以不产生疲劳为限度。

从灵敏素质训练的负荷来看，一般训练强度随着少儿训练水平不断提高和阶段不断深化逐渐加大、速度逐渐加快；在训练中，一般练习时间和休息时间比例为1∶3。

从灵敏素质训练的方法来看，灵敏素质训练可采用变换训练法，增长少儿训练过程中的趣味性，使其掌握在跑动、跳跃等练习中迅速、准确、协调做出各种动作的能力。

## 四、少儿柔韧素质训练

### 1. 柔韧素质的科学基础

少儿时期是发展柔韧素质的最佳时期，主要由于其发展柔韧素质与少儿肌肉、肌腱和韧带等生长发育密切相关，少儿与成年人相比关节面角度大、关节面的软骨厚、关节内外的韧带较松弛等。同时，人体关节活动范围、肌腱和韧带伸展程度具有一定可塑性，少儿运动员可通过主动柔韧练习提高关节活动幅度和肌腱、韧带伸展程度。

### 2. 柔韧素质的训练特点

少儿柔韧素质练习应采用主动性练习和缓慢式练习为主，遵循循序渐进的原则逐步提高其肌肉、韧带的伸展能力。

在少儿训练阶段，可每天安排发展柔韧性练习，可将一般性柔韧练习和专项性柔韧练习相结合，其中，一般性柔韧练习主要是一节课热身阶段时练习，专项性柔韧练习具有长期性、持续性和基础性特点，尤其是运动员学习新运动技术时需要具有专门柔韧素质训练作为基础。

少儿柔韧练习负荷强度和负荷量不宜过大，应根据少儿训练年限的增长而逐渐加大。

## 五、少儿力量素质训练

### 1. 力量素质的科学基础

少儿运动素质训练是其训练中的核心内容，也是其敏感期训练的基础内容。少儿各种运动素质的训练可分为增长阶段和稳定阶段。

少儿的力量素质主要包括绝对力量、相对力量、速度力量及力量耐力等方面。其中，绝对力量的发展特点是在儿童阶段其力量素质无显著性差异，随着年龄增长，绝对力量随着其骨骼、肌肉等生长发育及各器官、系统机能的发展产生显著性差异。少儿阶段相对力量自然发展的速度较快，是发展相对力量的最佳时期。要增加相对力量可进行全面训练，通过改变肌肉重量与体重的比例，改善相对负荷与肌肉力量的相互关系，不使肌肉出现过度肥大，而提高相对力量。

### 2. 力量素质的训练特点

在各种力量素质的安排序列上，首先，速度力量应优先发展，以速度训练为导向，力争使速度素质超前发展，以便携带速度力量的整体发展；其次，应注意发展绝对力量；最后，注意力量耐力的发展。应结合力量素质自然发展的敏感期，使各力量因子在各自敏感期中，得到充分的发展。

在力量素质的运动负荷安排方面，应注意在一定的负荷强度下，通过负荷量的积累来发展绝对力量，因为少儿体内的无机物含量尚不多，肌肉含量并不大，为防止因负荷强度过大，造成骨骼肌及骨骼受伤，可安排较轻强度的负荷和较多的负荷量的力量耐力训练。

在力量素质训练中，应首先强调力量素质训练手段动作的标准性、规范性，切勿因强调速度和重量而影响其规范性。

## 六、少儿耐力素质训练

### 1. 耐力素质的科学基础

少儿能量代谢发展和心肺功能发展对其耐力素质影响较大。从能量代谢的角度，少儿在安静状态下能量的氧化过程比成年人旺盛，氧消耗量多，但血红蛋白、肌红蛋白的含量较少，心肺功能较弱。

### 2. 耐力素质的训练特点

从耐力素质训练的顺序来看，由于少儿糖酵解能力较低，其无氧代谢活动的能力受到限制，少儿应以有氧训练为主，可有助于提高机体在运动中能量代谢的水平，增加心肺功能，为专项深化阶段一般耐力和专项耐力（无氧）的发展奠定基础。

从耐力素质训练的负荷来看，无氧耐力的负荷强度不宜过大，心率强度最高控制在170次/分以下，负荷量不宜大。在15岁后，无氧耐力的训练可逐渐以间歇训练法为主，心率可控制在160~180次/分即强度指标内。

从耐力素质训练的方法来看，训练方法可采取持续匀速训练法，间或穿插变速训练法和重复训练法。在练习手段的选择上多注意趣味性。

# 第四节 少儿运动技能训练

## 一、少儿基本动作训练

基本动作是指关节在空间及时间上的特定状态及变化。从运动训练的角度，少儿基本动作训练应注重以下特点：

其一，由于少儿基本动作模式敏感期较早，少儿基本动作训练应提早进行。滚翻、爬动、步态、下蹲等各种基本动作练习都应以标准化的身体练习手段对其实施练习，基本动作练习也是幼儿运动训练的核心内容。

其二，少儿基本动作训练应遵循少儿动作技能发展顺序，具体为优先发展视、听、嗅、味、触摸、平衡和本体的感觉，逐步向身体部位、体态和身体移动等发展，按照从单一到组织、从简单到复杂的原则设计动作训练步骤和计划。

其三，少儿基本动作训练应注重完成动作的质量，即动作幅度、动作速度、动作标准化程度等，尤其是通过强调动作完成的质量，有助于在少儿时期建立正确动作的动力定型，为将来专项技术动作练习和动作技能形成奠定基础。

其四，少儿基本动作训练应遵循仿生学规律，将少儿爬、扑、倒立、搂抱、跳跃等基本动作采用运动仿生学情景设计、动作设计、游戏设计等融合性手段实施，以增加基本动作的真实性、有效性和针对性。

## 二、少儿运动技术训练

运动技术是指在实战状态下能合理地、有效地充分发挥运动员身体能力的动作方法。少儿运动技术训练是运动训练过程中的基础内容，尤其是从少儿接受某一专项的训练开始，少儿在运动技术训练中需要经历泛化、分化、巩固和动作自动化的过程。在此阶段，少儿运动技术训练具有基础性、渐进性和专项性三个特征。从运动训练的角度，少儿运动技术训练应注重以下特点：

其一，在少儿阶段的初期，运动技术训练的方法可采用分解法和完整法，直观教学法和重复训练法，游戏训练法，循环训练法，其目的是提高少儿运动技术的规范性和准确性，尤其注重其运动技术的身体姿势、动作轨迹、动作节奏等。

其二，运动技术训练手段种类应具有多样性，手段功能应具有诱导性，手段形式应具有关联性，手段内容应具有趣味性。尽快、尽量使少儿大脑皮质建立较多的暂时性神经联系。

## 三、少儿运动技能训练

运动技能是指能够按一定要求和目的合理运用技术方法的能力。这种能力包括大脑皮质主导下的不同肌群间的协调性。从运动训练的角度，少儿运动技能训练应注重以下特点：

其一，在体育教学和训练中充分发挥位觉与本体感觉间的相互作用，也会加速运动技能的形成。

其二，在运动训练过程中，少儿运动技能形成过程并不是截然划分的，而是逐渐过渡的，各过程的出现和持续时间的长短，受许多因素的影响，既与教学方法、身体素质发展状况、训练水平等因素有关，又与学生学习的积极性和目的性有密切关系。

### 四、少儿运动技巧训练

运动技巧是指运动技能达到高度娴熟、精细、灵巧的程度。从运动训练的角度，运动技巧与灵敏素质、速度素质、柔韧素质关系密切；从少儿生长发育规律的角度，随着少儿肌肉和骨骼发育日趋成熟，运动技巧训练的难度会逐渐加大。少儿运动技巧训练应注重以下特点：

其一，少儿运动技巧训练应始于一般性身体素质。在少儿启蒙训练阶段时，应以一般性身体素质全面发展少儿基本动作和运动技术，遵循趣味性、组合性、全面性的练习方式，促进其身体素质全面发展，为完成精细化的运动技巧打下基础。

其二，少儿运动技巧训练应与专项特征高度结合。少儿运动技巧训练应与专项运动技术的结构、功能、动作序列等相一致，使运动技巧练习能够促进其运动技能的提高，尤其是在实战中能够制胜。

其三，少儿运动技巧训练应运用加难训练法实施。运动技巧训练需要运用加难训练方法，使少儿运动技能训练处于"学习区"，可通过增加运动技术的标准、完成运动技术的难度等方式增加难度，以提高运动技巧水平。

【知识小结】

本章着重从应用角度，重点讨论了少儿生长发育规律、心理成长规律和敏感期训练规律；提出了区别于成年人运动训练内容、负荷、方法与手段的基本训练原则。在运动素质训练方面，强调了速度、协调、灵敏、柔韧、力量、耐力素质训练应遵循其少儿特点；同时讨论了少儿基本动作、运动技能、运动技术和运动技巧训练及其特点。

【知识检测】

一、判断题

（　　）1. 少儿以兴趣、爱好为目的参与体育活动，为了获得优异运动成绩需要接受系统、科学的运动训练。

（　　）2. 运动训练实质上是人体生物学长期改造的结果，具有可逆性、阶段性、可重复性特点。

（　　）3. 启蒙训练阶段应全面发展儿童的综合身体素质和基础动作技能，为儿童参加专项化的运动训练打下基础。

（　　）4. 少儿训练内容需遵循从基础训练到高难度训练和一般训练到专项训练的规律。

（　　）5. 人体的生长发育不是匀速直线上升式的，而是具有一定规律的时快时慢的波浪式发展。

（　　）6. 少儿心理状态不同阶段和不同个体之间有本质性差异，这些显著性差异的变化使少儿发展呈现阶段性特征。

（　　）7. 反应速度的快慢由遗传因素决定的比例较大，12岁时反应速度达到第一次高峰点。

（　　）8. 少儿进行速度素质训练时，练习次数不宜过多，可适当采取重复训练法和间歇训练法相结合。

（　　）9. 人体运动协调能力由反应能力、空间定向能力、本体感知能力、节奏能力、平衡能力、与动作认知有关的认知能力等多种要素构成。

（　　）10. 从灵敏素质训练的负荷来看，一般训练强度随着少儿训练水平不断提高和阶段不断深化逐渐加大、速度并非加快。

（　　）11. 少儿柔韧素质的发展与其肌肉、肌腱和韧带等生长发育密切相关。

（　　）12. 少儿运动素质训练是其训练的核心内容，也是其敏感期训练的基础内容。

（　　）13. 少儿耐力素质训练方法可采取持续匀速训练法，间或穿插变速训练法和重复训练法。在练习手段的选择上多注意趣味性。

（　　）14. 少儿基本动作训练应遵循仿生学规律，将少儿爬、扑、倒立、搂抱、跳跃等基本动作采用运动仿生学情景设计训练。

（　　）15. 少儿启蒙训练应以一般性身体素质全面发展少儿基本动作和运动技术，遵循趣味性、组合性、全面性的练习方式。

## 二、选择题

1. 下列选项不属于少儿基础训练阶段划分的是（　　）。
   A. 运动入门阶段　　B. 启蒙训练阶段
   C. 技能发展阶段　　D. 一般训练阶段

2. 下列选项不属于少儿专项训练阶段划分的是（　　）。
   A. 一般训练阶段　　B. 技能发展阶段
   C. 专项训练阶段　　D. 强化训练阶段

3. 下列关于青春期四肢发育阶段性规律描述正确的是（　　）。
   A. 体重优先于身高发育　　B. 围度优先于长度发育
   C. 下肢优先于上肢发育　　D. 躯干优先于上肢发育

4. 少儿心理发展规律具有（　　）。
   A. 方向性、连续性和差异性　　B. 方向性、连续性和阶段性
   C. 连续性、阶段性和差异性　　D. 连续性、阶段性和整体性

5. 少儿女子运动员敏感期竞技能力优先发展的是（　　）。
   A. 技能能力　　B. 速度能力　　C. 柔韧素质　　D. 耐力素质

6. 少儿男子运动员敏感期竞技能力优先发展的是（　　）。
   A. 柔韧素质　　B. 速度能力　　C. 技能能力　　D. 耐力素质

7. 少儿反应速度第一次达到高峰点的年龄是（　　）。
   A. 11岁　　B. 12岁　　C. 13岁　　D. 14岁

8. 少儿动作速度的自然发展较快阶段为（　　）。
   A. 5～7岁　　B. 6～8岁　　C. 7～9岁　　D. 8～10岁

9. 少儿运动训练中素质能力应优先考虑的是（　　）。
   A. 柔韧素质　　B. 速度素质　　C. 力量素质　　D. 耐力素质

10. 从人体生长发育的角度来看，少儿最早发育的系统是（　　）。
    A. 肌肉系统　　B. 骨骼系统　　C. 运动系统　　D. 神经系统

## 三、填空题

1. 少儿训练阶段可为运动_____、_____、_____、_____、_____和_____。

2. 少儿训练方法运用要点内容是_____、_____。

3. 少儿训练手段遴选要点是_____、_____。

4．人体运动协调能力由_____、_____、_____、_____、_____、_____构成。

### 四、名词解释

1. 少儿运动训练。

2. 敏感期。

### 五、简答题

1. 简述少儿生长发育规律的内容。

2. 简述少儿速度素质的训练特点。

### 六、论述题

试述少儿运动训练要点的基本内容。

# 第十一章 教练员的职业素养

**本章导语**：本章主要包括教练员职业素养概述、教练员执教团队、教练员执教能力三块内容。其中，教练员职业素养概述重点阐述基本定义、构成要素、现实意义、执教作用；教练员执教团队主要阐述团队结构、功能管理、角色培养；教练员执教能力主要阐述执教能力概念、执教能力学科基础、执教能力培养路径等。

**学习目标**：通过本章学习，学生除能掌握职业素养的基本概念外，还能在实际训练中，基本掌握职业素养的构成及意义。同时，在理论上，基本理解教练员执教团队的职责、教练员执教能力的主要内容和发展趋势，在执教实践中，深刻领会其涵义。

**知识重点**：教练员职业素养构成要素、现实意义、执教作用。

**知识难点**：执教能力学科基础、执教能力培养路径。

**知识框图**：

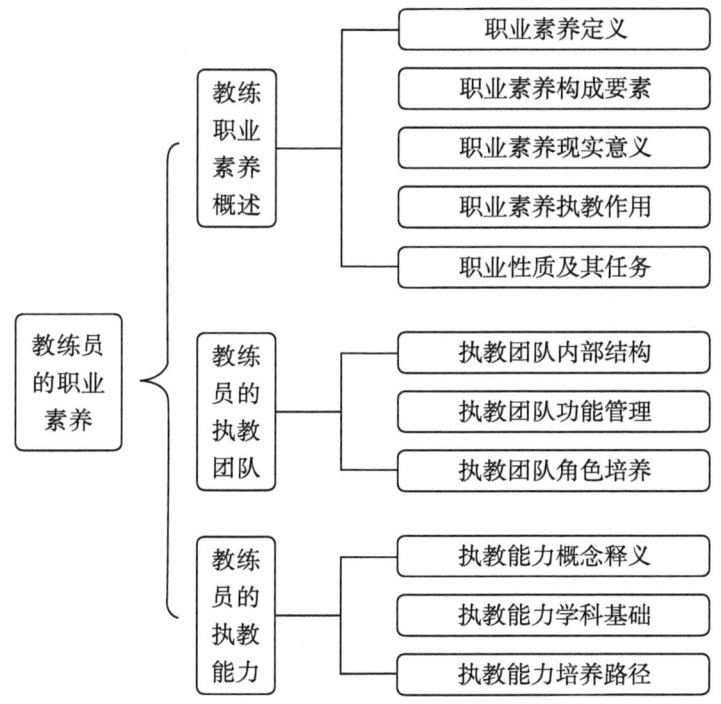

## 第一节 教练职业素养概述

### 一、职业素养定义

教练员的角色受社会期望、运动员期望及教练员自我期望的制约影响。从本质上来讲，是社会经济、社会需求、社会观赏等变化的共同结果，竞技体育、社会体育及校园体育赋予了教练员角色全新的内涵。教练员的主要职责是负责运动员的素质能力的提升，进而获取优异的运动成绩。

综上所述，教练员职业素养是指教练员在训练过程中表现出来的一种特质，是职业道德、职业技能、职业行为、职业作风和职业意识的综合体现。它反映了教练员从事运动训练的过程中，执教和管理的修养所达到的高度，是教练员职业素养的价值体现。

### 二、职业素养构成要素

教练员职业是一个勇于担当、乐于奉献的职业，要求教练员必须具有较高的职业素养和职业境界。在临场指挥过程中，不仅应具有专业能力素养、知识能力素养、心智能力素养、协调能力素养、团队能力素养、责任担当素养，还应具备较强的沟通能力素养。

实践表明，教练员的执教素养主要包括：政治素养、专业素养、知识素养、心智素养、能力素养、道德素养、团队配合素养等。其能力素养主要表现为：战略思维能力、环境适应能力、训练比赛指导能力、赛场应变能力、负荷调控能力、协调关系能力等。

### 三、职业素养现实意义

**1. 敬业精神是前提条件**

随着竞技体育的飞速发展，运动成绩的不断刷新，竞技需求及社会观赏程度的不断提高，对教练员的执教素养和能力提出了新的挑战。除了提高运动员的运动成绩这一核心目标以外，教练员还肩负着培养运动员的国家荣誉感、敬业奉献精神和责任担当意识的使命。

### 2. 执着精神是必要条件

运动训练过程是对运动员的身心能力不断改造的过程。教练员与运动员心智的高度统一，是运动训练和参赛的最高境界，也是对教练员执教过程中的严峻考验。它不仅需要教练员的满腔热血和工作激情，更需要其具备逆境中执着的精神和永不言败的职业素养。

### 3. 担当精神是重要条件

训练过程是一个人才培养的过程，不仅需要教练员"慧眼识才"，还需要教练员完美地"雕刻人才"。在教练员和运动员和谐相处、心灵高度默契的训练环境下，教练员应具有担当精神，应当珍惜每一位后备人才，尽自己最大的努力培养运动员，做到面对训练问心无愧。

职业素养在执教过程中，不仅体现在教练员执教生涯的成功与失败上，更重要的是体现在一个教练员的执着精神上。不同执教能力和执教水平，会产生不同的效果。具有精湛的专业技能、扎实的专业知识、良好的心理素质、出色的沟通能力的教练员，能够让运动员感到训练充实有效。这种效果是教练员高度的敬业精神、执着和担当精神的具体体现，是获得运动员良好信任的体现，是教练员树立良好威望的重要条件。

## 四、职业素养执教作用

### 1. 职业素养是精神体现

奥林匹克体育精神让运动员时刻挑战自我，向着更高的目标迈进，展现人类无穷的智慧和力量。教练员良好的职业素养，能让运动员自觉遵守比赛的规则，维护良好的比赛氛围，正确看待各种不良的比赛现象，净化不良比赛环境，积极促进竞技体育事业健康发展。

## 2. 职业素养是品质取向

教练员的职业素养，直接影响着运动员的成长。教练员不仅仅是运动训练的执行者，还扮演着管理者、沟通者和谈判者等多重角色。

## 3. 职业素养是终极利器

教练员的职业信念和职业素养，对运动员的道德观的形成起到一定的促进作用。运动员的训练及竞赛的价值取向，实质上是教练员的职业素养的延续，教练员的一切理念，会潜移默化地改变运动员的理念，进而改变比赛的环境，使比赛朝向公平、公正的方向发展。

## 五、职业性质及其任务

教练员是训练过程的制定者和执行者，其职业性质具有鲜明的特征。教练员的职业性质是提高运动员竞技能力，获取优异运动成绩。随着竞技体育的快速发展，其工作职责也呈现出多样化的特点，对教练员的职业性质和职业作用也提出了不同的要求。

### 1. 教练员的职业性质

教练员的职业性质是为国家培养最高水平的运动员，使之养成完美的竞技品质，培养高尚的道德情操，具有体育担当、爱国情怀和奉献精神，参加各级国际大赛，为国家争取荣誉。

### 2. 教练员的职业任务

教练员的职业任务是分析项目格局，把握制胜规律；组织实施训练，合理安排训练内容，做好运动训练调控与负荷监督；培养运动员的意志品质和国家情怀；协助团队做好其他事情等。教练员不仅是训练计划的设计师，也是训练实施的工程师，更是训练质量的监控师。教练员的职业任务是由教练员所承担的不同角色决定的。

## 第二节 教练员的执教团队

### 一、执教团队内部结构

团队可分为不同的等级：各省市单项运动的职业运动俱乐部，属于优秀运动队的组织机构；优秀运动队的二线和三线队伍、国家体育总局优秀后备人才队伍，属于后备人才的组织机构；各省市的一线运动队，属于专业运动队的组织机构；各级学校竞技项目的运动队，属于业余组织机构。组织机构包括住队领队、主管教练、助理教练、科医人员、后勤人员和运动员。住队领队、后勤人员是队伍的管理人员，主要负责队伍的组织和后勤管理；主管教练、助理教练、科医人员则是队伍的指导人员，主要负责队伍的训练组织和实施进度。不同等级执教团队的共同使命是完成训练任务。

#### 1. 执教团队构成要素

目前，竞技运动项目的训练机构日趋完善，其人员构成也有别于传统运动队那种仅由运动员、教练员或领队组成的组织结构。实际上，目前参加世锦赛、世界杯或奥运会的各个项目运动队的人员大幅增加，一般由一个5～8人的教练团队参与平时训练或参赛。集体性的球类项目除了运动员外，更是由众多的管理人员、科医人员和服务人员共同组成教练团队或参赛集体。

我国竞技项目的管理中心往往根据项目特点、成员素质和参赛目标，在国家队内相继组建过队委会、总教练、主教练、领队领导下的教练复合团队。通常一支复合型执教团队的组成成员，至少是由领队、主教练、助理教练、体能教练、科医人员、后勤服务人员组成。其中科医人员包括生理监控、技术摄像、战术分析和心理咨询师等，必要时需相关专家加盟。随着重点赛事的逼近，执教团队的成员会有所变动，但是主要骨干始终监控着训练过程和参赛过程。

#### 2. 执教团队不同分工

和谐的执教团队，必定职责分明、协调合作地完成训练任务。一支执教团队只有通过协同合作，各自承担相应的责任，发挥出各自的能力，才能实现最终的训练目标。其中，主教练是整个训练过程的设计师，统筹规划训练的各个环节和细节，并组织相关人员实施训练和比赛计划，同时还监督和监控训练及比赛工作；领队则需做好运动队的日常管理、思想教育、心理疏导和制度建设等管理工作，及协助教练团队其他人员完成相应的工作；科医人员则要在训练过程中做好科研、训练监控、恢复和医疗等保障工作；助理教练的主要工作是协助主教练完成训练中的工作。

### 3. 执教团队各自职责

实践表明，运动训练实施机构的成员职责分明，是运动训练工作得以顺利实施的组织保证。依据运动训练工程结构、训练过程和比赛指挥的主要环节，运动训练工程实施机构的内部具体分工如图10所示。主管教练、住队领队、科医人员的主要职责是不同的。其中，主管教练自始至终起着主导作用，住队领队与有关人员共同负责机构管理和过程监督，科医人员则与相关人员负责训练诊断和监督评定工作。除主管教练外，所有的其他相关人员在相应的工作范围内起着特定的辅助作用，正是这种辅助才使运动训练的任务得以落实。唯有如此，才能充分发挥团队的作用。

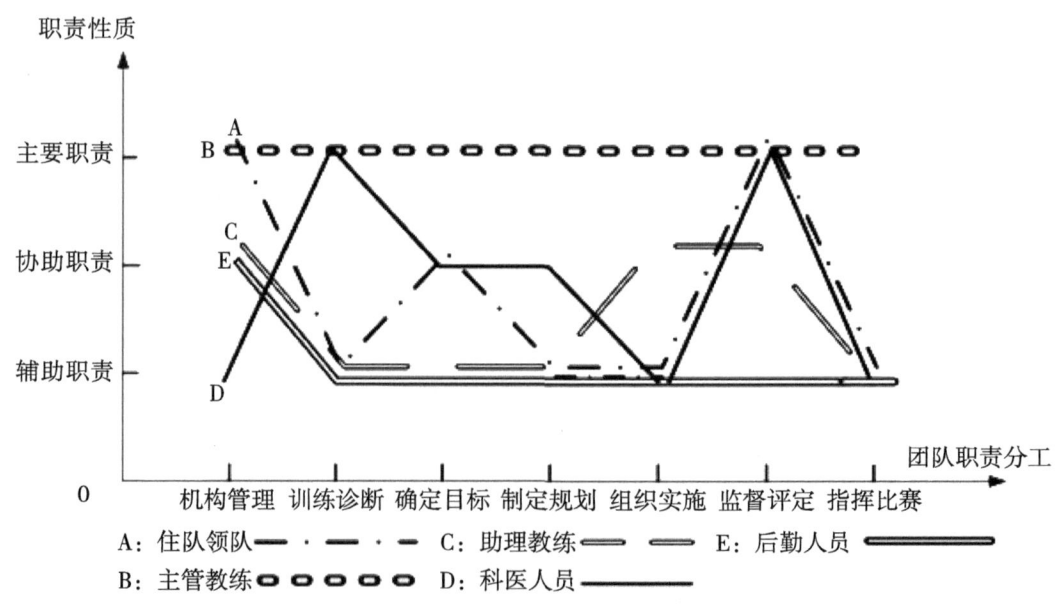

图10　不同人员主要职责的分工与协调

### (1) 主管教练职责

主管教练的职责主要是协助领队共同做好运动员的教育管理、生活管理等工作。如，负责组织所有业务人员钻研业务、分析形式、总结经验、接受考核；制订训练计划；具体落实训练计划；训练检查与监控；组织人员做好赛前准备、临场指挥和赛后总结；配合科医人员做好运动技术诊断、医务监督等。

### (2) 住队领队职责

负责组织相关人员做好教育、生活管理工作；主要承担训练组织检查与评定工作；协助制定训练计划、训练实施、赛前准备等工作；协助做好临场指挥的幕后工作；积极配合主教练做好赛后总结等。住队领队不仅承担运动队的领队责任，也是科学运动训练的助手。

### (3) 科医人员职责

负责训练过程分析和诊断任务；协助制订训练计划；承担训练负荷检查、机能评定和医务监督工作；协助落实赛前情报收集、医疗配备、营养调理等各项事宜；积极配合主教练做好赛后总结工作。可见，科医人员已经成为教练员和运动员不可或缺的重要动力资源。

### (4) 后勤人员职责

后勤人员主要职责是协助住队领队、主教练、助理教练及科医人员做好队伍服务管理工作；积极参与队伍的目标确定、制定规划、组织实施等辅助工作；确保队伍训练、参赛的各种后勤保障工作。可见，后勤人员已经成为教练员和运动员不可或缺的重要资源保障。

## 二、执教团队功能管理

### 1. 不同执教团队类型

#### (1) 执教团队类型划分

根据我国执教团队所属性质及职责范畴，可将执教团队划分为：国家级执教团队、省级执教团队、地市级执教团队三种类型。其中，国家级执教团队结构相对合理，人员配备齐全。而省级、地市级执教团队由于受多种因素的制约，团队成员可能会兼任多种角色。

**（2）执教团队组成要素**

团队组成包括领队、主教练、助理教练、体能教练、运动康复师、科医人员，根据需要，有时还要配备有资质的心理咨询师、营养师、技术监控分析师等。有时根据项目的实际需要，聘请国外教练担任主教练。成员之间分工合作，精诚团结，共同服务于训练队伍。

**2. 不同执教团队功能**

**（1）训练实施与组织管理**

执教团队负责训练计划的组织与实施，进行素质能力、技战术能力及心理能力的调控，完成训练及参赛任务。各种训练的协调、生活及后勤保障管理，协调分工各负其责，实现共同的参赛目标。训练组织与管理是训练过程的核心环节，是训练取得效益的关键要素。

**（2）运动监控与效果评估**

执教团队应对整个训练过程和训练效果进行监控与评估。掌控运动员的竞技状态、竞技能力和训练负荷情况。实时掌握运动员机能状态、技术状态、心理变化。通过监控反馈的信息，及时调整训练方案、调控训练过程。通过有效监控，提高训练的针对性和有效性。

**（3）疲劳诊断与医疗恢复**

训练会产生机体疲劳，若不能及时采取措施减缓疲劳，将会给运动员带来不良后果，甚至是致命的打击——因伤病而结束运动生涯，这时恢复就显得极为重要。及时补充营养物质、减缓运动员的身心疲劳、尽快恢复其运动疲劳与损伤，是进行持续训练和比赛的重要条件。

**3. 不同执教团队管理**

一支高效的执教复合团队组成具有周期性特点。如图11所示，通常一个周期的开始阶段为团队形成阶段,他们共同合作的姿态较高,配合工作效益较大;接着团队进入一个震荡阶段,此阶段的成员由于个性、处事方法、价值观念等不同,开始出现分歧、矛盾和摩擦,整体工作效益出现了低谷;随后团队进入一个规范阶段,这是复合型教练团队成长的关键时期,有经验的负责人会通过制度建设和机制建设,找到约束和鼓励团队成员的办法,使团队成员能够相互协调地工作;最后团队进入成熟阶段,此阶段的重要标志是:成员定位准确、熟悉工作流程、语义环境清晰、相互协作默契。

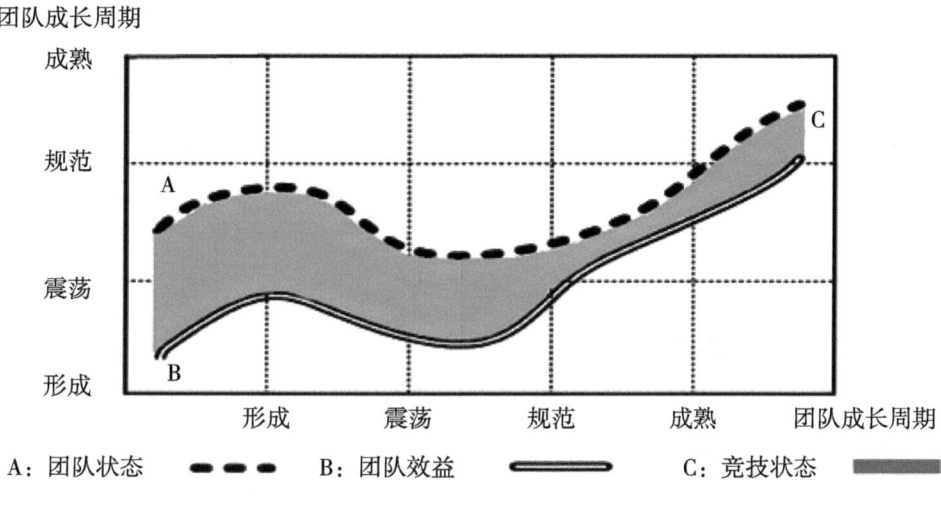

图11 教练复合团队成长周期

复合团队通常由一支人数适量、人员称职、人才配套和关系融合的队伍组成。国际上的团队管理大致分为四种模式,即独裁式、精英式、参与式和目标式。管理模式的选用主要依据运动项目的复杂程度和竞技赛事的目标难度(图12)。独裁式管理是为了确保责任权利的高度集中;精英式管理的目标是充分发挥整个管理班子的智囊、决策作用;参与式管理是为了调动所有团队成员的积极作用;目标式管理是将总体任务和目标分成子类,规定人人肩上有目标,个个身上有责任。根据不同队伍的性质和阶段,各种管理模式应相互融合,灵活运用,以达到理想管理效果。

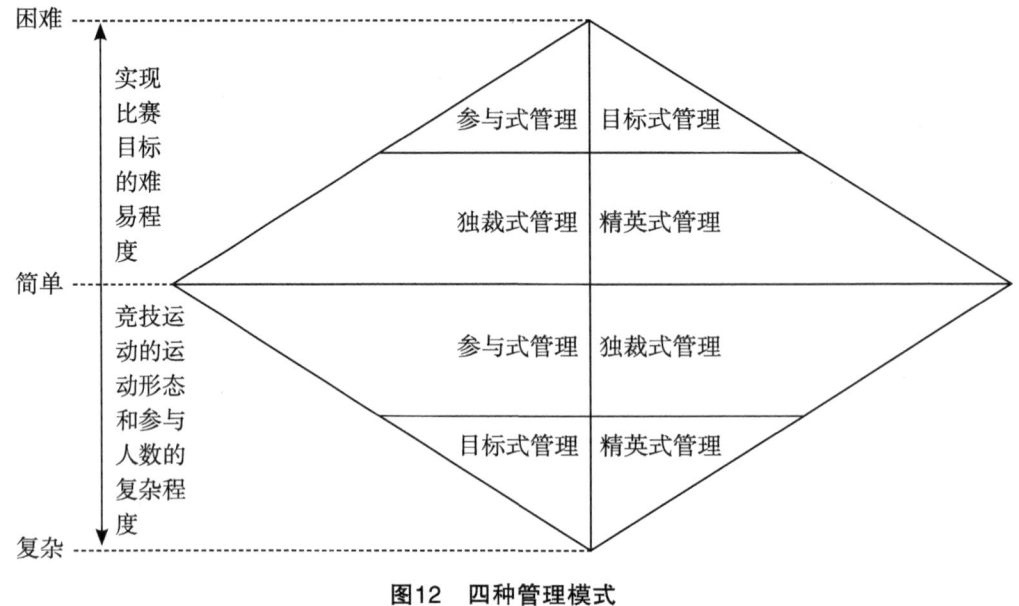

图12 四种管理模式

## 三、执教团队角色培养

### 1. 执教团队角色分类

运动训练执教团队,是由不同人员、不同领域、不同科技共同构成的一个系统组织。体现出多形式、多领域、全方位的特征。执教团队设计、监管、鉴定运动训练的整个过程。

### 2. 执教团队培养方式

**(1)政策支持**

团队执教在项目管理中心支持下管理运行。政策支持是执教团队培养的先决条件。政策制定以项目发展为核心,长远规划。管理层面需要大力扶持,给予教练团队工作温馨的政策环境,不要过多地用政策杠杆干预训练。确保训练按照项目发展的内在规律顺利进行。

**(2)经费保障**

经费投入是团队运转的必要条件。没有资金的支持,很多训练的实际问题将无法得到解决。只有得到一定资金保障,才能够从经济上调动各成员的积极性,确保各项训练及参赛事宜的正常运行。

### (3) 团队规范

任何一个执教团队,都需要通过各种制度规范,为执教训练目标的实现提供制度保障。团队规范为领队、主教练、助理教练、科医人员、保障人员之间的协调配合制定了规则。合理的团队规范将凝聚各方面力量,推进各成员之间的通力合作,实现训练效益最大化。

### 3. 执教团队凝聚方法

良好的执教团队氛围、和谐的团队关系、高效的执教合力,是取得最佳训练效益的重要条件。反之,则容易出现执教不力、人心涣散、出工不出力、敷衍了事的情况。由此看来,形成良好的氛围是执教团队顺利执教的必要条件。执教团队的凝聚方法主要体现在以下方面:

### (1) 树立远大奋斗目标

把培养世界级水平的运动员作为团队训练的最高目标。精诚团结、紧密配合、无私奉献,确立集体荣誉信念和担当意识。保持思想上高度统一,围绕金牌与荣誉、责任与担当各司其职,在充满正能量的氛围中敬业执教。这种奋斗目标是教练员团队执教的原始动力。

### (2) 形成和谐训练氛围

在训练过程中,以提高竞技能力为主体,围绕既定的训练计划和目标,各尽所能取长补短。服从主教练的工作安排,不折不扣地完成训练任务。主教练应该能够听取不同的声音,尊重所有成员的劳动。相互理解与尊重,相互支撑与配合,形成愉悦和谐的训练氛围。

### (3) 打造良好团队文化

团队文化是一支队伍蓬勃发展的生命力,良好的团队文化能够形成强大的凝聚力。团队的每位成员都为大家经营的团队文化感到自豪,特别是在取得最高荣誉的时刻,大家内心不约而同生出同样的获胜感、自豪感、荣誉感。这就是团队文化的魅力所在，也是凝聚人心的重要环节。

**（4）奉献无私团队精神**

成功团队案例告诉我们，任何一个团队要想取得成功，团队成员就必须投入百分之百的精力。形成团队工作凝聚力，避免工作分歧，不考虑个人荣誉与得失。当团队成员不再计较谁获得的荣誉更大时，团队的力量将胜过一切，战无不胜。

## 第三节　教练员的执教能力

### 一、执教能力概念释义

#### 1. 执教能力基本定义

执教能力是指：教练员依据项目的本质特征，合理有序地提高运动个体或运动集体竞技水平，进而转化为运动成绩的能力。教练员的执教能力是专业素养和职业修养的综合体现。教练员的执教理念、运动背景、学科基础等能力是成功执教的核心和灵魂。

#### 2. 执教能力专业基础

实践表明，不同项群教练员的职业能力和职业素养主要体现在：素质能力、技术能力、组织能力、评价能力、调控能力等（表7）。现实表明，教练员与运动员之间的沟通至关重要。若沟通不畅则容易产生思想分歧，造成团队氛围不和谐，甚至会出现团队解体更换教练等严重后果。沟通能力构成要素如图13所示。沟通能力是教练员职业素养，业务水平等因素的集中体现。沟通的权重又有阶段性差异。

表7　不同项群教练员应具有的基本职业能力和素养

| 项群 | 力量性 | 速度性 | 耐力性 | 准确性 | 难美性 | 隔网性 | 同场性 | 格斗性 |
|---|---|---|---|---|---|---|---|---|
| 专项技术能力 | △△ | △△ | △ | △△ | △△△ | △△△ | △△△ | △△△ |
| 训练观察能力 | △△△ | △△△ | △△ | △△ | △△△ | △△△ | △△△ | △△△ |
| 训练分析能力 | △△ | △△ | △△ | △△ | △△ | △△ | △△ | △△ |

（续表）

| 项群 | 力量性 | 速度性 | 耐力性 | 准确性 | 难美性 | 隔网性 | 同场性 | 格斗性 |
|---|---|---|---|---|---|---|---|---|
| 训练计划能力 | △△△ | △△△ | △△△ | △△△ | △△△ | △△△ | △△△ | △△△ |
| 训练组织能力 | △△ | △△ | △△ | △△ | △△△ | △△△ | △△△ | △△△ |
| 训练监控能力 | △△△ | △△△ | △△△ | △△△ | △△△ | △△△ | △△△ | △△△ |
| 训练创新能力 | △△ | △△ | △△ | △△ | △△△ | △△△ | △△△ | △△△ |
| 人际交往能力 | △△ | △△ | △ | △△ | △△△ | △△△ | △△△ | △△ |
| 语言文字能力 | △△ | △△ | △△ | △△ | △△△ | △△ | △△ | △△ |
| 身体素质能力 | △△ | △△ | △△ | △ | △△ | △△ | △△ | △△ |
| 临场指挥能力 | △△ | △ | △ | △ | △△ | △△△ | △△△ | △△△ |
| 综合评价能力 | △△△ | △△△ | △△△ | △△△ | △△△ | △△△ | △△△ | △△△ |
| 过程调控能力 | △△△ | △△△ | △△△ | △△△ | △△△ | △△△ | △△△ | △△△ |

△△△：必要能力；△△：重要能力；△：一般能力

（胡亦海，2005，并改制）

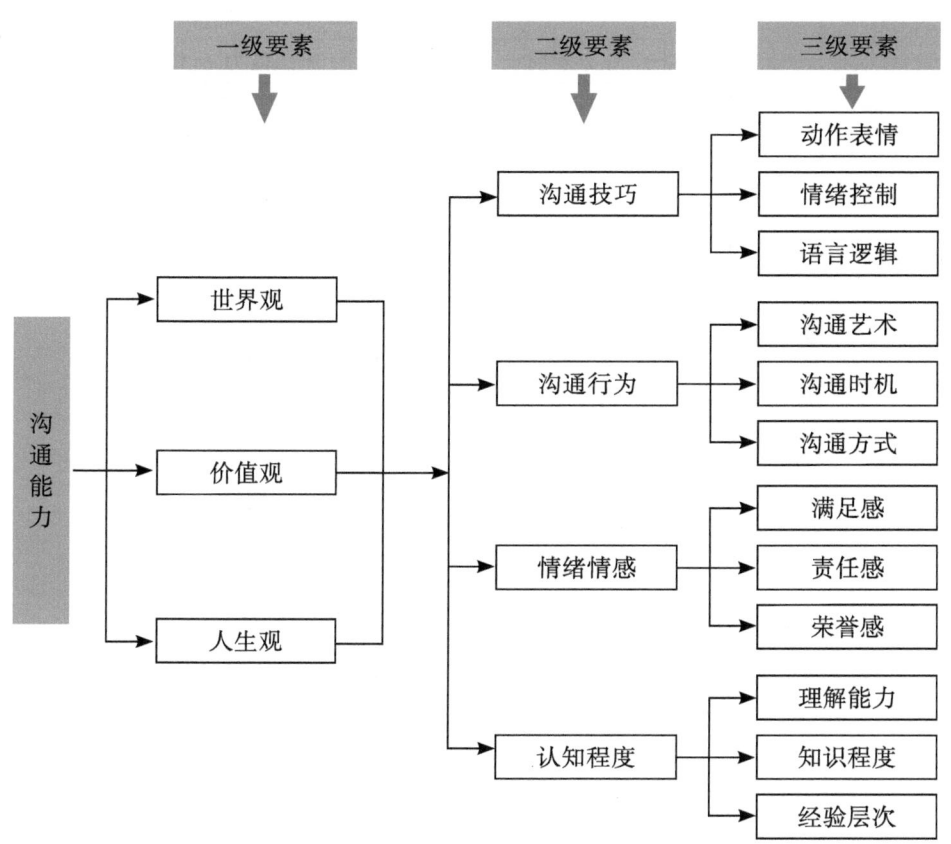

图13 沟通能力构成要素

## 二、执教能力学科基础

### 1. 执教能力种类划分

实践表明，教练员的执教能力主要包括业务素质、品德素养、职业能力三部分（图14）。业务是基础、品德是主导、职业是主体。其中，业务素质主要由规划能力、组织能力、创新能力构成；品德素养主要由政治素养、思想素质、道德素质构成，这是教练员必须具有的基本素养；职业能力是教练员专业技术的职能体系中的主体，主要包括技术能力、素质能力、观察能力、分析能力、监控能力、交际能力、文字能力、指挥能力。

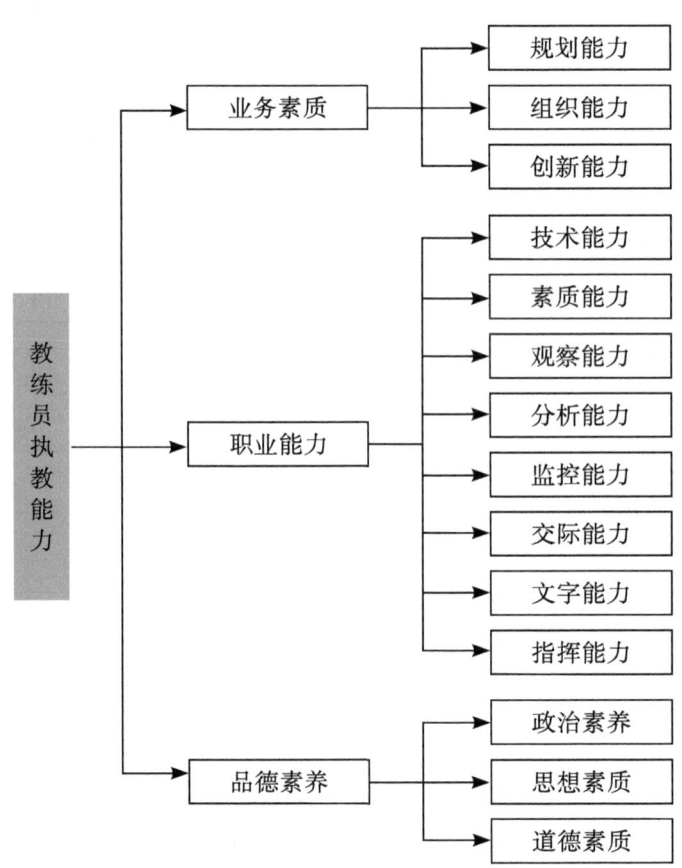

图14　教练员执教能力结构

## 2. 学科知识结构权重

教练员的执教能力不仅包括专业基础能力，还应具有较全面的学科基础能力。对于学科知识结构能力，需要根据不同项目类别，科学、合理地决定教练员专业知识结构的权重。

## 三、执教能力培养路径

### 1. 执教能力形成过程

我国教练员梯队基本上由优秀运动员转型和岗位培训两部分组成。由优秀运动员转岗位的教练员，执教能力主要来自运动经历和借鉴运动员时期教练的执教模式、方法方式、训练理念，进而通过初期的执教、经验积累和教育培训，逐步形成自己的执教能力；岗位培训的教练员执教能力主要来自教育、学习、培训，通过长期执教过程，积累和总结带队经验，逐步形成自己的执教能力和执教风格。

### 2. 执教能力培养路径

目前，我国教练员队伍呈现出"中间粗、两头细"的人才结构布局。中间部分多为优秀退役运动员转型而来，两头是通过学历教育和教练员学院学习以及各种培训获取资格的上岗人员。因此，教练员执教能力培养的路径也不太相同，主要从以下三个方面予以阐述：

**（1）退役运动员培养路径**

优秀退役运动员转岗任教的，因其运动成绩优异，对自身竞技能力的形成有深刻的认识。依据自我感知形成最初的执教能力，即"感性认知"能力，通过长期的执教而形成一定的"理性认识"能力。通过经验积累和培训，逐步形成了自己的执教能力、执教理念和执教风格。

**（2）学历运动员培养路径**

这一类的运动员，因其通过高校高水平招生或推免进入学校，通过学习拿到毕业证书和学位证书后从事教练员职业。他们既有一定的专业技术水平、参赛能力和经验,又具有相应的从业资格证书。一种情况是退役后先进入高校学习,完成学业并获相应的学历证书,正式加入教练员行业;另一种则是在役运动员,他们一边训练一边学习,获取相应的等级资格证书,进而上岗从事执教工作。

**(3)培训教练员培养路径**

该路径包括教练员岗位培训、短期培训和外出学习等方式,依据实际情况进行不同形式的培训学习。岗位培训是我国教练员岗位学习的一种主要形式,我国教练员岗位培训实行国家和省(自治市、直辖市)两级培训。

【知识小结】

本章着重从理论角度,重点讨论职业素养定义、构成要素、意义作用及职业性质任务,概括阐述执教团队的内容结构、不同分工、各自职责的具体内容,特别提出执教能力专业基础、执教能力学科基础、执教能力角色培养的实践运用,强调了职业素养在执教中的重要作用。本章突出强调,沟通能力在训练实践中的重要性,是决定训练取得成功与否的重要环节。

【知识检测】

一、判断题

( )1. 教练员的主要职责是负责运动员的素质能力的提升,进而获取优异的运动成绩。

( )2. 教练员职业是一个勇于担当、乐于奉献的职业,要求教练员必须具有较高的职业素养和职业境界。

( )3. 运动训练过程是对运动员的身心能力不断改造的过程。

( )4. 职业素养在执教过程中,主要体现在教练员执教生涯的成功与失败上,但对于一个教练员的执着精神体现并不明显。

( )5. 教练员不仅是运动训练的执行者,还扮演着管理者、沟通者和谈判者等多重角色。

( )6. 教练员是训练过程的制定者和执行者,其职业性质具有鲜明的职业特征。

（　）7. 教练员不仅是训练计划的设计师，也是训练实施的工程师，更是训练质量的监控师。

（　）8. 训练过程监控与评价是运动训练过程监控结构中的重要一环，现代竞技运动尤其重视训练过程的全方位监控与评价。

（　）9. 一支执教团队只有通过协同合作，各自承担相应的责任，发挥各自的能力，才能实现最终的训练目标。

（　）10. 实践表明，运动训练实施机构的成员职责分明，是运动训练工作得以顺利实施的组织保证。

（　）11. 住队领队主要承担运动队的领队责任，负责队伍的管理工作，并不参与运动训练的实践过程。

（　）12. 科医人员注意负责训练过程分析和诊断任务，承担训练负荷检查、机能评定和医务监督工作，不负责协助制订训练计划。

（　）13. 我国教练员梯队基本上由优秀运动员转型和岗位培训两部分组成。

（　）14. 优秀退役运动员转岗任教的，因其运动成绩优异，对自身竞技能力的形成有深刻的认识。

## 二、选择题

1. 教练员执教的最终目的是（　　）。
   A. 培养意志品质　　B. 提高竞技能力
   C. 夺取优异成绩　　D. 形成竞技能力

2. 教练员职业素养反映了教练员从事运动训练的过程中（　　）的修养所达到的高度。
   A. 项目认知能力　　B. 执教水平能力
   C. 临场指挥能力　　D. 执教管理能力

3. 教练员职业素养现实意义的前提条件是（　　）。
   A. 敬业精神　　B. 执着精神　　C. 担当精神　　D. 奉献精神

4. 教练员职业素养现实意义的必要条件是（　　）。
   A. 敬业精神　　B. 执着精神　　C. 担当精神　　D. 奉献精神

5. 教练员职业素养现实意义的重要条件是（　　）。
   A. 敬业精神　　B. 执着精神　　C. 担当精神　　D. 奉献精神

6. 执教团队中负责协助做好运动员的教育管理、生活管理等工作的是（　　）。

  A. 主管教练　　　B. 住队领队　　　C. 科医人员　　　D. 后勤人员

7. 执教团队中负责组织相关人员做好教育、生活管理工作的是（　　）。

  A. 主管教练　　　B. 住队领队　　　C. 科医人员　　　D. 后勤人员

8. 执教团队中负责训练过程分析和诊断任务的是（　　）。

  A. 主管教练　　　B. 住队领队　　　C. 科医人员　　　D. 后勤人员

9. 执教团队中负责队伍服务管理、积极参与队伍的目标确定、制定规划、组织实施等辅助工作的是（　　）。

  A. 主管教练　　　B. 住队领队　　　C. 科医人员　　　D. 后勤人员

10. 下列选项不属于教练员执教能力结构的是（　　）。

  A. 业务素养　　　B. 职业能力　　　C. 品德素养　　　D. 敬业精神

### 三、填空题

1. 执教团队主要由_____、_____、_____与_____构成。

2. 根据我国执教团队所属性质及职责范畴，可将执教团队划分为_____、_____、_____三种类型。

3. 国际上的团队管理大致分为四种模式，即_____、_____、_____、_____。

4. 教练员的执教能力主要包括_____、_____和_____三部分。

### 四、名词解释

1. 职业素养。

2. 执教能力。

### 五、简答题

1. 简述职业素养执教作用。

2. 简述不同执教团队功能。

3. 简述执教团队凝聚方法。

### 六、论述题

论述你对教练员执教能力培养路径的理论认识。

# 参考答案

## 绪论

### 一、判断题

1. √  2. ×  3. √  4. √  5. √  6. √  7. √  8. ×  9. √  10. √  11. √
12. √  13. √  14. √  15. √

### 二、选择题

1. C  2. C  3. B  4. B  5. B  6. C  7. C  8. C  9. C  10. C

### 三、填空题

1. 竞技运动、表演运动、户外运动、健身运动。

2. 职业运动、业余运动、校园竞技运动。

3. 自然性、运动性、竞技性。

4. 体能主导类、技能主导类、技心能主导类、技战能主导类。

5. 单一动作结构、多元动作结构、多项组合结构。

6. 测量、评分、命中、得分、制胜。

7. 本源性、综合性、实践性。

### 四、名词解释

1. 竞技运动：是指具有较为规范和严格的比赛规则并可促使运动员充分发挥身心潜力的竞技性运动项目的统称。

2. 运动训练：是指在教练员的科学指导下，运动员通过积极努力，不断挖掘自身潜力，并不断提高运动成绩的一种专门组织的过程。

3. 项目分类：项目分类是指将竞技运动众多项目，按照具有相似竞技运动外部特征或内在特性的竞技项目，进行分门别类。将一组具有相似竞技特征及训练要求的竞技项目称为一个项群。

4. 项群训练：项群训练是指教练员和运动员根据不同项群分类体系，探索、揭示和应用某一项群内部的共性规律和个性特征，科学地、辩证地、动态地不断挖掘该项群运动员身心潜力的身体活动过程。

5. 竞技能力：是指运动员的参赛能力，是由不同表现形式和作用的素质、技术、战术、心理、智力、知识等要素构成，并综合性地表现在专项训练或比赛之中。

### 五、简答题

1. 竞技运动的价值：

（1）自然属性：客观上满足和促使人的机体机能得到多方位发展。

（2）运动属性：客观上满足和促进人的活动方式得到多元化提升。

（3）竞技属性：客观上满足和促使人的竞技能力得到多维度提升。

2. 竞技运动的功能包括：健身功能、竞技功能、精神功能、教育功能、文化功能、政治功能、社会功能、经济功能、外交功能、法制功能等。

### 六、论述题

竞技运动的本质是指竞技运动本身所固有的根本属性。从竞技运动的定义可见：制订严格的竞赛规则是竞技运动的前置条件；不断挖掘身心潜力是竞技运动的重要特征；充分展示竞技能力是竞技运动的显著特点。

竞技运动的本质属性是：

（1）自然性：展示、发展和改善人体运动的机能能力。

自然性是竞技运动本质隐性维度方面的重要特征，是指运动员的机体、机能在竞技运动的活动中所发生的适应性变化。它包括改善人体运动的生物、运动、心智过程。系统地从事专项训练会导致人体细胞、组织、器官和系统发生适应性变化。因此，必须依据运动适应、超量恢复、运动应激等原理进行科学训练，依据训练分期、适度负荷、实时恢复等理论进行系统训练。

（2）运动性：体现、发展和提高人体运动的运动方式。

运动性是竞技运动本质显性维度方面的重要特征，是指运动员的运动方式，在竞技运动的活动中所发生的适应性变化。竞技运动所表现出来的复杂动作、多样技能、娴熟技术、精湛技艺、灵敏技巧就是竞技运动的运动性特征。竞技运动的运动性属性是以阶梯性的发展方式逐渐显现。其中，专项素质是能力、专项动作是基础，专项技术是工具，专项战术是谋略。

（3）竞技性：表现、发展和提升人体运动的竞技能力。

竞技性是竞技运动本质本源维度方面的重要特征。竞技性是竞技运动本质的根本特征。竞技运动本质的竞技性属性，不仅表现在运动员之间直接或间接的竞技能力的相互较量，同时还体现在人对自身、对自然的挑战过程之中。竞技运动的竞技性本源属性，就是倡导公平竞争、追求积极进取和力求争冠的终极奋斗目标。我们不能因为赛场中的违例现象或竞技中的不良行为，而漠视竞技运动的这一根本属性。

# 第一章　运动训练基本原则

## 一、判断题

1.√　2.×　3.√　4.√　5.√　6.√　7.√　8.√　9.√　10.×　11.×　12.√　13.√　14.√　15.√

## 二、选择题

1.C　2.C　3.A　4.D　5.B　6.C　7.C　8.C　9.C　10.D

## 三、填空题

1. 理论意义、实践意义。

2. 自觉激励、社会激励。

3. 基础体能、基本技术、基本战术、基本心理能力、运动智力。

4. 训练工程设计、训练工程施工、训练工程监控。

5. 竞技状态发展与提高阶段、竞技状态优化与保持阶段、竞技状态减退与下降阶段。

6. 超大周期、年度周期、大周期、中周期、小周期、训练课。

## 四、名词解释

1. 运动训练原则：是指依据运动训练活动的客观规律而确定的组织运动训练过程所必须遵循的基本准则。

2. 训练动机激励原则：是指从激励运动员训练动机的角度组织训练过程的训练原则。

3. 专项训练深化原则：是指通过逐步深化并合理安排专项训练内容、方法、手段及负荷等因素来组织训练过程的训练原则。

4. 系统不间断性原则：是指系统地、持续地、循序渐进地组织训练过程的训练原则。

5. 周期安排训练原则：是指根据运动训练周期性结构特点、重大赛事安排规律和运动员竞技状态呈现规律组织训练过程的训练原则。

6. 适宜负荷训练原则：是指根据运动员现实可能和人体机能适应性规律，以及提升运动员竞技能力需要，在训练中给予适宜量度的负荷，以取得理想训练效果的训练原则。

7. 适时恢复训练原则：是指根据运动负荷的性质，以及疲劳产生的机制及时消除疲劳，并采用积极的恢复手段提升机体能力的训练原则。

8. 区别对待训练原则：是指在运动训练中要根据不同专项、不同运动员，以及不同训练任务、训练阶段、训练环境，针对性地选择训练内容、确定方法手段，安排运动负荷的训练原则。

### 五、简答题

1. 训练动机激励原则的实施要点：

（1）科学认识训练的目标与任务；（2）科学发挥主导和主体积极性；（3）科学安排训练内容方法手段；（4）科学运用训练评价反馈功能。

2. 专项训练深化原则科学基础：

（1）竞技能力发展规律；（2）人体生物适应原理；（3）运动技能形成规律。

3. 系统不间断性原则实施要点：

（1）科学执行工程控制的基本程序；（2）科学遵循用进废退的基本规律；（3）科学贯彻系统训练的管理体制。

4. 周期安排训练原则实施要点：

（1）科学安排符合竞赛特点的周期类型；（2）科学统筹不同训练周期之间的联系；（3）科学衔接不同训练阶段的周期性任务。

5. 适时恢复训练原则实施要点：

（1）科学树立负荷与恢复统一观念；（2）科学认识不同性质的疲劳特征；（3）科学识别不同程度的疲劳特征；（4）科学运用疲劳恢复的方法手段。

6. 区别对待训练原则实施要点：

（1）科学认识个体差异的基本特点；（2）科学认识不同项目的基本特点；（3）科学处理不同水平队员的关系。

## 六、论述题

适宜负荷训练原则是指根据运动员现实可能和人体机能适应性规律，以及提升运动员竞技能力需要，在训练中给予适宜量度的负荷，以取得理想训练效果的训练原则。

1. 适宜负荷训练原则科学基础：

（1）能量代谢原理；（2）超量恢复原理；（3）生物适应原理；（4）生物应激原理。

2. 适宜负荷训练原则实施要点：

（1）科学界定负荷刺激的生理临界；（2）科学认识负荷刺激的训练效应；（3）科学安排训练负荷的量与强度。

# 第二章　运动素质及其训练

## 一、判断题

1. √　2. √　3. √　4. ×　5. √　6. ×　7. ×　8. √　9. √　10. √　11. √　12. √　13. √　14. ×　15. √

## 二、选择题

1. D　2. C　3. B　4. D　5. D　6. A　7. D　8. C　9. A　10. B

## 三、填空题

1. 向心收缩、离心收缩、等动收缩、超等长收缩、等长收缩。
2. 持续训练方法、间歇训练方法、重复训练方法、缺氧训练方法。
3. 静态拉伸法、动态拉伸法、PNF拉伸法。
4. 快速性、准确性、协调性、应变性能力。

## 四、名词解释

1. 最大力量：是指肌肉在随意收缩时所能产生最大张力的能力，也称为绝对力量。
2. 灵敏素质：是指在各种突然变换的条件下，能够迅速、准确、协调地相应完成动作的能力。

## 五、简答题

1. 力量训练基本要求：
（1）高度结合专项特征及要求；
（2）合理运用"超负荷训练"；
（3）各种力量训练的合理搭配；
（4）区分力量训练的方法作用。

2. 耐力训练基本要求：
（1）耐力训练应与专项特征高度结合；
（2）耐力训练应高度遵循能量代谢规律；
（3）耐力训练应以发展有氧耐力为基础。

3. 运动素质转移类型：
（1）良性转移与不良转移；
（2）同类转移与异类转移；
（3）直接转移与间接转移。

## 六、论述题

按体能要素分类训练：分为力量素质、耐力素质、速度素质、灵敏素质和柔韧素质训练等五种体能要素训练。

（1）力量素质训练意义：力量是人体一切肢体运动的动力基础，无论是局部关节还是身体整体性运动，都必须通过肌肉张力做功才能实现；力量素质的高低对速度、耐力、柔韧、灵敏等其他运动素质的发展均产生着重要的作用；系统的力量训练对于预防运动中的身体损伤、意外事故的发生都有着积极作用；对于提高心理素质、增强拼搏精神等也同样具有促进效应。

（2）速度素质训练意义：发展速度素质对于短时耐力、速度力量、灵敏素质等复合素质有重大促进作用；速度素质直接影响动作快慢、动作数量、动作效率等，因此对运动技术的质量和效果产生了关键影响；具备速度能力优势可以丰富比赛策略和战术内容、提高战术效果，速度素质优势明显的运动员，可以形成以小打大、以快制高、灵活多变的战术风格。

（3）耐力素质训练意义：对于竞技运动项目而言，耐力素质是保持运动强度、持续激烈对抗、维持兴奋状态、完成全程比赛等的重要保障，对比赛发挥有着重要影响；对于耐力性项目而言，耐力素质对运动成绩起着决定性的作用；良好的耐力素质是承受高负荷训练及比赛的重要保障，是比赛中保证技术、战术质量的重要保证；耐力训练对于心血管系统、内脏器官、运动系统的功能提高有明显的促进作用；对于运动员形成良好的意志品质和坚韧毅力有很好的帮助作用。

（4）柔韧素质训练意义：柔韧素质是掌握运动技术的基础，适宜的柔韧性是达到各动作幅度和活动范围的基本保证；柔韧素质的适当提高，可以增大动作范围和做功距离，有利于技术效果改善；对于表现难美性项目而言，柔韧素质对动作难度、优美度和协调性的展现尤为重要。

（5）灵敏素质训练意义：良好的灵敏素质是技术发展的基础，是准确把握技术规范、有效发挥技术优势的重要保证；良好的灵敏素质体现了神经与肌肉高度的协调性与灵活性，不仅便于技术动作的完成，还有利于能量的经济化、节省化。对多种运动项目，尤其是对抗性项目而言，身体的快速、准确、协调、应变能力是双方攻防对抗能力的关键，是取得优异运动成绩的重要保证。

## 第三章　运动技术及其训练

### 一、判断题

1. √　2. ×　3. √　4. ×　5. √　6. √　7. √　8. √　9. √　10. ×　11. √
12. √　13. ×　14. ×　15. √

### 二、选择题

1. D　2. C　3. A　4. C　5. D　6. A　7. D　8. B　9. A　10. D

### 三、填空题

1. 技术环节、技术细节、技术基础。

2. 训练器材清洁卫生、场地布局便于训练、区域划分功能明确、辅助设备摆放有序。

3. 粗略形成技术、改进提高技术、巩固熟练技术。

### 四、名词解释

1. 逆迁移：是指掌握一种较难动作可对学习较易或已掌握的技能施加影响。

2. 运动技能：是指能够按一定要求和目的合理地运用技术方法的能力。

### 五、简答题

1. 运动技能形成的阶段：

（1）泛化阶段，特点是：初步形成技术概念，初步建立暂时神经联系，肢体相互配合不准确、不协调；

（2）分化阶段，特点是：基本形成技术概念，暂时神经联系趋于稳定和完善，肌体配合较为精确协调；

（3）巩固阶段，特点是：清晰理解技术概念，暂时神经联系趋于完善，动力定型较为稳定，动作更加精确协调和省力；

（4）自动化阶段，特点是：动力定型更为稳定，有意注意高度集中，意识支配动作较少，动作表现娴熟艺术。

2. 如何正确利用技术迁移原理：

（1）建立正确技术概念；

（2）熟练巩固技术动作；

（3）科学掌握间隔时间。

3. 如何将运动技术、运动技能转化为运动技巧：

（1）通过营造模拟比赛的环境，采用增加难度要素的方式进行训练；

（2）通过内容或形式变换，采用变化难度要素的方式进行训练；

（3）通过观看比赛的视频，采用模拟比赛情景的方式进行训练；

（4）通过参加各种赛事，采用认真准备和总结的方式进行训练。

### 六、论述题

（1）运动技术主体因素：影响运动技术的主体因素包括技术动作的生物力学特征、人体肌肉收缩的动力特征、中枢神经协调控制的能力、身体运动的感知觉能力、各种运动技能的储备数量、运动素质发展程度与潜力、心理过程与个性心理特征。

运动技术必须体现出合理的生物力学要求和解剖学结构特点，这是确保人体骨骼和肌肉不因技术动作结构而导致伤害事故发生的前提条件；运动技术的表现应该符合专项运动需要的肌肉收缩机制，这是确保肌肉收缩动力符合专项运动技术表现的要求；运动技术必须体现出肢体动作的协调性、合理性和灵活性，这是确保各项运动素质综合反映在运动技术的神经基础；身体运动的感知觉能力是形成运动技术时空特征的基本条件，敏感的感知觉能力可使机体尽快适应不同环境，以保证运动技术不至于因环境的变化而发生变异；各种运动技能的储备数量对于形成新的技术和巩固创新技术的作用至关重要。

（2）运动技术客体因素：影响运动技术的客体因素包括竞赛规则、训练方案、训练环境、器材设备等主要因素。

规则的修改有些内容极大地促进了运动技术、运动项目的发展，但也有些内容干扰了运动技术和运动项目的进步；制定训练教案的前提是必须细化构成运动技术的环节、细节和各个基础因素，以及它们之间的关联方式；清洁整齐的训练场地会使人心情愉悦地投入训练，心情舒适的训练氛围会让人富有激情地投身训练。

# 第四章 运动战术及其训练

## 一、判断题

1.√　2.√　3.√　4.√　5.√　6.√　7.√　8.×　9.√　10.×　11.√　12.√　13.√　14.√

## 二、选择题

1.A　2.A　3.B　4.A　5.D　6.C　7.A　8.A　9.D　10.B

## 三、填空题

1. 战术知识、战术原则、战术观念、战术思想、战术意识、战术形式、战术行动。
2. 战术训练、比赛实践。
3. 阵型战术、人员战术、体能战术、技能战术、心理战术、目的战术。

4. 单人战术、小组战术、多人战术。

### 四、名词解释

1. 运动战术：是指在竞技比赛过程中为获取最终胜利或达到预期比赛结果而采取的计谋和行动的总称。

2. 战术思想：是指在战术观念的作用下，根据比赛的具体任务与特点而形成的具有针对性指导战术行动的完整思路，对运动战术的设计、训练和实施起着重要的导向作用。

### 五、简答题

1. 战术设计的基本原则：

（1）知己知彼、周密部署；（2）攻守平衡、进退兼顾；（3）以我为主、集中优势；（4）充分预判、积极预案。

2. 战术方案制定基本要求：

（1）高度重视情报信息收集与分析；（2）战术决策以战略决策为指导；（3）系统分析专项战术特点与作用；（4）充分掌握运动项目竞赛规则；（5）充分考虑运动竞赛的环境影响；（6）充分认识方案的固定与变异因素。

3. 运动战术类型的分类：

（1）按表现特点分为阵形战术、人员战术、体能战术、技能战术、心理战术和目的战术；（2）按参与人数分为单人战术、小组战术和多人战术；（3）按战术攻防性质分类分为进攻战术、防守战术、攻防结合战术和相持战术；（4）按战术的普适性分类分为广普战术和独特战术。

### 六、论述题

（1）切合队伍能力实际特点：在切合运动队伍实际能力进行战术训练时应注意：第一，发挥优势，扬长避短；第二，强化技术，提升战术空间；第三，弥补短板，全面发展。

（2）针对主要比赛对手特征：在针对某场比赛制定战术策略及执行战术训练时，还必须要考虑对手的能力特点，展开针对性的战术准备与训练，并努力做到有的放矢、灵活应变，找到制约对手比赛表现的最佳方式。

（3）积极培养战术意识能力：在运动员战术意识的培养中，要以战术思维能力水平为核心，努力提高运动员战术思维的灵活性、预见性和创造性，并加强战术思维与行动的结合与统一。

（4）协调个人与集体的关系：处理好个人与集体的关系，是集体性项目战术训练任务的重点。

（5）高度重视战术组合训练：对于很多项目而言，运动员战术训练水平越高，就越要重视多种战术行动的组合能力训练。

（6）高度强化战术实战应用：战术训练的目的不仅在于提高运动员对战术知识、策略、行动的学习和掌握能力，更在于对战术实战应用能力的提升，即在复杂多变、紧张而艰苦的比赛条件下合理运用战术，以取得比赛胜利或达到预定结果。

（7）积极加强战术创新发展：战术创新是运动项目战术体系不断发展的动力和关键，它是不断发掘战术优势、突破战术形式、解放战术思想、推动项目发展等的重要途径。

## 第五章 运动训练方法手段

一、判断题

1. √  2. √  3. ×  4. √  5. √  6. ×  7. √  8. ×  9. √  10. ×  11. √  12. √  13. √  14. √  15. √

二、选择题

1. C  2. A  3. D  4. B  5. C  6. C  7. C  8. A  9. D  10. B

三、填空题

1. 高强性、强化性、发展性。
2. 负荷变换、内容变换、形式变换。
3. 教学性、检查性、模拟性、适应性。
4. 训练程序、检查手段、评定标准训练手段。

四、名词解释

1. 多元动作变异性练习手段：也称多元动作变异组合练习手段，是指在多元动作结构下，将多种练习手段依变异形式组合进行的身体练习。

2. 模式训练法：模式训练法是一种依靠训练信息指标从宏观上控制运动训练过程的训练控制方法。

### 五、简答题

1. 持续训练法的概念及类型：

（1）持续训练法是指负荷强度较低、负荷时间较长、无间断连续进行训练的练习方法。练习时，平均心率应在130~170次/分。

（2）持续训练法可分三种基本类型：即短时间持续训练方法、中时间持续训练方法和长时间持续训练方法。短时间负荷时间5~10分钟，中时间负荷时间10~30分钟，长时间负荷时间大于30分钟。

2. 模式训练法的特点：

（1）信息化特点：模式训练法是以训练模式为控制依据、以评定标准为监督依据、以检查指标为检查工具、以训练手段为处理依据，将整个训练过程置于信息控制之下。

（2）定量化特点：模式训练法所依据的训练模式与评定标准均具有定量特点，将整个训练过程置于数字控制之下。

（3）循环性特点：模式训练法实际上是将设计、实施、监控三个过程组成并重复循环于整个训练过程之中。

3. 比赛训练法的概念及类型：

（1）比赛训练法是指在近似、模拟或真实的比赛条件下，按照比赛的规则和方式，以提高训练质量为目的的训练方法。

（2）比赛训练法分为四种：即教学性、检查性、模拟性和适应性比赛方法。

教学性比赛方法是指在训练条件下，根据专项比赛基本规则或部分规则，进行专项练习的训练方法。

检查性比赛方法是指在模拟或真实的比赛条件下，严格按照比赛规则，对赛前训练过程的训练质量进行检验的训练方法。

模拟性比赛方法指在训练的条件下，模拟真实比赛的环境和对手，并严格按照比赛规则进行比赛的训练方法。

适应性比赛训练方法是指在真实比赛条件下，力求尽快适应重大比赛环境的训练方法。

### 六、论述题

（1）分解训练法是指将完整技术动作或战术配合过程合理地分成若干个环节或部分，然后按环节或部分分别进行训练的方法。分解训练法有助于强化技术动作的关键环节、主要细节和局部战术的训练。

（2）分解训练法的基本类型共有四种，即单纯、递进、顺进和逆进分解训练法。

单纯分解训练法，首先需将技术动作或战术过程进行分解。单纯分解训练法的应用特点是：分解的技术动作和战术配合相对复杂，分解后的各个部分可以独立训练。练习的顺序不必特别要求，以便教练员安排训练。

递进分解训练法，需将训练内容分成若干部分后，先练第一部分；掌握后练第二部分；掌握后，将两部分合成起来训练；掌握后，再练第三部分；待掌握后，再将三部分合成起来训练，直至完整地掌握技术或战术。使用此方法应对相邻环节的衔接部分高度重视。

顺进分解训练法，需将训练内容分成若干部分，按照动作出现先后顺序，先练第一部分；掌握后，在第一部分基础上再练第二部分；掌握后，再在前两部分基础上练第三部分。如此步步推进，直至完整地掌握技术或战术。

逆进分解训练方法与顺进分解训练方法相反，应用时把训练内容可以分成若干部分，先训练最后部分，逐次训练到最前部分，如此进行直至掌握完整的技术或战术。

## 第六章　负荷、恢复与安排

### 一、判断题

1. √　2. ×　3. √　4. ×　5. √　6. √　7. √　8. √　9. √　10. √
11. ×　12. ×　13. √　14. √　15. ×

### 二、选择题

1. C　2. A　3. D　4. A　5. C　6. A　7. B　8. B　9. C　10. B

### 三、填空题

1. 基础训练、专项提高、最佳竞技。

2. 目标、任务、内容。

3. 通气阈。

4. 运动时恢复阶段、运动后恢复阶段。

### 四、名词解释

1. 运动负荷：在运动中施加给人体的外部刺激总量，以及人体对这一外部刺激在生理和心理方面所产生的内部应答反应程度，即外部负荷与内部负荷的总和。

2. 恢复训练：为了促使机体活动能力得以尽快恢复和提高，使用合理的恢复方法与手段，加速消除运动员生理和心理疲劳的过程。

### 五、简答题

1. 运动负荷等级划分：

（1）按负荷量与强度搭配划分负荷等级；（2）按最佳成绩百分比划分负荷等级；（3）按人体能量代谢特点划分负荷等级；（4）按专项训练监控指标划分负荷等级；（5）按专项技战术训练划分负荷等级；（6）按技术动作质量划分负荷等级。

2. 运动负荷安排要求：

（1）科学掌握不同训练阶段负荷特征；（2）科学认识专项比赛负荷的基本特征；（3）深入了解运动员的个体差异性；（4）科学安排训练负荷的节奏变化。

3. 不同变化规律负荷模式：

（1）波浪式递增负荷模式；（2）阶梯式递增负荷模式；（3）平台式递增负荷模式；（4）综合式负荷安排模式；（5）集中式负荷安排模式。

### 六、论述题

1. 训练学恢复方法：

训练学恢复方法是指采用运动训练的方法与手段对运动员机体进行恢复与放松的方法。有氧运动能够及时清除因大强度运动而堆积的乳酸，促进机体偿还氧债；而拉伸运动则被认为是促进肌肉及软组织恢复，预防损伤的重要手段。

2. 教育学恢复方法：

教育学恢复方法是指采用现代教育学理念与方法，促进运动员疲劳恢复的方法。该方法主要是依据循序渐进、趣味多样、劳逸结合、身心并进等教育原则来安排运动训练的过程。

3. 心理学的恢复方法：

心理学恢复方法是当前广泛应用的恢复方法之一。其对消除疲劳、减轻心理上的压抑感、缓解精神上的紧张状态、放松肌肉紧张等均有一定功效。实践中，常用的简易心理学恢复方法包括音乐调节法、呼吸调节法与想象调节法等。

4. 营养学恢复方法：

营养学恢复方法是恢复训练中最主要的方法之一。良好的营养能够帮助运动员改善运动能力、减少运动后的恢复时间、预防疲劳导致的运动损伤、提供大强度运动时的能量以及有效地控制体重。

5. 医药学恢复方法：

医药学恢复方法是指通过医学和药物学手段促进机体恢复，提高健康水平与运动能力的恢复方法。在药物手段中，维生素服用法占据特殊地位。另外，一些药物制剂对于消除疲劳也有一定功效。

6. 物理学恢复方法：

物理学恢复方法包括水疗、光疗、热疗、电疗、磁疗和震动疗法等。冰水浴是目前国外许多优秀运动员消除机体疲劳、恢复机体能力的一种重要方法；热水浴也是促进恢复的方法之一。

# 第七章　分期、计划与实施

## 一、判断题

1. √　2. √　3. √　4. ×　5. √　6. √　7. √　8. ×　9. √　10. √　11. √　12. ×　13. √　14. √　15. √

## 二、选择题

1. A　2. C　3. B　4. C　5. D　6. A　7. A　8. C　9. D　10. B

## 三、填空题

1. 先天遗传、后天训练、生活环境。
2. 内容、结构。
3. 基本训练周、赛前训练周、比赛周、赛前训练周、恢复周。

4. 竞技能力、竞技状态。

### 四、名词解释

1. 训练计划：是教练员执行训练的重要资源，通过被证实科学的训练分期设计，教练员可以构想出训练的时间轴，并通过训练内容、负荷、方法与手段的合理搭配，把控运动员竞技状态的发展变化时象。

2. 运动训练过程：是运动训练活动进行的步骤和程序，是运动训练在时间维度上的体现。

### 五、简答题

1. 训练分期的主要意义：
（1）保证运动训练目标的实现；（2）提高训练计划的可操作性；（3）系统发展运动员竞技能力；（4）培养运动员最佳竞技状态。

2. 训练分期理论基础：
（1）运动员竞技能力发展的阶段性理论；（2）运动员竞技状态的周期性变化理论；（3）"超量恢复"理论；（4）适应性理论；（5）"延缓传导"理论。

3. 训练分期多维认识：
（1）经典分期模型；（2）板块分期模型；（3）其他分期简介：①波动分期模型；②钟摆分期模型；③邦达尔丘克分期模型。

### 六、论述题

1. 运动训练过程规划的要点：
主要包括十项基本要素：（1）对运动员起始状态的诊断；（2）确定训练的任务及指标；（3）划分训练阶段并确定阶段训练任务；（4）确定实现目标的基本对策；（5）安排比赛序列；（6）规划训练负荷的动态变化趋势；（7）选择训练方法和手段；（8）确定训练手段的负荷要求；（9）制订训练恢复措施；（10）规划检查评定训练效果的时间和标准。

2. 运动训练过程规划的注意事项：
（1）明确训练指导思想，科学建立训练目标体系。实现训练目标是训练活动的终极目的。

（2）注重竞技能力的持续发展与各类训练计划的整体协调。运动员竞技能力系统的持续发展既表现于空间维度上的各竞技能力要素的数量增长以及竞技能力系统结构的质量提高,也表现于时间维度上的竞技能力发展的持续性。

(3)保证训练计划的相对稳定和适宜变更。训练计划是对训练过程的理论设计,是建立在科学预测的基础之上,保持计划实施的稳定性是训练活动有序运行的基本保证。

(4)充分重视多学科协作。训练计划作为对训练过程的理论规划,其设计也需要教练员同各相关学科的科研人员进行协作,从各个学科的不同角度为计划的制订和实施提供有益的信息,充分保证训练计划的科学性。

# 第八章 运动训练过程监控

## 一、判断题

1. √  2. √  3. ×  4. ×  5. √  6. ×  7. √  8. √  9. √  10. ×  11. √
12. √  13. ×  14. √  15. √

## 二、选择题

1. B  2. C  3. B  4. D  5. B  6. D  7. A  8. D  9. B  10. A

## 三、填空题

1. 监测、评价、调整、控制。

2. 训练规划、训练实施、训练评价。

3. 测量、评价、调控。

4. 专项力量、专项速度、专项耐力。

5. 运动学指标、动力学指标。

6. 时间和空间、进攻与防守、攻防转换。

7. 稳态与动态、显性与隐形、独立与联系。

8. 监控主体、监控对象、监控目的、监控内容、监控类型、监控方法。

## 四、名词解释

1. 训练监控:训练监控是指在训练过程中,为了最大限度地提高运动员的竞技能力与运动成绩，科研人员与教练员协同合作，对运动员竞技能力状态与各影响因素进行监测、评价，并根据反馈信息科学调整、控制训练过程的活动。

2. 系统控制理论：系统控制理论是指为实现一定目标，从整体的角度对系统进行分析的原理、原则和方法的总和。

### 五、简答题

1. 训练监控的意义：

（1）训练监控为防范训练风险提供了系统控制的手段；（2）训练监控为检查训练质量提供了全面及时的依据；（3）训练监控为制订训练计划提供了客观准确的起点。

2. 训练监控理论组成：

（1）系统控制理论；（2）反馈控制理论；（3）质量控制理论。

3. 简述人体运动指标：

（1）素质评价指标；（2）技术评价指标；（3）战术评价指标。

### 六、论述题

狭义的训练监控组织体系的基本内容和构成要素，主要包括监控主体、监控对象、监控目标、监控内容、监控类型、监控方法等。

1. 训练监控主体：

主要由科研人员和教练员构成。训练团队中的科研人员和教练员是训练监控的主体，组织、控制着训练监控的整个活动过程。

2. 训练监控对象：

运动训练的监控对象主要指运动员的训练过程与竞技能力发展进程。

3. 训练监控目标：

训练监控的总体目标主要是，确定有效的训练监控指标，采用合理的训练监控方法与手段，遵循高效的训练监控活动实施程序，及时检查运动员训练的效果，并分析各种效果产生的原因，提出针对性的具体对策。训练监控总体目标，主要通过达成各个具体的训练监控子目标来实现。训练监控总体目标的子目标主要包括核心和主导性目标与条件性和保障性目标，具体分为训练负荷监控目标、竞技能力监控目标、身心健康监控目标和运动营养监控目标等。

4. 训练监控内容：

训练监控内容具体分为决定性因素监控内容和影响性因素监控内容。运动员在比赛中所表现的竞技水平是影响运动成绩的决定性因素，是最根本和最重要的因素，也是训练监控重点控制的方面。从运动训练实践来看，可控的、稳态的、直接的影响性因素也是训练监控的主要内容。影响性因素监控内容具体包括：占主导的对运动员身心疾病等的监控与预防；运动营养监控等。

5. 训练监控类型：

在训练过程中，教练员通过瞬时监控、日常监控和阶段性监控，及时了解运动员的训练状态。依据训练监控的时段，可以分为终末监控和过程监控。从时间角度来看，瞬时监控和日常监控可以被看作过程监控，阶段性监控可以被看作终末监控。依据周期训练理论，训练监控可以分为准备期监控、赛前期监控、比赛期监控与调整期监控，形成一个完整训练周期的监控过程。

6. 训练监控方法：

训练监控的具体操作方法由测量方法、评价方法、调控方法组成。

比较成熟的测量方法通过实验室测量和运动场测量两种模式实现，条件允许的情况下，采用运动场测量与实验室测量相结合的模式更佳。训练监控评价方法，按照指标评价范围，可以分为单指标评价、多指标评价和综合性评价。训练调控方法的核心环节是反馈与调整。训练调控方法主要有两种类型，一种是训练期调控，另一种是赛前训练调控，赛前调控以训练期调控为基础。

# 第九章 重大赛事赛间训练

一、判断题

1. √  2. ×  3. √  4. ×  5. √  6. √  7. ×  8. √  9. √  10. ×  11. √
12. √  13. ×  14. √  15. √

二、选择题

1. D  2. B  3. C  4. C  5. A  6. C  7. C  8. A  9. D  10. B

三、填空题

1. 组织层次、主要任务、基本性质、年龄规定、职业规定。
2. 遵循适应规律、实现融合规律、形成递进规律。

3. 系统论、控制论。

4. 游戏训练、重复训练、变换训练、模拟训练。

5. 主客场赛式、积分制赛式。

## 四、名词解释

1. 赛间训练：指在重大赛事期间为保持、提升竞技状态所进行的旨在创造比赛中的优异运动成绩的训练活动。

2. 赛间调控：是指在重大赛事期间，利用两次比赛间隔的过程，对运动员竞技状态进行调整的方式与方法的总和。

3. 淘汰赛：是指所有参赛队按照排定的顺序进行比赛，胜者进入下一轮次，负者退出比赛，直至产生最后一名获胜者（冠军）的竞赛法。

## 五、简答题

1. 赛间训练的基本意义：

（1）及时消除赛后疲劳；（2）恢复最佳参赛心态；（3）强化训练的针对性；（4）形成良好竞技状态。

2. 赛间训练的主要特点：

（1）训练的针对性；（2）恢复的及时性；（3）心理的适应性；（4）体能的节约性；（5）损伤的防治性。

3. 赛间调控基本策略：

（1）模拟赛间调控方法；（2）储备多种战术预案；（3）养成生活自律习惯；（4）建立良好人际关系；（5）形成独立处事能力；（6）摸清主要对手状况；（7）掌握规则规程内涵；（8）获得赛区基本资料。

## 六、论述题

1. 混合赛制的特点：

混合赛制是循环赛和淘汰赛混合运用的一种竞赛方法。它在球类集体项目的竞赛中采用较多。

这种赛制的主要特点是：可以有多个参赛队伍或选手；比赛过程相对激烈；比赛的赛程较长；异地参赛的比赛地点较为分散；参赛间隔时间较长；比赛中受到不同部位轻伤的选手，能够获得充足的治疗时间；对于职业运动员的成长极为有利；

对于提高赛事组织和承办各方的经济利益具有促进作用;便于地域较广或人口密集的地区观众更多地到场观战。

2. 混合赛制间训练:

(1)训练安排特点:通常采用混合赛制的项目多为参赛选手水平较高、对抗强度较为激烈,比赛赛程较长,因而赛前训练的频度较高。

赛间训练主要目的是:及时进行机体放松、积极促进机体恢复、主动加强机体营养、积极谋划比赛对策、做好下场赛事准备、保持良好竞技状态、明确赛间训练目的。

赛间训练主要内容是:个人技术的衔接训练、集体战术的串联训练、得分技术的关键动作、局部战术的对抗演练、情感方面的心理抚慰、亢奋状态的心理调整等一系列影响下场赛事的因素。

赛间训练负荷安排是:课时训练的负荷总量较小;关键技术的质量训练要求较高;局部战术的演练质量类似比赛要求;训练课的训练密度较低;替补队员的赛间训练类似平常训练;部分受伤队员的训练由其自我控制。总之,负荷安排具有明显的专项特征。

(2)训练方法运用:赛间训练所采用主要训练方法为游戏训练、重复训练、变换训练、模拟训练。

# 第十章　少儿训练及其特征

一、判断题

1.√　2.×　3.√　4.√　5.√　6.√　7.√　8.√　9.√　10.×　11.√　12.√　13.√　14.√　15.√

二、选择题

1.D　2.B　3.C　4.A　5.C　6.A　7.B　8.C　9.A　10.D

三、填空题

1. 运动入门阶段、启蒙训练阶段、技能发展阶段、一般训练阶段、专项训练阶段、强化训练阶段。

2. 综合运用、简单适用。

3. 多样变换、趣味技巧。

4. 反应能力、空间定向能力、本体感知能力、节奏能力、平衡能力、认知能力。

### 四、名词解释

1. 少儿运动训练：是指在遵循少儿身心发育规律的前提下，为了提高其竞技能力，而专门组织的有计划的体育活动。

2. 敏感期：是指少儿由于此阶段智力、秩序感、节奏感、行走、观察力等方面的发育所导致的，对环境、秩序、感官、动作和社会规范等一系列内容与敏感的一段时期。

### 五、简答题

1. 少儿生长发育规律的基本内容：

（1）生长发育的质变性规律；（2）生长发育的阶段性规律；（3）生长发育的波浪式规律；（4）生长发育的差异性规律。

2. 少儿速度素质的训练特点：

（1）从速度素质的安排顺序方面，安排在训练课的前部进行，不宜在运动员疲劳的状态下进行速度练习。

（2）从速度素质的负荷安排方面，负荷时间短、强度大在最快速度范围内，次数不宜过多。

（3）从速度素质的训练手段方面，将各种动作速度、反应速度和位移速度的训练手段与游戏、绳梯、标志杆（桶）、徒手练习及与专项身体素质相结合进行训练。

### 六、论述题

1. 少儿训练负荷安排要点：

（1）渐进发展，在安排运动负荷时，应遵循渐进发展，从短时间到长时间，训练时数、组数、次数逐渐增加，难度逐渐增大。

（2）有氧负荷，在安排运动负荷时，应遵循有氧负荷的要求，具体可为以一般身体素质训练为主，逐步增加专项性身体素质训练，以长时间、低强度、多次数的训练安排为主，依照速度、灵敏、力量的训练序列逐步增加无氧训练负荷比重，重视多次数的运动技能练习。

2. 少儿训练内容设计要点：

（1）基础训练，少儿身体素质训练以一般性训练且能促进其全面发展为主。在技战术方面，可以人体动作发展原则训练为其基本动作，以及专项运动所需要的运动技术和运动技能为主。

（2）一般训练，为了避免少儿训练早期专项化，应遵循一般训练的要求。按照一般训练要求，可遵循少儿生长发育规律，按基本动作、运动技术、运动技能序列逐步提高专项化程度，采取多样化的一般训练内容，重点突出提高少儿运动员健康素质，改善其具有专项特征的身体形态和全面提高少儿运动员身体素质。

3. 少儿训练方法运用要点：

（1）综合运用，发展少儿基本动作、运动技术、运动技能和运动技巧方面，可采用分解法和完整法，有利于少儿掌握动作和技术的能力从泛化向自动化发展，从而提高娴熟运用技战术的能力，为专项技战术训练打下基础。在发展运动素质方面，可采用持续训练法、间歇训练法提高运动员的一般身体素质和专项速度、灵敏和柔韧素质，在青春期后期，采用间歇训练法和重复训练法提高专项力量和耐力素质。

（2）简单适用，少儿运动员的身体条件、心理调节、运动智力等还处于运动训练的启蒙阶段，在运动训练方法遴选中应遵循简单适用的要点，应将完成组数、完成次数、完成时间、练习质量、负荷强度等作为运动训练方法设计的重点因素，从而避免采用训练组合复杂、训练条件多变、训练难度较大的方法。

4. 少儿训练手段遴选要点：

（1）多样变换，少儿训练是运动训练的初级阶段，也是启蒙阶段。少儿运动员需要通过多样变换的身体练习或练习手段，促进其跑、跳、投、滚、翻、旋、转的基本动作全面提高。

（2）趣味技巧，少儿训练手段需要通过趣味性的游戏活动等方式引导其积极参与，且通过各种趣味性组织提高其对运动训练的表象认识和身体感知。

# 第十一章　教练员的职业素养

一、判断题

1. √　2. √　3. √　4. ×　5. √　6. √　7. √　8. √　9. √　10. √　11. √　12. ×　13. ×　14. √

## 二、选择题

1. C   2. D   3. A   4. B   5. C   6. A   7. B   8. C   9. D   10. D

## 三、填空题

1. 主管教练、住队领队、科医人员、后勤人员。

2. 国家级执教团队、省级执教团队、地市级执教团队。

3. 独裁式、精英式、参与式、目标式。

4. 业务素质、品德素养、职业能力。

## 四、名词解释

1. 职业素养：是指教练员在训练过程中表现出来的一种特质，是职业道德、职业技能、职业行为、职业作风和职业意识的综合体现。

2. 执教能力：是指教练员依据项目的本质特征，合理有序地提高运动个体或运动集体竞技水平，进而转化为运动成绩的能力。

## 五、简答题

1. 职业素养执教作用：

（1）职业素养是精神体现；（2）职业素养是品质取向；（3）职业素养是终极利器。

2. 不同执教团队功能：

（1）训练实施与组织管理；（2）运动监控与效果评估；（3）疲劳诊断与医疗恢复。

3. 执教团队凝聚方法：

（1）树立远大奋斗目标；（2）形成和谐训练氛围；（3）打造良好团队文化。（4）奉献无私团队精神。

## 六、论述题

1. 执教能力形成过程：

我国教练员梯队基本上由优秀运动员转型和岗位培训两部分组成。由优秀运动员转岗位的教练员，执教能力主要来自运动经历和借鉴运动员时期教练的执教模式、方法方式、训练理念，进而通过初期的执教、经验积累和教育培训，逐步形成自己的执教能力；岗位培训的教练员执教能力主要来自教育、学习、培训，通过长期执教过程，积累和总结带队经验，逐步形成自己的执教能力和执教风格。

2. 执教能力培养路径：

目前，我国教练员队伍呈现出"中间粗、两头细"的人才结构布局。中间部分多为优秀退役运动员转型而来，两头是通过学历教育和教练员学院学习及各种培训获取资格的上岗人员。因此，教练员执教能力培养的路径也不太相同，主要从以下三个方面予以阐述。

（1）退役运动员培养路径，优秀退役运动员转岗任教的，因其运动成绩优异，对自身竞技能力的形成有深刻的认识。依据自我感知形成最初的执教能力，即"感性认知"能力，通过长期的执教而形成一定的"理性认识"能力。通过经验积累和培训，逐步形成了自己的执教能力、执教理念和执教风格。

（2）学历运动员培养路径，这一类的运动员通过高校高水平招生或推免进入学校，通过学习拿到毕业证书和学位证书后从事教练员职业，既有一定的专业技术水平、参赛能力和经验，又具有相应的从业资格证书。一种情况是退役后先进入高校学习，完成学业并获相应的学历证书，正式加入教练员行业；另一种情况则是在役运动员，他们一边训练一边学习，获取相应的等级资格证书，进而上岗从事执教工作。

（3）培训教练员培养路径，该路径包括教练员岗位培训、短期培训和外出学习等方式，依据实际情况进行不同形式的培训学习。岗位培训是我国教练员岗位学习的一种主要形式，我国教练员岗位培训实行国家和省（自治市、直辖市）两级培训。